D1929219

List Taschenbücher der Wissenschaft
Literaturwissenschaft

Kluge, Vom kritischen zum sozialistischen Realismus
Band 1447

Das Buch: In der kulturell und historisch bewegten Epoche von 1880 bis in die Mitte der zwanziger Jahre ist die Sowjetliteratur entstanden. Bisher wurde dieser Zeitraum von den Slawisten im Westen wie auch im Osten einseitig und in gewisser Weise voreingenommen dargestellt: Westliche Autoren sprechen fast nur vom »silbernen Zeitalter«, der großen Epoche der Moderne; die realistischen Schriftsteller dieser Ära werden nur knapp und beiläufig erwähnt. Den Theorien der Formalisten, des Proletkults u. ä. schenken diese Autoren ihre Aufmerksamkeit, während sie die entstehende marxistische Literaturtheorie verschweigen. Sowjetische und osteuropäische Arbeiten konzentrieren sich umgekehrt einseitig auf realistische Autoren, die sie eher nach politischen als nach ästhetischen Gesichtspunkten auswählen und bewerten. Erst in der jüngsten Gegenwart wird der bisher völlig vernachlässigten Moderne mehr und gerechteres Interesse entgegengebracht.

Rolf-Dieter Kluges Arbeit beabsichtigt nicht eine Umwertung der bisherigen Forschung, sondern bietet eine ergänzende und vervollständigende Information. In der Einleitung wird zum Ausdruck gebracht, daß sich das literarische Leben in Rußland zwischen 1880 und 1925 in zwei großen parallelen Bewegungen darstellt, dem Modernismus und dem Traditionalismus. Kluge weist dann auf die kontinuierliche Entwicklung hin, die vom kritischen traditionellen Realismus zum sozialistischen Realismus geführt hat. Seine Arbeit basiert auf historischen und ideengeschichtlichen Grundlagen, ohne die formalpoetische und stilkritische Analyse zu vernachlässigen. Da Kluge die Entwicklungstendenzen aus der exemplarischen Interpretation einzelner repräsentativer Werke der behandelten Autoren gewinnt, kann er auch die literaturästhetische Relevanz der untersuchten Dichtungen angemessen berücksichtigen. Den Abschluß der Arbeit bildet eine ausführliche Erörterung der entstehenden marxistischen Literaturtheorie in Rußland.

Rolf-Dieter Kluge

Vom kritischen zum sozialistischen Realismus

Studien zur literarischen Tradition in Rußland 1880 bis 1925

List Verlag München

Originalausgabe

ISBN 3 471 61447 8
© 1973 Paul List Verlag KG, München. Alle Rechte vorbehalten.
Printed in Germany. Schrift: Garamond Antiqua
Satz und Druck: Süddeutscher Verlag GmbH, München
Bindearbeit: Klotz, Augsburg

Inhalt

Zur Umschrift und Aussprache russischer Namen und Begriffe: Sofern diese nicht in den deutschen Sprachgebrauch eingegangen sind (wie z. B. Sovjet), wird die übliche wissenschaftliche Transliteration verwendet, die jeden russischen (kyrillischen) Buchstaben durch ein Schriftzeichen des lateinischen Alphabeths ersetzt. Für die Aussprache gilt dabei:

v = w (Wagen), im Auslaut stimmlos (f)
e = je
ë = jo
ė = ä
ž = j (wie in Journal)
z = stimmhaftes s (Sonne)
ch = ch (wie in ach)
č = tsch (wie in Quatsch)
š = sch
šč = schtsch (wie Chruschtschew)
y = Lautwert liegt zwischen i und u, etwa deutsch Pille
' = der Apostroph bezeichnet die Palatalisierung (Erweichung, Jotierung) des vorangegangenen Konsonanten (Lautes).

Einleitung:

Modernismus und Traditionalismus in der russischen Literatur

1880–1925 (Die Forschungslage – Darstellung der Problematik)

Über die literarische Tradition in Rußland zwischen 1880 und 1925 zu schreiben ist ungewöhnlich und klingt schon fast wie eine Provokation. Zwar ist es allgemein bekannt, daß in dieser Zeit das russische literarische Leben von den beiden großen Strömungen des Realismus und Modernismus (zunächst Symbolismus) beherrscht wurde, doch gilt es – zumindest in der westlichen Literaturgeschichtsschreibung – als nahezu unbestritten, daß der Realismus, der in Turgenev, Dostoevskij und L. Tolstoj seine Höhepunkte erreicht hatte, in den beiden letzten Dezennien des 19. Jahrhunderts künstlerisch erschöpft und entwicklungsgeschichtlich überholt war. Hinzu kommt das Versagen der reformerischen und revolutionären politischen Programme des Narodničestvo (Volkstümlerbewegung) und der Liberalen, mit denen die realistische Literatur verbunden war. Die zweifellos faszinierende Entfaltung des Symbolismus und der ihm bald folgenden modernistischen Bewegungen hat die Historiker dieser Sprache derart geblendet, daß sie dem Weiterwirken der realistischen Tradition nur periphere Bedeutung beigemessen haben.

Die kulturkritischen und literarischen Bestrebungen des russischen Symbolismus, der in die gesamteuropäische Bewegung der Moderne gehört, richteten sich gegen die realistische literatur- und geistesgeschichtliche Tradition. Dimitrij Sergeevič Merežkovskij (1865–1941) hatte schon in seinem ersten Gedichtband Stichotvorenija (Gedichte, 1888) Übersetzungen französischer symbolistischer Dichter vorgelegt, sein zweiter Lyrikband trägt den bezeichnenden Titel Simvoly (Symbole, 1892), im gleichen Jahre erschien Z. Vengerovs Aufsatz Poety simvolisty vo Francii (Die symbolistischen Dichter in Frankreich)[1], 1893 veröffentlichte Merežkovskij dann sein bemerkenswertes Buch O pričinach upadka i o novych tečenijach sovremennoj russkoj literatury (Über die Ursachen des Verfalls und über die neuen Strömungen der zeitgenössischen russischen Literatur), das als das erste und wesentliche Manifest des russischen Symbolismus gilt.

In dieser Schrift lehnt Merežkovskij die künstlerischen Prinzipien des Realismus und die Forderungen der sozialkritisch engagierten realistischen Literaturtheorie zugunsten einer unabhängigen, symbolischen, d. h. in die ursprünglichen, unerkennbaren Geheimnisse des Seins hinabführenden Literatur ab. Goethes Auffassung, das Kunstwerk sei um so vollkommener, je unermeßlicher und für den Verstand unbegreiflicher es sei, wird nach Merežkovskij dadurch erreicht, daß in der Dichtung keine realen Verhältnisse und Erkenntnisse direkt ausgesagt werden, sondern daß sie – nach dem Vorbild der französischen Symbolisten – den Leser in die nötige Stimmung einschwingt, das sich der direkten Aussage Entziehende, das Geheimnisvolle oder Göttliche, hinter den Erscheinungen zu erahnen. Das Wesen der dichterischen Sprache ist also ihre Transparenz; die Dichtung läßt das Geheimnis der Welt, die Existenz einer unerkennbaren Gottheit hinter ihren Aussagen aufleuchten. In diesem Sinne sieht Merežkovskij nur im Symbolismus wahre Literatur als Kunst.[2]

Gegenüber dem auf wirklichkeitsgetreue Reproduktion psychologischer, humaner und gesellschaftlicher Probleme festgelegten Spätrealismus erschloß Merežkovskijs Programm der Literatur neue Themen und formalkünstlerische Möglichkeiten. Der Anspruch der Dichtung, das Unaussprechliche verstehbar zu machen, erbrachte einen Hang zu absichtlicher Dunkelheit und zum Geheimnisvollen, zu Irrationalismus und Mystik. Diese Dunkelheit war nicht durch die kommunikative, sondern durch die ästhetische Effizienz des Wortes zu leisten, was zu einer Vervollkommnung der dichterischen Sprache und der poetischen Mittel führte. Gemeinsame Stilzüge der Symbolisten sind Musikalität, Euphonie und Suggestivität der Sprache, Verwischen des strengen Wortsinnes und Erregung einer geheimnisvollen Korrespondenz der Dinge durch Synästhesien, eine auserlesene und verfeinerte Metrik und Reimkunst, Rhythmisierung der Sprache und Neigung zu formalen Experimenten. Thematisch rückten neben den »ewigen« Themen Gott, Liebe und Natur, Verzweiflung an der Gegenwart und Erlösungssehnsucht, Schicksalsglaube, Melancholie und Todessehnsucht, aber auch Erlebnis des Irrationalen und Mythischen, rauschhafte Verschmelzung mit dem ursprünglichen Chaos im Geiste von Nietzsches Theorie des Dionysischen in den Vordergrund. Daneben läßt sich eine Hinwendung zur Reflexion über den schöpferischen Akt des Künstlers, zum Artifiziellen und Abnormen, schließlich zur Exklusivität und Einsamkeit des zugleich begnadeten und verfluchten Künstlers beobachten.

Schon ein Jahr nach dem Erscheinen von Merežkovskijs »Manifest« traten in Valerij Jakovlevič Brjusov (1873–1924) und Konstantin Dmitrievič Bal'mont (1867–1943) die ersten großen Dichter des Symbolismus auf, denen um die Jahrhundertwende und im ersten Jahrzehnt des 20. Jahrhunderts Vjačeslav Ivanovič Ivanov (1866–1949), Fedor Kuz'mič Sologub (Pseudonym für Teternikov, 1863–1927) und Andrej Belyj (Pseudonym für Boris Nikolaevič Bugaev 1880–1934) folgten. Die eigentliche Domäne des Symbolismus ist die Lyrik, Brjusov, Merežkovskij, Sologub und Belyj erschlossen dem Symbolismus aber auch die Prosa.

1904 erschienen die ersten Gedichte von Aleksandr Aleksandrovič Blok (1880–1921), dem bedeutendsten Dichter des Symbolismus und einem der größten Lyriker Rußlands überhaupt. Blok repräsentiert zugleich auch als Dramatiker und kulturphilosophischer Essayist seine Zeit. Diese hervorragenden Talente führten die russische Literatur im sog. »Silbernen Zeitalter« auf einen neuen strahlenden Gipfel ihrer großen Geschichte.

Um 1910 kam es zu Auseinandersetzungen innerhalb der symbolistischen Schule. Während Blok, Belyj und Ivanov im Symbolismus ein irrationales weltanschauliches System erblickten, strebten einige jüngere Autoren zurück zu klassizistischer Klarheit und schlichter Genauigkeit des künstlerischen Ausdrucks ohne tiefere philosophische Ambitionen. Sie bildeten die Gruppe der Akmeisten, aus der vor allem Anna Andreevna Achmatova (eigentlich Gorenko, 1889–1966) und Nikolaj Sergeevič Gumilev (1886–1921) herausragen. Gegen jegliche Traditionsgebundenheit, für einen radikalen Bruch mit der Vergangenheit, u. a. auch mit dem verspotteten Symbolismus, für die Vernichtung überlieferter Kulturdenkmäler und die Schaffung einer neuen, von Industrie und Technik geprägten Kunst warben geräuschvoll die von Marinetti beeinflußten Futuristen, die 1912 mit ihrem Manifest Poščečina obščestvennomu vkusu (Eine Ohrfeige dem öffentlichen Geschmack) hervorgetreten waren und durch ihre provozierenden Aktionen die Öffentlichkeit beunruhigten. Sie wollten die tradierten Formen der konventionellen Sprachnormen zerschlagen und durch neue Effekte, durch Neologismen, Sprachverzerrung, Einbezug von Fachterminologie, politischer Propagandadiktion und Gassenjargon ersetzen. Teilweise ignorierten sie die logische Substanz des Wortes überhaupt, die sie durch eine »metalogische Sprache (zaumnyj jazyk) zu ersetzen suchten. Die Futuristen schlossen sich den Bol'ševiki an und glaubten, in der Oktoberrevolution die radikale »Umwertung aller Werte« zu erleben. Aus dem Futurismus ist als bedeutendster Dichter Vladimir Vladimirovič Majakovskij (1893–1930) hervorgegangen. In seinem Impetus einer radikalen Erneuerung hatte der Futurismus nicht geringen Einfluß auf verschiedene nachrevolutionäre modernistische Bewegungen wie z. B. den Konstruktivismus, den Proletkult, den Imaginismus u. a., letzerem hing Sergej Aleksandrovič Esenin (1895–1925) an.

In den 20er Jahren beherrschten die verschiedensten modernistischen Strömungen weiterhin die literarische Szenerie. Momente des Grotesken in seiner ganzen verunsichernden Bedrohlichkeit und »Erfahrungen der modernen bildenden Kunst (Kubismus, Suprematismus)« wollten die »Serapionsbrüder«, eine unter Evgenij Ivanovič Zamjatins (1884–1937) Leitung stehende Gemeinschaft junger Schriftsteller in Petrograd – den Namen hatten sie als Programm E.T.A. Hoffmann entlehnt –, auf zwar realistischer Grundlage vereinigen, jedoch, um ein neues »kompliziertes optisches System« (Holthusen), das der Gegenwart als künstlerischer Spiegel angemessen sei, zu schaffen. Sie selbst bezeichneten dieses ästhetische Programm als »Neorealismus«.

Verselbständigung von Bildern und Metaphern als Ausdruck innerlich geschauter Erlebnisse, ekstatisches Aufwallen der Sprache machen Boris Andreevič Pil'njak (Pseudonym für Vogau, 1894–1937) zu einem Vertreter des Expressionismus. Der literaturwissenschaftliche Formalismus, der alle außerästhetischen Kriterien bei der Bewertung eines literarischen Kunstwerks verwirft und nur die Analyse der künstlerischen Form gelten läßt, erscheint als folgerichtige theoretische Reflexion des vielgestaltigen literarischen Modernismus in Rußland.

Zum Zwecke einer orientierenden Überschau sollen die genannten (samt einigen nicht erwähnten) Strömungen und Richtungen unter dem Begriff »Modernismus« zusammengefaßt werden.[3] Als gemeinsame Kriterien kennzeichnen den russischen Modernismus sein Ästhetizismus im weitesten Sinne, d. h. die poiwtierte Wendung gegen die realistische Tradition, der die Botschaft der Kunst mehr galt als die Form. Damit wurde sogleich aber auch die von den Realisten seit jeher für so wesentlich erachtete gesellschaftskritische und sozialpädagogische Funktion der Literatur verworfen. (Daß die innerhalb des Modernismus in den 20er Jahren einsetzende Gegenbewegung gegen diese isolierte l'art pour l'art-Haltung eine zweite Entwicklungslinie zum sozialistischen Realismus darstellt, sei hier nur der Vollständigkeit halber erwähnt.) Der Modernismus forderte eine freie, selbständige Kunst, die alte, überkommene sprachliche und poetische Relevanzen überwinden, traditionelle Wertmaßstäbe aufgeben und überlieferte Strukturen zerschlagen will. Er sucht sprachliche, poetische und kompositorische Neuerungen und visiert ein Zusammengehen und gegenseitiges Sichdurchdringen der traditionellen Gattungen und Künste an. Ferner charakterisiert ihn eine von der modernen technischen und zivilisatorischen Entwicklung vorgegebene eigentümliche Ambivalenz von Faszination durch Industrie, Technik und Automatisierung auf der einen und Begeisterung am Ursprünglichen, Natürlichen auf der anderen Seite, von Experimentierlust und dem Streben, dauernde Leistungen zu schaffen, von Individualismus und Kollektivismus, von Ratio und Mystik. Es ist verständlich und deshalb verzeihlich, daß diese interessante und noch heute aktuelle Vielfalt der Probleme und Formen des Modernismus die Literaturwissenschaftler stärker angezogen hat als das solide und anscheinend schwerfällige Weiterwirken der realistischen Tradition. Die Literaturhistoriker behandelten die russische Literatur zwischen 1880 und der Oktoberrevolution im allgemeinen aus chronologischen Rücksichten als eine geschlossene Epoche, innerhalb deren sie den modernistischen Strömungen die weitaus überragende Bedeutung zuteilten.[4] Stender-Petersen z. B. nennt die ganze Periode »modernistisch«, obwohl er den Spätrealisten relativ viel Raum widmet.[5] Lettenbauer hält sich im Grunde an ein streng chronologisches Prinzip, innerhalb der chronologischen Ordnung wertet er hauptsächlich nach formalästhetischen Kriterien. Das Jahr 1890 stellt hier eine Epochenscheide dar, in der Periode 1890-1920 dominieren die Modernisten, ähnlich ist auch Lo Gattos Literaturgeschichte angelegt.[6] Auch Johannes Holthusens sehr sorgfältige und vollständige Literaturgeschichte setzt mit den 90er Jahren, d. h. dem Aufkommen des Symbolismus, ein und widmet den modernistischen Strömungen und Autoren den meisten Raum, ohne jedoch die Realisten zu vernachlässigen. Dieses Buch, das eine sachgemäß und literarisch ordnende Charakterisierung der einzelnen Werke in ihrem entwicklungsgeschichtlichen Zusammenhang gibt und infolgedessen biographische, politische und ideologische Fragen hintanstellt, weist überzeugend nach, daß das Jahr 1917 keine Zäsur darstellt, sondern die russische literarische Entwicklung im zweiten Jahrzehnt des 20. Jahrhunderts ohne jeden Bruch weiterläuft.[7] Auch für Mirskij, dem Holthusen in vielem folgt, steht der Modernismus im Mittelpunkt, der Realismus findet für ihn in Čechov seinen eigenwilligen Abschluß, im 20. Jahrhundert beherrscht der Modernismus die literarische Bühne. Doch findet sich bei Mirskij der folgende nachdenkliche Satz:

»Zwischen 1900 und 1910 war die russische Literatur in zwei deutlich getrennte und voneinander unabhängige Schulen geschieden — auf der einen Seite die Gor'kij-Andreev-Gruppe (in unserer Terminologie: die Spätrealisten. R.D.K), auf der anderen die Symbolisten und ihre Mitläufer. Zunächst hatte die Gor'kij-Andreev-Gruppe die Symbolisten fast ganz in den Schatten gestellt; mit der Zeit kehrte sich jedoch das Verhältnis um, und heute gilt das erste Jahrzehnt dieses Jahrhunderts schlechthin als die Zeit des Symbolismus. Es ist jedoch möglich, daß irgendwann in der Zukunft diese Meinung wieder umschlagen wird . . . «.[8]

Diese Umwertung ist von der sowjetischen Geschichtsschreibung sehr bald und radikal vollzogen worden. Auf der Basis der marxistisch-leninistischen Weltanschauung kommt der realistischen Darbietungsweise eine unbestrittene Sonderstellung zu: sie ist die angemessene künstlerische Widerspiegelung der (gesellschaftlichen) Wirklichkeit.[9] Realismus ist in diesem Konzept kein Epochen- oder Stilbegriff, sondern die eigentliche künstlerische Methode. Infolgedessen wird der literaturhistorische Entwicklungsprozeß nach dem Maße der Verwirklichung realistischer Tendenzen untersucht und bewertet, und daraus folgt konsequent, daß alle modernistischen Strömungen als Fehlentwicklungen negativ bewertet und nur summarisch und lapidar abgehandelt werden.[10] Maßgeblich und beispielhaft hierfür ist der 1954 erschienene 10. Band der monumentalen »Geschichte der russischen Literatur«, die die sowjetische Akademie der Wissenschaften herausgegeben hat.[11] Die Periodisierung beruht auf Lenins Einteilung der politischen Befreiungsbewegung in Rußland, deren letzte proletarische Phase um 1890 mit dem Aufkommen des Marxismus einsetzt. Der literarische Prozeß wird dementsprechend gegliedert und untersucht, inwieweit er diese gesellschaftliche und politische Entwicklung widerspiegelt. So werden beispielsweise Čechov und Korolenko ganz dem 19. Jahrhundert eingegliedert, die beherrschende Rolle gehört Gor'kij als dem Begründer des sozialistischen Realismus, neben ihm werden die anderen Realisten des 20. Jahrhunderts gebührend gewürdigt, während auf den gesamten Modernismus nur eine knappe Übersicht über die sog. »bürgerliche Dekadenz« verwendet wird. Lediglich Brjusov, Blok und Majakovskij werden eingehender behandelt, da sie mit der Anerkennung der Oktoberrevolution die »Dekadenz« überwanden. Formalpoetische und ästhetische Kriterien spielen in dieser Literaturgeschichte nur eine untergeordnete Rolle. Auch das Gliederungsprinzip ist unklar: Gor'kij steht isoliert, drei Teile sind jeweils den drei literarischen Grundformen Lyrik, Epik und (sehr knapp) Dramatik gewidmet, innerhalb deren die Realisten chronologisch, die Modernisten isoliert dargestellt werden. Diese Betrachtungsweise, die den Modernismus bedenkenlos vernachlässigt und eine formalpoetische Wertung hintanstellt, ist für die sowjetische Geschichtsschreibung der Epoche bis in die letzten Jahre typisch gewesen. Als Epochenbegriff hatte sich zunächst die Bezeichnung »Russische Literatur des 20. Jahrhunderts (Vorrevolutionäre Periode)« eingebürgert, diese

Periode wurde in zwei Abschnitte unterteilt, deren erster den letzten Höhepunkt des traditionellen Realismus (1890-1907), deren zweite die Formierung der sozialistisch-realistischen Literatur (1907-1917) bezeichnet. Die neuere sowjetische Forschung geht vom Vorhandensein dreier literarischer Strömungen aus, und zwar »bürgerliche Dekadenz« (Modernismus), kritischer Realismus und davon qualitativ unterschieden der sozialistische Realismus.[12] In den letzten Jahren hat eine neue Sichtung dieser Epoche, die nun als »Russische Literatur Ende des 19. und zu Beginn des 20. Jahrhunderts« bezeichnet wird, eingesetzt.

Die Bewertung orientiert sich nun wieder stärker an literarhistorischen Kriterien, die 80er Jahre als die Zeit Korolenkos und Čechovs werden als eigener Abschnitt betrachtet, die Folgezeit datiert vom ersten Auftreten Gor'kijs (1892), für sie wird eine differenzierte, ausführliche und angemessene Würdigung der modernistischen Strömungen gefordert, ferner sollen die über das Jahr 1917 fortlaufenden Entwicklungen verfolgt werden.[13]

Für alle sowjetischen und auch eine Reihe westlicher Arbeiten stellt die Oktoberrevolution einen epochalen Einschnitt dar: mit dem Jahre 1917 beginnt die Geschichte der russischen Sowjetliteratur. Darstellungen der Sowjetliteratur kranken ausschließlich daran, daß sie mit dieser chronologischen Scheidung das Werk solcher Autoren wie beispielsweise Blok, Gor'kij, Serafimovič u. a. zerreißen, allein ihre nachrevolutionären Dichtungen behandeln und damit die Kontinuität sowohl des individuellen Schaffens wie auch des literarhistorischen Prozesses unterbrechen. Knappe Rückverweise helfen diesem Dilemma nicht ab.[14]

Die gegenwärtige Forschungslage wird also von einer in der Sowjetunion und im Westen unterschiedlichen Bewertung und Würdigung der beiden parallelen und zugleich konkurrierenden Strömungen des Modernismus und späten Realismus charakterisiert.

Die vorliegende Arbeit ist ausschließlich der realistischen Tradition gewidmet. Sie setzt der These der sowjetischen Forschung von dem grundsätzlichen Unterschied von kritischem und sozialistischem Realismus die Auffassung entgegen, daß der sozialistische Realismus als Produkt einer heute erkennbaren kontinuierlichen Entwicklung entstanden ist, dessen Kodifizierung auf dem ersten sowjetischen Schriftstellerkongreß dieser Entwicklung freilich zunächst einen gewaltsamen Schlußpunkt setzte. Zugleich soll eine ausführliche Darstellung des späten Realismus die westlichen Arbeiten, die den Modernismus bevorzugen, ergänzen, um das Bild der behandelten Epoche zu vervollständigen.

Der realistische Stil ist seiner Natur nach wirklichkeitsgetreue Darstellung. Dies verlangt Faktentreue, Stoff und Sujet (d. i. nach dem Vorbild der russischen Terminologie die innerliterarische »Welt« einer Dichtung) bleiben in direkter Verbindung, der Aussage der Dichtung kommt wissenschaftliche Genauigkeit zu. Folglich soll die sprachliche Gestaltung einfach, klar und verständlich sein, überflüssiger künstlerischer Schmuck wird vermieden. Das Darzustellende wird in Verbindung mit seiner Umgebung geschildert, die Stilmittel des Realismus sind nicht metaphorisch, sondern metonymisch (Tschižewskij), sie führen vom dargestellten Objekt auf das »Danebenliegende«.[15] Die realistischen Autoren widmen folglich dem Detail, der Umwelt und dem Milieu besondere Aufmerksamkeit. Da für die realistische Dichtung die »Botschaft«, die Aussage im Mittelpunkt steht, wird die Sprache eben hauptsächlich in ihrer kommunikativen Funktion verwendet, ihrer kreativen Potenz (die für Romantiker und Modernisten das Wesentliche darstellt) kommt nur sekundäre Bedeutung zu. Besonders im späteren Realismus wurde die Form zugunsten der Absicht und Aussage der Dichtung, ihrer »Idee«, vernachlässigt. Aus all dem folgt, daß für den Realisten Prosa und Dramatik bedeutsamer sind als die Lyrik. Die zentrale Rolle der ideellen Aussage impliziert häufig Utilitarismus und erklärte Tendenz. Ein wesentliches Kriterium des Realismus ist sein Streben nach Umfassendheit und Universalität. Dies soll typisierende Gestaltung leisten, d. h. eingedenk der Tatsache, daß jedes realistische Sujet ja auch nur Ausschnitt aus dem Ganzen der Wirklichkeit sein kann und bloße Reproduktion eines Ausschnittes aus der universalen Wirklichkeit subjektiv oder willkürlich wäre, sollen repräsentative Verhältnisse, Epochen, Klassen, Schichten oder Gruppen oder dafür charakteristische Helden und Schicksale gestaltet werden. Hier liegt der Grund für den

Hang des Realismus zu philosophischer oder ideologischer Vertiefung. Eine Eigenart der russischen realistischen Tradition ist ihre fast ausschließlich soziale und politische Thematik und ihre aktuelle Problemstellung.[16] Hieraus vermochten die besten Vertreter des russischen Realismus im 19. Jahrhundert jedoch Fragen von allgemein menschlicher und überzeitlicher Bedeutung zu entwickeln (etwa Turgenev in seinem Roman Otcy i deti, dtsch. Väter und Söhne, 1863). Eine bloß stilkritische oder formalästhetische Bewertung vermag demzufolge dem russischen Realismus nicht gerecht zu werden, es ist stets zugleich nach seiner »idejnost'«, seiner ideellen Aussage zu fragen. Eben dies soll die methodische Grundlage unserer Darstellung der russischen spätrealistischen Tradition bilden.

Wir beginnen mit den 80er Jahren, der Zeit der politischen Reaktion unter dem Zaren Alexander II. und seinem ideologischen Vormund Pobedonoscev. In dieser Zeit erlebt das Narodničestvo (die Volkstümlerbewegung) und die mit ihm verbundene realistische Literatur ihren ideellen Abstieg, ihr einziges Thema und Ideal, der russische Bauer, hält die in ihn gesetzten Erwartungen nicht, die kollektiven bäuerlichen Wirtschafts- und Organisationsformen brechen zusammen. Der intellektuellen Öffentlichkeit bemächtigt sich das Gefühl der Resignation und Verzweiflung. Dies scheint die gängige Meinung von der Krise des Realismus in den 80er Jahren, von der »üblen ausweglosen Zeit« (Bezvremen'e) zu bestätigen. Aber es darf nicht übersehen werden, daß in dieser Zeit zwei hervorragende Vertreter des Spätrealismus, Korolenko und Čechov, mit ihren Werken hervortreten, die beweisen, daß es nicht gerechtfertigt ist, von einer ernsten Krise der realistischen Literatur zu sprechen. Im folgenden letzten Jahrzehnt des 19. Jahrhunderts erscheint mit Andreev, Bunin, Gor'kij, Kuprin, Serafimovič und Veresaev eine neue Generation auf dem literarischen Schauplatz, die auch im 20. Jahrhundert den traditionellen Realismus durch hervorragende schöpferische Leistungen bereichert. Von Veresaev, Serafimovič und Gor'kij wird der Entwicklungsweg zum sozialistischen Realismus vollzogen, dessen literaturtheoretische Grundlegung Plechanov seit den 80er Jahren und Lenin im ersten Jahrzehnt des 20. Jahrhunderts vorbereitet haben. Am Ende der 80er Jahre bringt auch – nach Überwindung seiner persönlichen

Krise – Lev Tolstoj neue außerordentliche Werke heraus. Seine überragende Bedeutung wird in der vorliegenden Arbeit nur unmittelbar sichtbar werden durch den gewaltigen Einfluß, den Tolstoj auf das literarische Leben dieser Epoche ausgeübt hat. Von einer Würdigung seiner Werke wurde jedoch bewußt abgesehen, da der größte Teil seines Schaffens, der vor der von uns behandelten Epoche liegt, dann hätte miteinbezogen werden müssen, um sein Gesamtwerk nicht künstlich auseinanderzureißen. Eine Behandlung Tolstojs hätte den Rahmen dieser Arbeit gesprengt, ebenso blieben Autoren wie Vsevolod Michajlovič Garšin (1855–1888) und Nikolaj Semenovič Leskov (1831–1895), die nur in das erste Jahrzehnt der behandelten Epoche hereinragen, unberücksichtigt. Unsere Arbeit hat die Darstellung jener realistischen Autoren zum Gegenstand, deren wesentliche Schaffensperiode in der Zeit zwischen 1880 und den 20er Jahren unseres Jahrhunderts liegt. Dabei wurde das Lebenswerk jedes dargestellten Autors möglichst vollständig abgehandelt, es werden also auch jene ihrer Werke untersucht, die später entstanden sind. Schriftsteller, deren wichtigste Dichtungen erst in den 20er Jahren oder danach erschienen und deren hauptsächliche Schaffensperiode in der Zeit nach 1925 liegt, wie beispielsweise Aleksej Nikolaevič Tolstoj (1883–1945), bleiben indes unberücksichtigt.

Vollständigkeit ist nicht das Ziel dieses Buches. Wer eine umfassende Orientierung über alle, auch weniger hervorragende realistische Autoren der vorgestellten Epoche sucht, sei auf die erwähnten Literaturgeschichten verwiesen. Diese Arbeit will eine Würdigung repräsentativer Autoren der Epoche 1880 bis 1925 vorlegen, deren Schaffen eingehend untersucht wird. Dabei werden die ermittelten Urteile aus der Analyse einzelner Werke gewonnen. Auf diese Weise kommt die Abhandlung einer literarhistorischen Darstellung in Einzelinterpretationen nahe. Die einzelnen Werkanalysen stehen jedoch nicht unverbunden nebeneinander, sondern sollen ihren entwicklungsgeschichtlichen Zusammenhang aufweisen. Dieser innerliterarische Prozeß läßt sich auch folgendermaßen umschreiben: den scheiternden Bauern (mužik) des Narodničestvo löst Lopachin, der Kapitalist (Čechov: Der Kirschgarten), als Held im literarischen Kunstwerk ab. Aber auch die Ionyčs

(Čechov) und Lopachins beherrschen die literarische Szenerie nur eine verhältnismäßig kurze Zeit, zunehmend rückt der Verfall der bürgerlichen Gesellschaft in den Vordergrund der literarischen Gestaltung, und schließlich tritt an die Stelle des abtretenden Kapitalisten und bürgerlichen Intellektuellen der proletarische sozialistische Revolutionär: Pavel Vlasov (aus Gor'kijs Roman Die Mutter). Dieser rote Faden der Entwicklung ist nicht willkürlich gesponnen, sondern der Erweis einer Kontinuität, die auch theoretisch reflektiert und systematisiert wurde. Deshalb schließt unsere Darstellung mit zwei ausführlichen Kapiteln, die der Entwicklung der marxistischen Literaturtheorie gewidmet sind. Der Einbezug der literaturkritischen und literaturtheoretischen Entwicklung in eine literaturhistorische Abhandlung scheint uns unumgänglich. Obwohl die Berücksichtigung der Literaturtheorie der jeweils untersuchten Epoche in den Literaturgeschichten bereits in vielen Fällen üblich geworden ist, wurde sie – soweit wir sehen – in die Untersuchungen der russischen Literatur 1880 bis 1920 noch nie mit einbezogen. Die Notwendigkeit, in dieser folgenreichen Übergangsphase den theoretischen Erörterungen breiten Raum zu lassen, liegt auf der Hand.

Noch ein Wort zur Bezeichnung des literaturhistorischen Prozesses. Neben den Modernismus stellten wir als Parallel- und Gegenströmung den späten Realismus. Wir schlagen jedoch vor, diesen Begriff durch die weitere Bezeichnung Traditionalismus zu ersetzen. Dieser Terminus soll alle jene Richtungen zusammenfassen, die bewußt auf die bewährten literarischen Darbietungsweisen der Vergangenheit zurückgreifen. Dies ist nicht nur der zeitlich benachbarte Realismus des 19. Jahrhunderts. Am Beispiel Serafimovičs und Gor'kijs wird zu zeigen sein, daß die Traditionalisten auch romantische Formen und Themen neu belebten. Deshalb darf mit Recht behauptet werden, daß die Entwicklung vom kritischen zum sozialistischen Realismus zugleich ein Weiterwirken der literarischen Tradition in Rußland 1880–1920 darstellt.

Teil I
Die letzten Klassiker des 19. Jahrhunderts

Kapitel I: Die späte »Volkstümlerbewegung« (Narodničestvo)

1. Die gesellschaftspolitische und geistesgeschichtliche Situation Rußlands in den achtziger und neunziger Jahren.

Das Jahr 1881, in dem ein Attentat dem Leben des sogenannten Reformzaren Alexander II. ein Ende setzte und mit Alexanders III. Regierungszeit (1881–1894) eine Epoche der Reaktion und militanten Restauration der Zarenautokratie einleitete, ist nicht nur von besonderer Bedeutung in der politischen Geschichte Rußlands. Im gleichen Jahre starb Dostoevskij, schon 1878 war Nekrasov gestorben, 1883 ist das Todesjahr Turgenevs, 1886 starb Ostrovskij, 1889 Saltykov-Ščedrin, 1891 Gončarov. Von den großen Repräsentanten der realistischen russischen Literatur war es nur Lev Tolstoj, der die beklemmende Entwicklung der Reaktion miterlebte, deren Einfluß nicht zuletzt seine geistige Krise in den achtziger Jahren zuzuschreiben ist.
Die Literatur unterlag immer weitergehenden Zensurmaßnahmen und Verfolgungen, die Tätigkeit der ohnehin eingeschränkten ländlichen und städtischen Selbstverwaltungsorgane (zemstvo und städtische dumy, die in den Händen des liberalen Adels lagen) wurde strengstens kontrolliert und reduziert, Schulen und Universitäten wurden einer rigorosen staatlichen Bevormundung unterstellt, der Zugang zu den Bildungseinrichtungen für die breiten Volksschichten erschwert, die kirchliche Politik auf die strikte Bewahrung der »geheiligten Traditionen« der Zarenautokratie ausgerichtet.
Alexander III. und auch sein Sohn, der letzte Zar Nikolaj II. (geb. 1868, 1894–1917), standen unter dem geistigen Einfluß des beherrschenden Ideologen der Reaktion, Konstantin Petrovič Pobedonoscev (1827–1907). Pobedonoscev, der Erzieher Alexanders III., war ein hervorragender Rechtsgelehrter und hatte als Professor für allgemeines und Staatsrecht an der Rechtsreform unter Alexander II. 1864 bis 1866, die in Rußland nach der Bauernbefreiung die allgemeinen Menschenrechte (Grundrechte) nach westeuropäischem Vorbild kodifizierte, mitgewirkt. 1881 wurde er zum Oberprokurator des Heiligen Synod berufen, d. h. er wurde zum staatlichen Aufseher der Kirche – mit der Schaffung dieses Amtes

hatte Peter der Große 1721 die Kirche unter seine Gewalt gebracht – bestellt; ohne seine Zustimmung konnte der Synod keine Entscheidungen treffen. Da im autokratischen Rußland der Zar als unumschränkter Herrscher allein die Politik bestimmte und der Dienstadel bzw. die Regierungs- und Ministerialbürokratie nur seine ausführenden Organe waren, hing alles von der Persönlichkeit des Zaren und dessen Auffassungen von Wesen und Ziel seines Amtes ab – sofern nicht außenpolitische, also fremde Konstellationen zum Regulativ dieser persönlichen Autokratie wurden.

Alexander III., vom Terror der revolutionären Verschwörungen, deren Opfer sein Vater geworden war, abgeschreckt, bot all seine Willenskraft und Führungsqualität auf, mit unnachgiebiger Härte das autokratische Staatswesen zu restaurieren, begonnene Reformen mit ihren scheinbar so gefährlichen Folgen abzublocken oder rückgängig zu machen. Seinen restaurativen Plänen lieferte Pobedonoscev die ideelle Begründung und Rechtfertigung. Pobedonoscev blieb dabei ganz im Hintergrund. Er hat wenig publiziert, neben seinem ideologischen Credo *Moskovskij sbornik* (Moskauer Kompendium 1896) müssen seine Gedanken aus seinen spärlichen Äußerungen und Briefen ermittelt werden.

Rußland bestand für Pobedonoscev nur aus dem Zaren und dessen Vertrauten und dem einfachen Volk. Alle Bemühungen der sozialen und kirchlichen Politik waren darauf zu richten, den naiven Glauben des Volkes an seinen gottgesetzten Herrn und Vater, an den Gosudar' Imperator, durch Legende und Ritual zu pflegen und zu vertiefen. Einzige Aufgabe von Adel und Geistlichkeit ist, diese bewährte Tradition zu fördern und Vermittlerfunktion zum Zaren auszuüben. Pobedonoscev glaubte ernsthaft an eine patriarchalische, traditionsgebundene russische Volksseele, und zumindest für die Masse der ungebildeten Bauernschaft war diese Annahme nicht unzutreffend. Aber gerade auf Unwissenheit und Unbildung beruhte diese Tradition. Um diese ihre Stützen zu festigen, wehrte Pobedonoscev jede Bildung, jede Förderung von moderner Kultur und Wissenschaft für das russische Volk ab. Nicht Reflexion und Wahrheitssuche, die ja nur die Bedürfnisse einiger weniger befriedigen, seien für das Staatswesen wichtig, sondern Bewahrung von einschüch-

ternden und ehrfurchtgebietenden Normen und Formen, um die heiligen Überlieferungen der Ahnen weiterzupflegen, was isch eben nur erreichen läßt, wenn man sich jeglichem geistigen und gesellschaftlichen Fortschritt verschließt.
Gerade durch seine Tradition unterschied sich Rußland für Pobedonoscev vorteilhaft von Westeuropa – hier greift er auf slavophile und Dostoevskijsche Gedanken zurück. Dort hat der Rationalismus des Denkens zu einer Versachlichung und analytischen Zersetzung der geistigen Kultur, zum unhumanen Atheismus geführt; ein damit zusammenhängender hybrider Glaube an die Humanität im Menschen zu einem handlungsunfähigen und verwerflichen Demokratismus und Parlamentarismus. Gegen den Einfluß solcher schädlicher Vorstellungen, die zur Zersetzung der organischen russischen Autokratie führen, müsse sich Rußland zur Wehr setzen. Deshalb richtete sich sein politisches Konzept nicht nur gegen oppositionelle und kritische Geister *jeder* Provenienz, sondern gegen die Intellektuellen, die Träger geistiger Kräfte schlechthin. Es mutet heute beinahe zynisch an, mit welchen Argumenten Pobedonoscev eine erweiterte Schulbildung dem Volke verwehrte:

»Nach der Meinung des Volkes lehrt die Schule lesen, schreiben und rechnen, aber in ungetrenntem Zusammenhange damit lehrt sie Gott kennen, lieben und fürchten, das Vaterland lieben und die Eltern ehren. Das ist die Summe des Wissens, des Könnens und der Empfindungen, welche im Menschen das *Gewissen* bilden und ihm die sittliche Kraft geben, die notwendig ist, um das Gleichgewicht im Leben zu erhalten und den Streit mit den niederen Neigungen der Natur, mit den schlechten Einflüsterungen und Verführungen der Gedanken zu bestehen.
Eine schlechte Sache ist es, wenn die Schule das Kind aus seiner Umgebung reißt, in der es an die Arbeit seines Standes gewöhnt wird und wo es von Jugend auf durch Übung und Beispiel unbewußt Kunst und Geschmack an der Arbeit erwirbt. Wer Kandidat oder Magister werden will, der muß zur bestimmten Zeit anfangen zu lernen und folgerecht einen großen Kreis von Wissenschaften durchgehen; aber eine Menge von Kindern bereitet sich zur Handarbeit und zum Gewerbe vor. Solch eine Arbeit bedarf einer physischen Vorbereitung vom frühesten Alter an. Den Weg zu dieser Vorbereitung zu sperren, um nicht die Zeit für Schulzwecke zu verlieren, heißt der Volksmasse, die sich, solange sie lebt, um das tägliche Brot bemüht, die Mittel zum Leben zu erschweren und die Familie in

der natürlichen Entwicklung derjenigen wirtschaftlichen Kräfte hemmen, welche in ihrer Vereinigung das Kapital des gesellschaftlichen Wohlstandes bilden. Der Seemann, von Kindheit an auf dem Wasser heranwachsend, wird zum Seefahrer ausgebildet; der Bergmann gewöhnt sich an sein Gewerbe und richtet seine Lungen dazu ab – nicht anders, als indem er von Jugend auf die Gänge des Bergwerks befährt ... Wenige aber denken daran, daß, wenn wir die Kinder vom Hausherde auf die Schulbänke zwingen zu solch wunderlichen Zwecken [d. h. zum Erlernen von Dingen, die über den Elementarunterricht hinausgehen. R. D. K.], wir die Eltern und die Familie der Arbeitskraft berauben, welche zur Stütze der Wirtschaft des Hauses unentbehrlich ist, die Kinder aber verderben, indem wir ihnen das Dunstbild eines vermeinten oder falschen und vom Leben getrennten Wissens vorspiegeln und sie der Versuchung vor den Augen flimmernder Gestalten des Eiteln und der Prahlerei aussetzen.«[1]

Ob Pobedonoscev – wie Tschiżewskij meint[2] – diese Gedanken aus Skepsis gegenüber der menschlichen Natur entwikkelte oder selbst diesem Obskurantismus anhing, bleibt für eine Bewertung seines Wirkens gleichgültig.
»Selten hat die Reaktion als politische Strömung eine klarere und zugleich unheimlichere Begründung gefunden als in Pobedonoscevs Moskauer Kompendium, diesem Leichentuch jeder Fortschrittsbewegung«, urteilt der dänische Slawist Stender-Petersen.[3]
Man kann sich vorstellen, daß die von einer solchen ideellen Grundlage ausgehende offizielle russische Politik mit verständnisloser Zurückhaltung jenem folgenreichen inneren Umwandlungsprozeß gegenüberstand, der sich seit etwa 1860 mit der Industrialisierung und Kapitalisierung Rußlands vor ihren Augen vollzog. Dem pragmatischen Finanzminister S. Ju. Witte (1849–1915, 1892–1906) gelang es schließlich nach Maßgabe des Möglichen, diesen Prozeß zu lenken und Versuche zu verhindern, die neuentstehenden Industrieunternehmen unter patriarchalische Organisationsformen und staatlichen Zugriff zu pressen. Durch hohe Importzölle schützte und förderte er die einheimische Industrie, Exportüberschüsse in den neunziger Jahren (Weizen) ermöglichten, den Rubel durch Goldreserven abzudecken. Auf Grund dieser soliden Stabilisierung flossen zunehmend französische, belgische und auch deutsche Investitionen ins Land.
Als Industriezentren entwickelten sich der Süden (Odessa,

Novorossijsk und die Schwarzmeerküste) sowie Petersburg (1900: 1,3 Mill.) und Moskau (1900: 1 Mill.). Die jährliche Zuwachsrate der gesamtwirtschaftlichen Produktion lag zuletzt bei 8 Prozent und übertraf damit diejenige aller westlichen Industrienationen. Die neunziger Jahre in Rußland tragen die Merkmale einer typischen Gründerzeit. Einerseits entsteht eine märchenhaft reiche Großbourgeoisie, auf der anderen Seite entwickelt sich ein zunehmend verarmendes Proletariat. Wie wenig die Regierung mit der damit entstehenden zusätzlichen Variante der sozialen Frage fertig wurde, sollen nur zwei ihrer Maßnahmen illustrieren: das Verbot der Gewerkschaften, wodurch der Klassenkampf verschärft und zugespitzt wurde, und nach langem Zögern 1897 die Begrenzung der gesetzlich zulässigen Arbeitszeit auf elfeinhalb Stunden am Tag.

Trotz seines industriellen Aufschwungs ist Rußland, gemessen an seiner Größe, um die Jahrhundertwende noch keine Industrienation. Rund 5 Millionen Industriearbeiter stehen 100 Millionen bäuerlicher Bevölkerung gegenüber. Es ist also nicht verwunderlich, daß auch noch zu Beginn der neunziger Jahre die in der russischen Öffentlichkeit vorherrschende politische und geistige Strömung das oppositionelle *Narodničestvo,* ein utopischer Bauernsozialismus spezifisch russischer Prägung, darstellt.[4]

Bekanntlich hatten die führenden Gesellschaftskritiker und Philosophen der sechziger Jahre, die sogenannten šestidesjatniki Gercen (Herzen), Černyševskij und Bakunin – so unterschiedlich ihre weltanschaulichen Vorstellungen auch waren –, ihre Hoffnungen auf eine Umgestaltung der russischen Gesellschaft nach der unzulänglichen Aufhebung der Leibeigenschaft von 1861 auf den kollektiven Landbesitz mit gemeinschaftlicher, fallweise umverteilter Bewirtschaftung, auf die Dorfgemeinde (obščina und mir) gesetzt, die zur Basis eines sozialistischen und demokratischen Gemeinwesens gemacht werden sollte. Aufrufen Herzens (1861) und Bakunins (1896), ins Volk zu gehen (*Choždenie v narod*), folgten im sogenannten »verrückten Sommer« 1873 in großem Maße nicht nur Studenten und Vertreter der Intelligencija, sondern auch liberale Adlige, sogar Arbeiter und Bauern, um die Bauernschaft aufzuklären und zu politisieren. Diese moralisch achtbare, aber im Grunde naive Bewegung erlitt ein Fiasko; die unverständige und mißtrauische Bauernschaft, die in ihrem in theokratischer Tradition erstarrten kollektiven Bewußtsein am Zaren und an der Kirche hing und alle Mißstände der Bürokratie und der Beamtenschaft anlastete, widersetzte sich hartnäckig und konsequent allen gegen System und Obrigkeit gerichteten Bestrebungen. Aus dieser Tatsache zogen die Narodniki den Schluß, nur eine gewaltsame Erschütterung des Systems, die durch Terrorakte und Attentate herbeizuführen ist, könne die Voraussetzungen für die angestrebte Umwandlung der Gesellschaft schaffen. In der 1876 gegründeten, straff organisierten Geheimgesellschaft *Zemlja i volja* (Land und Freiheit) hatten sich im Grunde verzweifelte Revolutionäre zusammengeschlossen, die in charismatischer Entschlossenheit ihr persönliches Leben dem Verbrechen und der Gewalttat opferten, um durch Attentate und Terrorakte die Autokratie zum Einsturz zu bringen. Blutiger Terror schien ihnen das einzige Mittel, das ihnen geblieben war, um ihr Ziel, eine menschenwürdige Gesellschaftsordnung, zu erreichen. In geheimen Zirkeln über das ganze Land verstreut, schufen sie durch Attentate auf führende Persönlichkeiten des Regierungslagers Unsicherheit und brachten die Öffentlichkeit besonders durch Anschläge auf das Leben des Zaren, der dem vierten Attentat 1881 zum Opfer fiel, gegen sich auf.[5]

Bereits 1879 hatten sich die Narodniki in zwei Gruppen gespalten: die Mehrheitsgruppe Narodnaja volja (Volkswille) versuchte, durch verstärkten individuellen Terror und durch Gewaltakte eine revolutionäre Situation herbeizuführen, während die von G. Plechanov und P. Aksel'rod geführte Gruppe Čërnyj peredel (sinngemäß: Geheime Landverteilung) den Weg der Aufklärung und Agitation wählte.

Verschärfte Polizeimaßnahmen und die Einsicht in die Sinnlosigkeit des individuellen Terrors ließen Ende der achtziger und in den neunziger Jahren die Narodniki-Bewegung in eine Krise geraten. Anstelle ad hoc gezielter politischer Aktionen suchte man nun eine gesicherte geschichtsphilosophische Basis, aus der man planvoll alles weitere Vorgehen entwickeln wollte.

In diesem Sinne sind die Theorien der beiden Ideologen des

Narodničestvo, Petr Lavrov (1823–1904) und Nikolaj K. Michajlovskij (1842—1904), zu verstehen, die von der moralischen Pflicht der Intelligencija und der Vermögenden sprachen, sich für die Interessen des ausgebeuteten Bauernvolkes, das alle Gebildeten und Besitzenden ernähre, einzusetzen. Dies könne nur gemäß dem Entwicklungsgesetz der menschlichen Gesellschaft geschehen, wonach zähes und beharrliches, vorbildliches Wirken einer kritisch denkenden und einsichtigen Elite das »anthropozentrische Zeitalter« einer humanen, von jeglichen Herrschafts- und Unterdrückungsformen freien Gesellschaft allmählich vorbereite. Das war natürlich eine Absage an den politischen Kampf, der sich ja auch als aussichtslos herausgestellt hatte. Diese Einsicht führte viele Narodniki in die Legalität zurück, die einen widmeten sich ganz der sogenannten »Kleinarbeit des Alltags« (malye dela), etwa der Gründung unpolitischer Arbeits- und Produktionsgenossenschaften (artel'), wo man ein neues sozialistisches Bewußtsein langsam heranbilden zu können glaubte.

Eines nicht geringen Teils der oppositionellen Öffentlichkeit aber bemächtigte sich völlige Ratlosigkeit. Der Mißerfolg der Narodniki hatte für die Skeptiker unter ihnen zugleich die Falschheit des weltanschaulichen und politischen Programms der Narodničestvo erwiesen. Ihrer Meinung nach hatten die »Väter« versagt. Sie glaubten, ihre weltanschaulichen und politischen Überzeugungen auf neue und sichere Grundlagen gegenüber dem Positivismus und naiven Humanismus stellen zu müssen. Lev Tolstojs apolitische Lehre, sich dem Übel nicht zu widersetzen (neprotivlenie zlu), faszinierte weite Kreise der Intellektuellen, bot Stoff für literarische Diskussionen und ideologische Polemiken. Suchen nach Grundlagen, unbestimmte Sehnsucht und mystisches Erwarten wurden zum Hauptinhalt des geistigen Lebens der enttäuschten Intelligencija und eines Teils der liberal Gesinnten, die die ideelle Basis für den religiösen Idealismus und die Dekadenz um die Jahrhundertwende bildeten.

Der Zerfall des Narodničestvo wurde aber von einer weiteren historischen Erscheinung beschleunigt, mit der die Narodniki nicht fertig zu werden vermochten: Industrialisierung und mit ihr das Entstehen des Proletariats und damit verbunden der Zerfall der Dorfgemeinde (obščina), der ideellen Grundlage der Narodniki. Die Fabrik zog die Bauern in die Stadt. Die Großbauern (Kulaken), die Geldwirtschaft betrieben, machten die Kleinbauern der obščina von sich abhängig und kauften häufig das Land der Dorfgemeinde auf. Damit setzte sich also der Kapitalismus auch auf dem Lande durch. In klarer Erkenntnis dieses Sachverhalts vollzogen die ehemaligen Führer der Gruppe Černyj peredel um Plechanov deshalb einen konsequenten Bruch mit der ihrer Auffassung nach haltlos gewordenen Ideologie des Narodničestvo und gründeten bereits 1883 in Genf, wohin sie emigriert waren, die erste russische marxistische Organisation Osvoboždenie truda (Befreiung der Arbeit). Zunächst in langwierige Polemiken mit den Narodniki verwickelt, wurden die Marxisten in Rußland erst in den neunziger Jahren, als Hungersnöte (1891/92) und Streiks (1894 bis 1899) frühkapitalistische Krisen verrieten, zur wirkungsvollen geistigen und politischen Kraft. Sie gaben, worum sich die Narodniki vergeblich bemühten: eine Analyse der gegenwärtigen Situation und prognostizierten reale Nah- und Fernziele. Nicht die Bauernschaft, sondern das Proletariat war für sie die aktive politische Kraft. Der Zerfall der obščina war für die Marxisten eine notwendige, progressive Erscheinung im historischen Prozeß, dessen nächste Phase die Herausbildung der kapitalistischen Klassengesellschaft in der Stadt wie auch auf dem Lande sein werde. Wenn die Marxisten also die Kapitalisierung Rußlands, den »schmutzigen Kapitalismus«, wie die Narodniki angeekelt sagten, unterstützten, so nur in der gleichzeitigen intensiven politischen Arbeit, im scharfen Kristallisationsprozeß der Klassengegensätze ein klassenbewußtes Proletariat zu erziehen. Sie schufen in weitem Maße Arbeiterorganisationen, die sowohl konkrete ökonomische als auch politische Ziele erstrebten, und verfolgten die Absicht, in der klassenbewußten Arbeiterschaft eine politisch reife und entschlossene Basis herauszubilden, die fähig sein sollte, alsbald nach der bürgerlich-demokratischen Revolution, d. h. dem notwendigen Sturz der Zarenautokratie sozusagen als zweiten Schritt, eine sozialistische Revolution durchzuführen, die mit der Abschaffung des Eigentums an Produktionsmitteln und Produktionsstätten die Voraussetzungen einer klassenlosen Gesellschaft der Zukunft schaffen sollte.

Wenn auch in den neunziger Jahren die marxistische Bewegung noch uneins war, zersplittert in Orthodoxe, Ökonomisten und legale Marxisten, so steht doch fest, daß sie geistig von Plechanov und politisch-pragmatisch von Lenin, der damals noch unter dem Pseudonym Tulin auftrat, bereits in der genannten Zeit zu einer entscheidenden politischen und geistigen Kraft geworden war, was in den meisten westlichen Darstellungen der russischen Literatur- und Geistesgeschichte gewöhnlich unterschätzt oder ignoriert, in den sowjetrussischen und marxistischen allerdings ebenso einseitig verabsolutiert wird.

Die dritte wichtige oppositionelle Bewegung im geistigen und politischen Leben des Rußland der neunziger Jahre ist neben Narodničestvo und Marxismus der *Liberalismus*. Er ist die kontinuierliche Fortsetzung der klassischen russischen progressiven Strömungen – wenn man so will seit Radiščev und den Dekabristen. Die politische Haltung der Liberalen war nicht einheitlich, der vermögende große Landadel erstrebte lediglich die Autonomie der ländlichen Selbstverwaltung, die vor dem Zugriff der zentralisierten Bürokratie geschützt werden sollte, im übrigen suchte der reiche Adel die Gemeinsamkeit mit der Regierung – er wandte sich gegen die Ausarbeitung einer Verfassung für Rußland. Das Rückgrat der liberalen Bewegung stellten der kleine Land- und Dienstadel, soweit vorhanden das aus dem ehemaligen Kaufmannsstand hervorgehende Bürgertum sowie Teile der wohlhabenden Beamtenschaft und Intelligencija. Sie erstrebten eine legale Reform Rußlands zum Verfassungsstaat, zur konstitutionellen Monarchie und wandten sich gegen radikale und sozialistische Ideen. Eine linksliberale Minderheit schließlich verlangte die Einführung der parlamentarischen Demokratie bei strikter Ablehnung jeglicher Sozialisierungstendenzen.

Das Kriterium der Abgrenzung gegen die beiden sozialistischen Strömungen war die Eigentumsfrage: Liberale Grundsätze wurden durch die Begriffe »Naturrecht«, »Rechtsstaat«, »Recht des Individuums auf privates Eigentum« und »Nationale Idee« umschrieben; die Liberalen bemühten sich,

die gemäßigte, ausgleichende politische Kraft der Mitte zu werden.
Um die Jahrhundertwende schlossen sich die drei ideologischen Strömungen in Rußland auch organisatorisch (natürlich illegal) zu »Parteien« zusammen: 1898 wurde in Minsk die RSDRP (Russische Sozialdemokratische Arbeiterpartei, abgekürzt SD) gegründet, 1900 organisierten sich die Anhänger des Narodničestvo und Anhänger des Anarchismus in der Sozialrevolutionären Partei (SR) und schließlich die liberalen Kräfte 1902 (im Ausland, um die Zeitschrift *Osvoboždenie* [Befreiung] gruppiert und von dem ehemaligen legalen Marxisten Petr Struve ideologisch geführt) zur Verfassungspartei (Konstitutionell-Demokratische Partei, abgekürzt »Kadetten«, aus KD gebildet).[6]

2. Das späte Narodničestvo 1880 bis 1900 und seine literarischen Repräsentanten

Die Literatur des Narodničestvo ist ganz in den gesamtgesellschaftlichen Kontext ihrer Zeit eingebettet. Um sie zu verstehen, bedarf es der Kenntnis der historischen und politischen Vorgänge in Rußland in der zweiten Hälfte des 19. Jahrhunderts. Ist diese Abhängigkeit von der sozialen und politischen Situation in der Narodniki-Literatur auch besonders ausgeprägt, so gilt sie doch cum grano salis für die gesamte realistische Literatur. Man denke an Tolstoj oder Čechov. Kann eine angemessene Interpretation, beispielsweise von *Anna Karenina* oder vom *Kirschgarten*, auf den gesellschaftlichen und ideologischen Zeitbezug verzichten?

Die enge Zusammengehörigkeit von Literatur und sozialer und politischer Entwicklung beweist die Tatsache, daß sich das literarische Leben der achtziger und neunziger Jahre – um die Mitte des Jahrhunderts hatte das begonnen – ausschließlich in den großen Zeitschriften abspielte. Es ist die Zeit der sogenannten »dicken Journale«. Und diese Zeitschriften waren nicht nur schöngeistige Literaturblätter. Sie standen im Dienste bestimmter politischer und ideologischer Ziele, denen ihre jeweiligen Autoren natürlich zustimmten. Häufig wurde hier nach bewährter Tradition Literatur und

Literaturkritik zum Tarnkleid gewählt, um unter solcher Überlistung der Zensur politische und gesellschaftskritische Ideen zu propagieren. Der Literatur selbst bekam dies nicht eben gut, und die Kritik geriet so in ein außerliterarisches und sie damit theoretisch verunsicherndes Dilemma. Nur einige dieser Zeitschriften, die eine besonders exponierte Rolle spielten, seien im folgenden kurz genannt: der *Russkij vestnik* (Russischer Bote 1856–1887) vertrat unter der Herausgeberschaft des Schriftstellers M. N. Katkov eine regierungsnahe loyale und äußerst konservative Haltung; der *Vestnik Evropy* (Europäischer Bote, 1866–1917) war die angesehenste und niveauvollste Zeitschrift mit liberaler Haltung, die Fragen der Literatur, u. a. Veselovskijs Komparatistik, breiten Raum widmete; *Russkaja mysl'* (Russischer Gedanke, ab 1881, erscheint heute in der Emigration als Zeitung weiter), eine Zeitschrift mit hohem Niveau, vertrat den liberal-adligen Standpunkt und die Vorstellungen der akademischen Intelligencija, nach der Jahrhundertwende wirkten hier auch Modernisten, den Literaturteil redigierte ab 1910 Valerij Brjusov. Die eigentlichen Organe der Modernisten waren *Mir iskusstva* (Welt der Kunst, 1899–1904), *Vesy* (Die Waage, 1904–1909), ihnen folgte der *Apollon* (1909–1917). Die marxistische Ideologie vertrat ab 1894 auf legaler Basis die Zeitschrift *Novoe slovo* (Neues Wort), deren führende Mitarbeiter Petr Struve, Plechanov und Lenin waren, allerdings mußte die Zeitschrift schon 1897 ihr Erscheinen wieder einstellen. Ihr folgte als marxistisches Journal *Žizn'* (Das Leben, 1897–1901). Sprachrohr des Narodničestvo war neben der Zeitung *Nedelja* (Die Woche) die Zeitschrift *Russkoe bogatstvo* (Russischer Reichtum, ab 1880, 1891 übernahm Michajlovskij die Redaktion, die nach seinem Tode 1904 Korolenko bis zum Jahre 1918 weiterführte). Hier vollzog sich in den neunziger Jahren eine bemerkenswerte Entwicklung.[7]

In den beiden vorangegangenen Jahrzehnten hatten die Ideologen des Narodničestvo von der Literatur konsequente Wirklichkeitstreue (radikalen Realismus) und zugleich politischen Dienst an der Sache des Volkes (Utilitarismus) gefordert. Die Literatur sollte, wie es Michajlovskij formuliert hatte, ein »moralisches Gericht« über die Wirklichkeit halten, d. h. sich einseitiger und übertriebener Darstellungen des Elends der unterdrückten Bauernschaft bedienen, um Energie, Willen und Leidenschaft zur Veränderung der gesellschaftlichen Lage im Leser zu erwecken. Autoren wie Pomjalovskij, Uspenskij, Karonin, Rešetnikov u. a. folgten dieser Aufforderung und schufen sogar ein eigenes Genre dieser tendenziösen Literatur des Narodničestvo, die Bauernskizze (Krest'janskij očerk), eine ganz auf Stoff und Inhalt konzentrierte kürzere Prosaform, die die künstlerische Form bewußt zugunsten der beabsichtigten Tendenz vernachlässigte, letztere sogar noch mit agitatorischen und erläuternden Kommentaren zu fördern suchte. Hauptaufgabe dieser Literatur ist ihr ethisches und moralisches Anliegen, sie lehnt es ab, künstlerischen Genuß zu bereiten, sondern will Erkenntnis vermitteln, Verständnis für das Dargestellte wecken und Informationen mitteilen.[8] Viele Literaturhistoriker sehen in dieser Epoche des Narodničestvo nicht zu Unrecht einen Niedergang des künstlerischen Niveaus, obwohl man heute vielleicht andere Kriterien an die Bewältigung der Echtheit der Wiedergabe legen sollte, wenn man auch das Dokumentarische in den Bereich ästhetischer Werte miteinbezieht.

Als Vertreter der späten Narodniki-Literatur seien kurz nur die bedeutendsten Autoren dieser Richtung, Zlatovratskij, Gleb Uspenskij und Mamin-Sibirjak, charakterisiert.

Nikolaj Nikolaevič Zlatovratskij (1845–1912) veröffentlichte in den sechziger Jahren sozialanklägerische Tendenzgedichte, die Nekrasov nachgeahmt waren, dem er auch mit seinen ersten Erzählungen im minuziösen Stil der »Physiologischen Sammelbände« folgte.[9] In den achtziger Jahren wird er einer der aktivsten Mitarbeiter der Narodniki-Organe *Russkoe bogatstvo* und *Ustoi*, wo er die sozialen Mißstände in der Stadt wie auf dem Lande in satirischen Novellen und Märchen geißelt, die er unter dem Pseudonym Malen'kij Ščedrin (Kleiner Ščedrin) veröffentlichte, ein überdeutlicher Hinweis auf sein größeres Vorbild. In den zwei Jahrzehnten zwischen 1870 und 1890 schuf er, nach eingehendem Studium Lavrovs und Michajlovskijs, eine Reihe von Skizzensammlungen wie *Derevenskie budni* (Arbeitstage auf dem Lande, 1879) und den aus lose verbundenen Skizzen gefügten Roman *Ustoi. Istorija odnoj derevni* (Grundstützen. Die Geschichte eines Dorfes, 1878 bis 1883), in denen er das bäuerliche Leben realistisch schildert: so Petr Volk, der Hauptheld der »Grundstützen«, der die »Bauernidee« der Obščina idealisieren soll, aber auf Grund der Faktentreue, an die sich Zlatovratskij in seinem Roman prinzipiell gebunden hatte, zu einem Geschäftemacher und Landaufkäufer geriet, der in seinen geschäftlichen Unternehmungen das bloß Fiktive seiner Ziele offenbarte. Keine der Gruppen, in die sich nach Meinung des Autors die Dorfbevölkerung unterteilt, reagiert bewußt auf Petr Volks Bemühungen: die Trinker, die Ärmsten der Armen, leben in verzweifelter Lethargie, die »wirtschaftende Zwischenschicht« war entweder zu den asozialen Trinkern abgesunken oder stieg zu den Kulaken, den »Landfressern«, auf, die durch Geld- und Zinswirtschaft Grund und Boden und damit die Macht im Dorfe an sich reißen. Daß der Autor die Bauern der alten Generation, die am Mir festhalten wollen, mit besonderer Sympathie zeichnet, verrät das Dilemma der orthodoxen Narodniki, deren Bauernsozialismus sich entweder als utopisch oder — was noch schlimmer war — als konservativ und überlebt erwies.

Im Unterschied zu anderen Autoren des Narodničestvo zeichnen sich Zlatovratskijs Arbeiten trotz ihrer vielen dokumentarischen und didaktischen Passagen durch eine bemerkenswert pathetische, dennoch dem bäuerlichen Milieu entsprechende Sprache aus: sie erinnert an die naive, aber ernste Feierlichkeit mancher Bylinen.

Neben Zlatovratskij gilt als der bedeutendste Autor des Narodničestvo Gleb Ivanovič Uspenskij (1843—1902), der Sohn eines kleinen Beamten aus Tula, der seine literarische Laufbahn ebenfalls mit Erzählungen über die sozialen Niederungen der verarmten Stadtbevölkerung im Stile der Nekrasovschen *Physiologien (Nravyi Rasterjaevoj ulicy;* Die Sitten der Rasterjaev-Straße, 1866) begann.[10] Die tiefe Tragik, die er im Schisal unentwegter reiner Wahrheitssucher sieht, die an der Unmenschlichkeit der sozialen Ordnung und am mangelnden Mitleid der Mitmenschen scheitern, erinnert in manchem an Dostoevskij. In den siebziger Jahren wird er ein überzeugter Anhänger des Narodničestvo, er geht unter das

Bauernvolk und veröffentlicht sozusagen als Erfahrungsberichte seine Skizzensammlungen *Krest'janin i krest'janskij trud* (Bauer und Bauernarbeit, 1880) und *Vlast' zemli* (Die Macht der Erde, 1882). Obwohl – entsprechend der Skizzentechnik – die künstlerisch-formale Seite dieser očerki stark vernachlässigt ist und Stoff und belehrende Absicht ungehindert hervortreten, überzeugen sie literarisch durch die gelungene Reproduktion der geistigen Welt des Bauern, die von der elementaren Macht der Natur, dem Rhythmus der Jahreszeiten geprägt ist und sich dem Leser Uspenskijs wie ein uralter Mythos auftut. Die Bauern sind derart an die Scholle gebunden, daß sie ein geradezu kreatürlich-vegetierendes Dasein führen. Aber damit ist auch die Tragik dieses naturverbundenen, mythischen Bauerndaseins bezeichnet: Zivilisation, Industrialisierung und Technisierung dringen auf das Land vor, zerstören das elementare Einssein mit der Natur und entfremden den Bauern von der Scholle. Für Uspenskij ist es schicksalsbestimmt, daß die Zivilisation die alte primitive Lebensweise der Bauern und deren kollektive Organisationsformen zerstört. Aus der einfachen, unreflektierten Gemeinschaft der aufeinander angewiesenen Dorfbewohner wird eine vom Bewußtsein des Habens und von persönlichem Besitzstreben gekennzeichnete Welt von Egoisten, Neidern und Strebern.

Die Hoffnungen der Narodniki wurden für Uspenskij angesichts der Wirklichkeit zum utopischen Traum, an dessen Unvereinbarkeit mit der kapitalistischen Wirklichkeit der Schriftsteller zerbrach; in den neunziger Jahren verfiel er geistiger Umnachtung und starb im Irrenhaus.

Eine Sonderstellung unter den Schriftstellern des Narodničestvo nimmt Dmitrij Narkisovič Mamin-Sibirjak (1852 bis 1912) deshalb ein, weil er in seinem Werk die Welt seiner sibirischen Heimat und des Ural in die russische Literatur einführte.[11] Seine Skizzen und Erzählungen der Jäger, Flößer, Treidler und Goldsucher, die er ab 1877 in Petersburger Zeitungen veröffentlichte, fanden zunächst wenig Aufmerksamkeit, da in ihnen melodramatische und oberflächliche abenteuerliche Effekte hervorstachen. Ab 1883 veröffentlichte der ungemein fruchtbare Schriftsteller eine Reihe von großen Romanen, die im gesellschaftlichen Milieu des

Ural und Vordersibiriens spielen, zu einer Zeit, da die dortigen Bergbaubetriebe in kapitalistische Großunternehmen umgewandelt wurden. (*Privalovskie milliony* – Die Millionen der Privalovs; *Gornoe gnezdo* – Das Bergnest; *Dikoe sčast'e* — Wildes Glück, alle 1883, u.a.)

Nicht nur die formalliterarische Tatsache, daß er zur großen Prosaform des Romans zurückfand, sondern auch die Behandlung des Stoffes verbinden Mamin-Sibirjak nur lose mit dem Narodničestvo. Seine Romane werden nicht nur als »satirische Chroniken der kapitalistischen Gesellschaft des Schachers und Betrugs« bezeichnet, sondern auch als eine »Epopöe des Volkslebens im Ural«; dies letztere, vom teilweise dokumentarischen Charakter der Romane Mamins belegt, verbindet ihn natürlich mit den literarischen Zielen der Narodniki. Den Konflikt zwischen dem Menschen der Arbeit und dem schmarotzenden Herrn gestalten die Romane *Zoloto* (Gold, 1892), *Chleb* (Brot) und *Tri konca* (Drei Enden, beide 1895).

Mamin-Sibirjak sieht hier in den arbeitenden Schichten die grundlegende, gesellschaftlich ausschlaggebende Kraft in der Geschichte, die Arbeit selbst erscheint in diesen Werken als Quelle materieller und geistiger Werte, als die Bedingung der moralischen Überlegenheit der Arbeitenden über die Herren. Solche Gedanken nähern Mamin bereits den Marxisten.

In seinem Zyklus von Erzählungen *Okolo gospod* (Neben den Herren, 1900) bewertet er die patriarchalischen Grundlagen des Landlebens wieder positiv und preist nun wieder im Geiste des Narodničestvo Mir und Obščina.

Weit bekannt in Rußland sind noch heute seine Kindergeschichten.

Den Kräften des Verfalls und der Menschenfeindlichkeit, die Mamin in der Klasse der Besitzenden sah, stellt er die schöpferischen Kräfte des arbeitenden Volkes gegenüber. Dieses vereinfachende Kontrastschema bestimmt die Art der Konflikte und die kompositorische Struktur seiner antithetisch konzipierten Romane. Meist ist die Handlung auf den Aufstieg und Verfall einer Familie aufgebaut (Romanchroniken). Die epische Breite seines Werkes lockern lyrische Partien auf, die vor allem der Schilderung von Gestalten aus dem einfachen Volk und Kindern gehören. Mamin verwendet in weitem Umfang Sprichwörter und Redensarten, bedient sich des Skaz und vermag durch Individualisierung der Sprache der handelnden Personen seiner Werke überzeugende Charaktere zu gestalten.

Neben den drei genannten schuf noch eine große Zahl weiterer Schriftsteller im Geiste des Narodničestvo. Auf sie sei hier, ohne daß sie namentlich aufgezählt werden sollen, nur hingewiesen.[12]

In den neunziger Jahren erkannten die Kritiker und Theoretiker des Narodničestvo allerdings immer deutlicher – und Werk und Schicksal der drei genannten kann als Beispiel dafür angesehen werden –, daß der Überzeugungseffekt der von ihnen geförderten »Skizzenliteratur« ebenso mager war wie der Erfolg ihrer politischen Aktionen. Die theoretischen Reflexionen um ein neues Selbstverständnis dieser Bewegung erbrachten auch eine veränderte Einstellung zur Literatur.

In seinem wichtigen Aufsatz *Literatura i žizn'* (Die Literatur und das Leben) kam Michajlovskij zu dem Schluß, die Kunst solle nicht teilnahmslos die Wirklichkeit reproduzieren, sondern altruistische Emotionen erwecken. Das sei nicht durch aufdringlich aufgetragene Tendenz zu erreichen, nicht durch Didaktik, sondern durch »subjektive Wahrhaftigkeit«. Darunter versteht Michajlovskij eine durch keine Ideologie voreingenommene künstlerisch überzeugende Gestaltung, die das humane Empfinden des Lesers anspreche, ihn zwar informiere, jedoch etwaige Schlußfolgerungen aus der Lektüre ihm selbst überläßt. »In der Kunst wird das Gefühl realisiert. Die Kunst weckt unser gesellschaftliches Fühlen.«[13]

Diese Ausführungen des späten Michajlovskij lesen sich wie ein resümierender Kommentar zum literarischen Werk des letzten großen realistischen Schriftstellers, dessen Leben und Werk vom Ausklang und von der schließlichen Überwindung der Tradition des Narodničestvo bezeichnet werden. Es ist Vladimir Galaktionovič Korolenko (1853–1921).

Kapitel II: V. G. Korolenkos humaner Realismus

Fehlt seinem Werk auch die pointierte, suggestive Symbolik Garšins oder die dramatische Bewegtheit und Spannung Leskovs, und eint ihn seine konsequente Wirklichkeitstreue mit der großen Schar der Autoren des Narodničestvo, so zeichnen Korolenko vor allen seinen Zeitgenossen die überzeugende menschliche Wärme und der ergreifende Humanismus seiner Dichtungen aus. Ohne lehrhafte Absicht und tendenziöse Beeinflussung vermittelt Korolenko in der schlichten Erzählweise des am Geschehen Beteiligten die Ergriffenheit dessen, der Not und Unglück miterlebt. Mitleiden im Sinne von Miterleben kennzeichnet seine Skizzen und Erzählungen, nicht Beschreibung oder Analyse des Elends, das er gestaltet.

Vladimir Galaktionovič Korolenko wurde am 15. (27.) 7. 1853 in Žitomir (Wolhynien, Westukraine) als Sohn des dortigen adligen Bezirksrichters geboren.[1] Seine Mutter entstammte einer polnischen Familie, Polnisch wurde zu Hause gesprochen, und der Knabe wurde zunächst auch in einem polnischen Internat erzogen.

Ab 1863 besuchte er das trostlose Gymnasium im teils polnischen, teils jüdischen Städtchen Rowno, wohin der Vater versetzt worden war. Nach dessen Tod 1868 geriet die Familie in bittere Armut. Das einzige, was Korolenko aus seiner Gymnasialausbildung, die er 1871 abgeschlossen hatte, mitnehmen konnte, war die Liebe zur russischen Literatur, speziell zu Nekrasov und Turgenev; sein Literaturlehrer Avdiev war der einzige unter den Gymnasialprofessoren, der seine Schüler für den Unterricht zu interessieren vermochte.

Mit den Illusionen eines Provinzlers kommt Korolenko 1871 nach Petersburg, wo er das Studium am Technologischen Institut aufnimmt, aber aus Geldnot – er mußte sich seinen Lebensunterhalt selbst verdienen – nicht bleiben kann, zumal er in eine Kommune von vorgeblichen Studenten, die sich als Halunken und Betrüger herausstellten, geraten war.

1874 geht er kurz entschlossen nach Moskau an die dortige Akademie für Landwirtschaft und Forsten, wo er wegen Insubordination (angebliche Rädelsführerschaft) gegen den Willen der Akademieleitung vom staatlichen Aufseher relegiert und verbannt wird. Schon auf dem Wege in die Verbannung wird er plötzlich – in Änderung des Strafbeschlusses – nach Kronštadt gebracht, wo man ihn unter Polizeiaufsicht stellt. 1877 läßt man Korolenko frei; er geht nach Petersburg, um dort am Bergbauinstitut zu studieren. Hier beginnt er sich der Narodniki-Bewegung anzuschließen, vernachlässigt sein Studium, befaßt sich mit Theorie und Agitation und erlernt das Schuhmacherhandwerk, weil er sich auf seinen »Gang ins Volk« (Choždenie v narod) vorbereitet und als Revolutionär und Erneuerer der Gesellschaft im einfachen Volke als Gleicher unter Gleichen leben und wirken will. Jetzt beginnt auch seine literarische Tätigkeit, die sich allerdings zunächst auf kleine Zeitungsartikel beschränkt.

1879 wird Korolenko lediglich auf den Verdacht hin, er habe zu einer Terroristengruppe gehört, die den Petersburger Polizeichef Mezencev ermordet hatte, verhaftet und in die Verbannung geschickt. Mit verschiedenen Verbanntentrupps wird er durch Nordrußland bis nach Omsk gebracht, schließlich in Perm an der oberen Kama festgehalten und – weil er 1881 einen von den Verbannten geforderten besonderen Treu- und Sühneeid auf Alexander III. verweigerte – nach Ostsibirien an die Lena verschickt, wo er drei Jahre in Jakutsk in den Jurten der Jakuten zubrachte. Hier begann Korolenko mit Tagebucheintragungen, die peinlich genau bis ins kleinste Detail Beobachtungen über Art und Lebensweise, Sitten und Gewohnheiten der Volksgruppen, aber auch einzelner ihm bekannt gewordener Bauern, Jäger, Handwerker und auch Mitverbannter enthalten. Aus der Überzeugung des konsequenten Narodnik verständlich, wurde dieses so gesammelte Material zur wertvollen Grundlage seines nun gleichzeitig entstehenden literarischen Werkes. Und ein Weiteres: Die Aufmerksamkeit seines politischen Denkens richtete sich

nicht mehr verschwommen und idealistisch auf die Zukunft eines nebulösen Bauernsozialismus, sondern im Sinne der Arbeit an den Grundlagen, der »malye dela«, auf die Garantie von Recht und Gesetz im Rahmen der bestehenden Verhältnisse im konkreten Einzelfall.
In seinem großen romanhaften Memoirenwerk *Istorija moego sovremennika* (Die Geschichte meiner Zeitgenossen, 1905 bis 1921) hat Korolenko sein in der sibirischen Verbannung herangereiftes Credo folgendermaßen umschrieben:

»Bis ins hohe Alter hinein begleitete mich immer derselbe Ruf eines gefährlichen Agitators und Revolutionärs, obwohl ich mein ganzes Leben lang nur zur Achtung vor dem Gesetz und zum Recht für alle aufgerufen und auf die krassen Fälle seiner Verletzung hingewiesen habe.«[2]

1884 wird Korolenko freigelassen, er geht nach Nižnij Novgorod, wo er, von einer kürzeren erneuten ungerechtfertigten Haft abgesehen, eine weitreichende literarische und publizistische Tätigkeit entfaltet. Die Veröffentlichung seiner in der Verbannung geschriebenen Erzählungen macht ihn über die Grenzen Rußlands hinaus berühmt, er wird mit Uspenskij, Tolstoj, Čechov und Vladimir Solov'ev bekannt.
Ende der achtziger Jahre unternimmt Korolenko ausgedehnte Reisen durch Mittelrußland und das Wolgagebiet, um Land und Leute genauestens zu studieren. Zugleich entfaltet er – wiederum getreu dem Prinzip der »malye dela« – eine umfangreiche publizistische Aktivität: Er unterrichtet in zahllosen Artikeln die Öffentlichkeit über Gesetzeswidrigkeiten und Ungerechtigkeiten und macht Vorschläge der Abwehr und Verteidigung im Einzelfall. Eine Flut von Zuschriften erbittet daraufhin seinen Einsatz und seine Verteidigung, selbst der Zar Alexander III. verfolgt besorgt Korolenkos Unternehmungen.
1892 organisiert er große Speise- und Versorgungslager, um die verheerende Hungersnot unter der Bevölkerung an der mittleren Wolga zu lindern. Im gleichen Jahr übernimmt er literarische Verpflichtungen im *Russkoe bogatstvo* und in der *Russkaja mysl'*.
Seine altruistischen Aktivitäten setzt er immer erfolgreicher fort: er entfesselt wahre Pressekampagnen gegen die Ver-

folgung und Diskriminierung unterdrückter kleiner Nationalitäten wie besonders der Juden und der Udmurten.
Im Jahre 1900 wird er zum Ehrenmitglied der Kaiserlichen Akademie der Wissenschaften gewählt. Im gleichen Jahr nimmt er seinen ständigen Wohnsitz in Poltava. Als 1902 Zar Nikolaj II. durch persönliche Verfügung die Wahl Gor'kijs zum Ehrenmitglied der Akademie der Wissenschaften annulliert, verzichten Čechow und Korolenko aus Protest auf ihre weitere Zugehörigkeit. In den Jahren 1902/1903 unternimmt Korolenko wieder ausgedehnte Studienreisen durch Mittelrußland, unterstützt aufständische landlose Bauern, verhindert erfolgreich durch persönlichen Einsatz Judenpogrome in Poltava, Saratov u. a. Orten.
1904 stirbt der große Ideologe des Narodničestvo, Michajlovskij; Korolenko übernimmt nun allein die verantwortliche Redaktion des *Russkoe bogatstvo*, wird ein Jahr später in die städtische Duma von Poltava gewählt und unterstützt publizistisch die Vorstellungen des Petersburger Rates der Arbeiterdeputierten, was vorübergehende Verbote des *Russkoe bogatstvo* und gerichtliche Untersuchungen zur Folge hatte. Sein öffentliches Auftreten gegen die ultrareaktionäre Organisation der Černaja sotnja (Schwarzhundertschaft) bringt ihm Verfolgungen und Gefahr für seine persönliche Sicherheit. 1912 muß er eine zweiwöchige Gefängnishaft absitzen, weil er wiederum Repressalien von Bauern und jüdischen Mitbürgern seitens der Regierung scharf gebrandmarkt hatte.
Korolenko war zwar eine widerstandsgewohnte Natur, aber kein gesunder Mensch. Anfang 1914 erhielt er zur Behandlung seines chronischen Herz- und Nervenleidens einen Auslandspaß, um sich in Deutschland und Frankreich, wo er u. a. Plechanov traf, einer Kur zu unterziehen.
In Bad Nauheim wird er bei Kriegsausbruch interniert, wegen Verschlechterung seines Gesundheitszustandes erlaubt man ihm die Reise nach Frankreich, von wo es ihm im Sommer 1915 gelingt, über den Balkan nach Rußland zurückzukehren.
Nach der Februarrevolution wählt ihn der Arbeiter- und Soldatenrat der Stadt Poltava 1917 zum Ehrenvorsitzenden; Korolenko entfaltet eine umfangreiche und agitatorische

Tätigkeit, organisiert Hilfskomitees auch für deutsche Kriegsgefangene, unterstützt jedoch Kerenskijs Politik der Fortsetzung des Krieges. Während der Besetzung der Ukraine durch deutsche Truppen und in den Bürgerkriegswirren 1918 bis 1919, während der wechselweise die Sowjets und die Weißen Poltava besetzten, organisiert er Rote-Kreuz-Hilfsaktionen und verhandelt mit den jeweiligen Besatzungstruppen über Erleichterungen für die von Not und Hunger gequälte Bevölkerung.

1920 zwingt ihn sein Leiden aufs Krankenlager, von dem er sich nur vorübergehend erholen kann; am 25. 12. 1921 stirbt Korolenko an den Folgen einer Lungenentzündung, drei Tage später wird er unter großer Anteilnahme der Bevölkerung in Poltava bestattet.

Korolenkos Biographie wurde hier nicht nur deshalb relativ ausführlich dargestellt, weil dieser Autor neben Čechov zwar der führende Repräsentant der russischen Literatur der neunziger Jahre ist, aber in den meisten Literaturgeschichten ungerechtfertigt knapp und pauschal behandelt wird, sondern weil sein Lebensweg beispielhaft die Entwicklung der meisten Narodniki zu den malye dela hin und damit das ideologische Scheitern dieser Bewegung widerspiegelt. Dabei sei gerade am Beispiel Korolenkos darauf hingewiesen, daß an tätiger Hilfe und Nächstenliebe diese malye dela sicherlich mehr erbracht haben als manch großartiger ideologischer Entwurf. Und schließlich ist mit dem Lebensabriß des Autors bereits sein einziges umfangreiches literarisches Werk hier vorgestellt, die (von Rosa Luxemburg 1918 im Breslauer Staatsgefängnis ins Deutsche übersetzte und geistreich eingeleitete) belletrisierte vierbändige Autobiographie *Istorija moego sovremennika* (Die Geschichte meines Zeitgenossen, 1905 bis 1921). Korolenko knüpft hier an die Tradition von Herzens *Byloe i dumy* (Vergangenheit und Gedanken, 1852–1855) an, die Leidens- und Reifegeschichte eines Menschen im Kontext der Geschichte eines ganzen Zeitalters darzustellen. Diese »Geschichte eines Menschen in dieser Zeit«, wie der Autor seine Lebensgeschichte von der Kindheit bis zum Ende seiner Verbannung bezeichnet, ist eines der treffendsten Dokumente für den gesellschaftlichen Wandlungsprozeß, den Rußland von der Epoche der Reformen bis zur Reaktion unter Pobedonoscev in den neunziger Jahren durchgemacht hat, insbesondere die miterlebte Geschichte des Aufkommens und Scheiterns der Narodniki-Bewegung.

Wie für viele Vertreter der russischen Literatur kennzeichnend – man denke an bestimmte Werke Herzens, Dostoevskijs oder Tolstojs –, verschmelzen in diesem Buch historische, journalistische und künstlerische Darstellung. Letztere kommt in einer Fülle eingestreuter Episoden und abgeschlossener Erzählungen zum Ausdruck, in denen durch genaue und eindringliche Charakterisierung scheinbar alltägliche Ereignisse eine tiefe Bedeutsamkeit, ja Tragik erhalten. Als Beispiel diene das Erlebnis, das Korolenko schildert, als er irgendwo im fernen Sibirien einem anscheinend verwirrten Kauz begegnet, der sich vor ihm in einem auffälligen Rock wie ein Mannequin aufführt. Der oberflächliche und gleichgültige Beobachter hätte dies wahrscheinlich als komische Nichtigkeit registriert; Korolenko dagegen nimmt diesen Mann ernst, unterhält sich mit ihm und erfährt, daß er ein polnischer Schneider ist, der seit Jahren unter Halbwilden in der sibirischen Verbannung hausen muß und sich Sinn oder Trost in seinem traurigen Leben nur auf diese Weise bewahrt, daß er sich den seltenen zivilisierten Fremden im selbstgeschneiderten Rock präsentiert. Korolenko schließt diese Episode: »Von einem seltsamen Gefühl innerer Trauer gepackt, stellte ich mir die schreckliche Leere im Leben dieses unglücklichen Menschen vor... Unwillkürlich dachte ich: Werde ich mich in dieser weltfernen Waldeinsamkeit nicht ebenso nach Glück sehnen?«[3] So vermag Korolenko durch das Eindringen in diesen scheinbar komischen Vorfall ein doch wohl ergreifendes Drama der Einsamkeit und der Sehnsucht nach einem menschenwürdigen Dasein in einfachen Worten verständlich zu machen. In dieser und in anderen ähnlichen Szenen findet aber auch Korolenkos ethischer Humanismus seinen Ausdruck, von dem er in seinem Werk nicht durch Belehrung, sondern unaufdringlich durch Beispiele und Taten überzeugen möchte. Prägen und wandeln gesellschaftliche und geistige Entwicklungen auch den Menschen, so hängt doch letztlich alles von seiner kritischen Einstellung zur Umwelt ab, damit er nicht parteilich und determiniert reagiert, sondern von seinem freien humanen Willen, an dessen apriorisches Vorhandensein Korolenko unerschütterlich glaubt, geleitet wird. Diese Einstellung erklärt seine Reserve gegenüber dem marxistischen Sozialismus, die er Gor'kij gegenüber so formuliert haben soll:

»Sozialismus ohne Idealismus ist mir unverständlich. Ich glaube nicht, daß man auf der Grundlage der Gemeinsamkeit materieller Interessen eine Ethik errichten kann.«[4]

Es ist nicht die *Geschichte meines Zeitgenossen,* auf der Korolenkos literarischer Ruhm gründet, auch wenn sie in der russischen Literatur, beispielsweise im Einfluß auf Gor'kijs Trilogie, eine historisch nicht unbedeutende Rolle gespielt hat, sondern sein erzählendes Werk, das im wesentlichen in den Jahren 1880 bis 1900 zum Teil in der Verbannung entstanden ist. Korolenko ist der Meister der kleinen Prosaformen; Novelle, Erzählung, Povest' und Skizze sind seine bevorzugten Gattungen. Meist ist der Erzähler als Augenzeuge, Teilnehmer oder Hauptheld in den Ich-Erzählungen an der Handlung direkt beteiligt. Dies ermöglicht ihm, eine verinnerlichte, emotionale Darbietungsweise, in die viele lyrische Partien eingestreut werden, zu verwenden.

Diese Erzähltechnik – der demonstrierenden Didaktik der Narodniki entgegengesetzt – verbindet Korolenko mit seinem großen Lehrer Turgenev. Mit ihm verbindet ihn auch das feine Gespür, neue Erscheinungen im gesellschaftlichen Leben allsogleich in sein literarisches Schaffen einzubeziehen und daraus resultierende oder zu vermutende Stimmungen und Empfindungen seiner Helden zu entwickeln.

Mit den Narodniki-Autoren, besonders Glebes Uspenskij, eint ihn dagegen seine beinahe extrem zu nennende Faktentreue, sein pis'ma s natury (Wirklichkeitskopie). Fast alle seine Erzählungen beruhen mitunter bis ins Detail auf wahren Begebenheiten. Durch besondere stilistische Kunstgriffe unterstützt oder fingiert Korolenko diesen Hang zur unbedingten Wahrhaftigkeit: Häufig leitet er seine Erzählungen damit ein, daß der Autor dem Helden oder einer dritten Figur begegnet, der Rahmen also einen objektiven Sachverhalt darstellt, die Binnenerzählung dann formal Bericht von Gehörtem oder Erlebtem ist. Mitunter kleidet er seine Erzählungen aber auch in einen fiktiven autobiographischen Bericht.

1880 schrieb Korolenko seine erste bedeutende Erzählung

Čudnaja (Die Sonderbare, erst 1893 im Ausland erschienen). Es ist eine Rahmenerzählung, im Stile des Skaz, durchweg in direkter Rede berichtet der Korolenko in die Verbannung begleitende Gendarm, ein naiver, aber feinfühliger Mensch, von der blutjungen Revolutionärin Morozova, deren Lage er unter Mißachtung seiner Dienstvorschriften durch kleine Gefälligkeiten zu erleichtern sucht. Er versteht nicht, warum sie mit Abscheu und Entrüstung alle seine Dienste zurückweist. Für die unbeugsame, ja fanatische Revolutionärin ist der Gendarm ein Feind und folglich kein Mensch. Erst auf dem Totenbett und nachdem ihr ein Leidensgefährte das Fanatische ihres Verhaltens zu bedenken gegeben hat, reicht sie dem schüchternen Gendarmen die Hand mit den Worten:

»Hören Sie, was ich Ihnen sage: Wir sind Feinde bis auf den Tod... Indes, gut denn, Gott mit Ihnen, ich gebe Ihnen die Hand — ich wünsche Ihnen, irgendwann einmal ein Mensch zu werden — voll und ganz, nicht laut Instruktion...«[5]

Die Morozova, die als bis in den Tod konsequente Revolutionärin gezeigt wird, ist ein Beispiel für die Abkapselung der Narodniki-Revolutionäre vor dem Volk, für ihre verzweifelte doktrinäre Vereinsamung.
Man hat an Korolenkos Arbeiten vielfach mangelhafte Komposition kritisiert (Blagoj, Stender-Petersen, Lettenbauer). Allerdings ist dabei zu bedenken, daß Korolenko von der *Skizze* ausgeht und in seinen ersten Erzählungen auch keinen darüber hinausgehenden literarischen Anspruch erhebt. So verrät die Erzählung *Čudnaja* kompositorisch deutlich Züge der Skizze: Es überwiegen Stoff und Geschehen, die Schilderung der Reise und ihrer Begebenheiten umfassen etwa drei Viertel der kurzen Erzählung, aber im Unterschied zu der bewußt das Alltägliche und damit Normale abbildhaft vorführenden Skizze gibt Korolenko — und dieser novellistische Zug ist typisch für ihn — einen pointierten Abschluß. Am Tage nach dem Tode der Morozova trifft ihre Mutter, die freiwillig das Los ihrer Tochter teilen und durch ihre Anwesenheit erleichtern wollte, in der Verbannung ein. Der Erzähler trifft sie zufällig:

»Was ist das für eine Alte? fragte ich das Dienstmädchen. Das ist, sagte sie, von dem Fräulein, das Sie einmal weggeschafft haben,

die richtige Mutter. Da hat's mich fast umgerissen. Die Magd sah, wie sich mein Gesicht veränderte, und fragte: Was hast du, Soldat? Still, sagte ich, warum schreist du ...? Das Fräulein ist nämlich gestorben.
Also da schlug diese Magd – und es war, muß ich Ihnen sagen, ein leichtsinniges Mädchen, die es mit den Durchreisenden trieb –, da schlug die Magd die Hände zusammen und begann zu weinen und lief aus der Hütte. Auch ich nahm meine Mütze und begab mich hinaus – ich hörte nur, wie die Alte im Saal mit der Wirtin immerzu weiter schwatzte, und solchen Schrecken flößte mir diese Alte ein, so schrecklich war mir zumute, wie ich es gar nicht aussprechen kann ...«[6]

Die Schlußszene der Erzählung zeigt Korolenkos tiefes Mitgefühl für die Armen und Unglücklichen, es wird von innen miterlebt, nicht nach außen berichtet. Hierbei verrät der Dichter psychologisches Einfühlungsvermögen: Der Gendarm ist nicht betroffen oder gar empört, das hätte seiner naiven Natur nicht entsprochen, er vermag das Leid, dessen Zeuge er ist, nicht zu begreifen und auszuhalten, er hat Angst und läuft davon.

Der erste Band von Korolenkos Erzählungen erschien 1885 unter dem Titel *Zapiski sibirskogo turista* (Aufzeichnungen eines Sibirienreisenden). Mit Mamin-Sibirjak verbindet Korolenko nur Sibirien als die Basis für Thema und Stoff der Reiseskizzen und Erzählungen. Auf diesem Hintergrund gestaltet er Gewohnheiten und Sitten der Bewohner Sibiriens, das Leben der Verbannten und der sie bewachenden Beamten. Es sind aber zumeist ungewöhnliche Schicksale und Menschen, die in Korolenkos Erzählungen vorkommen. Es sind Gescheiterte, Desperados, Landstreicher, Verbrecher, die er – ohne nach dem Muster der Narodniki zu idealisieren – in die russische Literatur neu einführt. Sie sind voller Lebenskraft, Mut und Geschicklichkeit, elementarer Freiheitsliebe und Vitalität, sie sind spontane Empörer und Aufrührer, zum wenigsten politische Akteure. »Sibirien lehrt uns, auch im Mörder einen Menschen zu sehen«[7] – so hat sich Korolenko selbst über die Helden seiner sibirischen Erzählungen geäußert. Zugleich weist er auf die irrationalen Triebkräfte im Menschen hin.

Diese »Romantik« der »Bosjaken«, der Vagabunden und Landstreicher hat etwas später auf den jungen Gor'kij großen Einfluß ausgeübt. Die »Weihnachtserzählung« *Son Makara* (Makars Traum, 1885), die mit großer Meisterschaft im Stile des »uneigentlichen Erzählens« geschrieben ist, in einer Art inneren Monologs, in dem die gesamte »Welt« durch das Verstehensvermögen des primitiven Jakuten Makar sprachlich und geistig gefiltert erscheint, gehört zu Korolenkos besten Arbeiten. Der in dürftigen Verhältnissen lebende Makar, ein Jakute russischer Abstammung, träumt, nach seinem Tode vor dem Richterstuhl des alten Tojon für sein irdisches Leben zur Verantwortung gezogen zu werden. In seiner Not ums tägliche Brot hat er sich nicht um sein Seelenheil kümmern und sich nur durch Gaunereien und sonstige unrechte Handlungen durchschlagen können. Der alte Tojon erlaubt ihm aber, sich zu verteidigen, und nun erzählt Makar, der das Verdammungsurteil für ungerecht hält, von der Mühsal seines Lebens, wie er alle Ungerechtigkeiten von Kirche und Obrigkeit ertrug, ewig gegen die feindselige Natur kämpfte, nie Freude oder Hilfe erfuhr und überhaupt nur in der Hoffnung auf ein einstmals besseres Leben das irdische Jammertal durchzustehen vermochte. Dies rührt Tojon und die himmlischen Richter, die Waagschale neigt sich zu seinen Gunsten, und der alte Tojon vergibt ihm.

Makar ist nicht idealisiert, er ist ein Säufer, dem Diebstahl nicht abgeneigt, abergläubisch und unwissend. Körperlich und moralisch verkrüppelt, vegetiert er wie ein abgestumpftes Lasttier in der Taiga dahin. Dennoch bleibt in ihm der Kern echten Menschentums unversehrt, nur die Umstände haben ihn verhüllt und Makar zur niedrigen Kreatur gemacht. Im entscheidenden Augenblick, vor dem alten Tojon, wagt es Makar endlich, als Mensch Menschlichkeit als sein natürliches Recht zu fordern.

Neben unaufdringlichem Mitgefühl verrät diese Erzählung mit ihrem verborgenen sozialen Protest dennoch Optimismus, Korolenkos unerschütterlichen Glauben, daß der Mensch von Natur aus gut sei.

In der Erzählung gehen Wirklichkeit und Phantastik unmerklich ineinander über, und Korolenko vermeidet eine konkrete Entscheidung für die eine oder andere Ebene, wodurch er trotz realistischer Darstellungsweise eine geheimnisvolle Rätselhaftigkeit erreicht.

»Diesen Traum hatte der arme Makar gesehen, der seine Herde in weite, düstere Lande getrieben hatte, derselbe Makar, der, wie bekannt, immer alles auszubaden hat«

— so beginnt die Erzählung.[8] Dann erlebt Makar einen kümmerlichen Weihnachtsabend, betrinkt sich in einer Jakutenkneipe, beschließt, seine Fuchsfallen zu kontrollieren, gerät mit einem anderen Fallensteller um die Beute in Streit, dabei werden ihm Mütze und Handschuhe entrissen. In eisiger Kälte taumelt er demoralisiert nach Hause, kommt vom Wege ab, erfriert, und nun erscheinen ihm der alte Tojon und sein himmlisches Gefolge.

Offen bleibt also, ob die ganze Erzählung von Anfang an ein Traum ist oder eine Vision des erfrierenden Makar.

Die Erzählung *V durnom obščestve* (In schlechter Gesellschaft, 1885) führt in die Niederungen provinzieller Spießbürger, die jegliches Gefühl eigener Würde aus primitivem Opportunismus unterdrücken, thematisch ein Vorbote von Gor'kijs *Nachtasyl*.

Als Tolstojs Lehre, sich dem Bösen nicht zu widersetzen, in den achtziger Jahren Verbreitung fand und sich Apologeten sozialer Passivität auf Tolstojs moralische Autorität beriefen, schrieb Korolenko, auf Tolstojs Parabeln und Geschichten im Stile der Evangelien antwortend, sein *Skazanie o Flore, Agrippe i Menacheme, syne Jegudy* (Die Legende von Florus, Agrippa und Menachem, dem Sohne Jehudas, 1886). Als Judäa von den Römern grausam unterdrückt wurde, ruft der weise Menachem unter Berufung auf die Heldentaten der Vorfahren zum »heiligen Krieg« gegen die Römer auf. Gegen die sanftmütige Sekte der Sossäer, die jede Gewaltanwendung ablehnen und Weltflucht predigen, erklärt Menachem:

»Gewalt ist weder Wohltat noch Übel, sie ist Gewalt, wohl oder Übel ist nur ihre Anwendung ... Laßt uns nie, solange wir leben, dem heiligen Gebote untreu werden, dem Kampfe wider das Unrecht.«[9]

Die Legende ist in einer wirkungsvollen rhythmischen Prosa geschrieben, in der große feierliche Perioden durch Wiederholungen bedeutsamer Wendungen miteinander verbunden sind.

Als Legende bezeichnet Korolenko auch die Novelle *Les šumit. Polesskaja legenda* (Der Wald rauscht. Eine Legende aus dem Poles'e, 1886). Die Geschichte vom Waldhüter namens Roman, den sein Herr zwingt, dessen schwangere Geliebte zu ehelichen – das gemeinsame Schicksal läßt in den beiden Eheleuten schließlich unwillkürlich tiefe Liebe aufkeimen, so daß der gepeinigte Roman, als der große Pan wieder einmal erscheint und seine »Rechte« an Romans Ehefrau ausüben will, diesen erschlägt –, kleidet die Binnenerzählung in einen schon symbolischen Rahmen: der wild rauschende Wald wird zum Symbol der elementaren Kräfte des unterdrückten Volkes und kündigt den bevorstehenden Sturm seiner gerechten Befreiung an.

Korolenkos berühmteste Novelle ist der *Slepoj Muzykant* (Der blinde Musikant, 1886, überarbeitete letzte Fassung 1896). Hier verfolgt der Autor die innere Entwicklung des blind geborenen, musikalisch hochbegabten Petr Popel'skij von der Kindheit bis in die ersten Mannesjahre. Petr verzehrt sich in brennendem Streben nach dem ihm verschlossenen Licht, er verfällt der Melancholie und Verzweiflung, weil er sich durch sein Gebrechen von der Welt ausgeschlossen fühlt. Zunächst ist ihm die Musik nur Kompensation, nachdem er aber mit blinden bettelnden Musikanten eine Pilgerfahrt mitgemacht hat, erkennt er in seinem Talent seinen Lebenssinn. Er heiratet seine Jugendfreundin, die ihm einen Sohn gebiert. Die Anerkennung seines ersten großen Konzerts, in dem er alte russische Volksweisen variiert, gibt ihm das Bewußtsein, ein vollwertiger Menschen zu sein; den Erlös seines Wirkens will er von nun an den Armen und Verfolgten zuführen.

Mit der Gestaltung der Problematik des Invaliden, des körperlich Behinderten hat Korolenko der russischen Literatur ein neues Thema erschlossen. Seine Novelle, die die Frage nach dem Sinn des Lebens zu beantworten versucht, zeichnet sich nicht nur durch ihre freie, wenn auch zuweilen gewagte Psychologie aus, sondern auch durch ihre symbolische Vertiefung. Das Streben des Blinden nach dem Lichte muß als Streben des Menschen nach Erkenntnis und Wahrheit verstanden werden. Wenn Petr dadurch geistig sehend, glücklich wird, weil er Menschen, die ärmer sind als er, durch seine Musik Glück und Freude schenkt, so durchbricht er damit – und das ist die symbolische Bedeutung der Novelle – die

Grenzen der unmittelbaren Sinneserfahrung und erlebt die Wahrheit des Lebens in einem tiefen, wesentlicheren Bezirk.

Alle Werke Korolenkos zeichnen sich durch lyrische Naturschilderungen aus, die von hohem poetischen Reiz sind. Die verlebendigte, stimmungsgeladene Natur wird in die Seelenstimmung der Helden seiner Erzählungen miteinbezogen, steht also nicht getrennt als bloße Umrahmung. Diese mithandelnde Naturlyrik hat Korolenko von Turgenev übernommen, dessen *Stichotvorenija v proze* (Gedichte in Prosa) auch das Vorbild für Korolenkos Reduktion seiner letzten Skizzen zu feinsinnigen, äußerst knappen, symbolisch vertieften Etüden sind wie etwa *Mgnovenie* (Ein Augenblick) und *Ogon'ki* (Lichter, beide 1900).

Korolenko steht mit seinem gesamten Werk fest in der Tradition des Realismus. Probleme und Charaktere seiner Erzählungen sind der Wirklichkeit entnommen und zumeist typisch für die russische Gegenwart der achtziger und neunziger Jahre. Trotzdem läßt sich zugleich ein romantisches Kolorit seines Erzählens, ein Interesse am Allegorischen und Phantastischen, ein Hang zu beabsichtigter Unklarheit beobachten. Dem kommt, bei aller im Einzelfall realistisch durchgeführten Genauigkeit, sein emotionaler, äußerst subjektiver Stil entgegen: in den meisten seiner Erzählungen verwendet er, zumindest als Rahmengefüge, die Ich-Form.

Seine späteren Arbeiten zeigen einen Zug zu symbolischer Vertiefung. Korolenko war der Auffassung, daß reiner Realismus, eine bloße getreue Widerspiegelung der Wirklichkeit, den Erfordernissen einer modernen Literatur nicht mehr genügt. Um den Leser anzusprechen und zu enthusiasmieren, sei eine neue Art des Schreibens nötig, die er zunächst in einer Synthese aus romantischen und realistischen Elementen, später in einer symbolischen Vertiefung über den vordergründigen Text hinaus zu finden glaubte.

Damit vollzog Korolenko, freilich zurückhaltend, eine Entwicklung, die sich noch deutlicher im Werk des zweiten großen Repräsentanten der russischen Literatur der letzten beiden Dezennien des 19. Jahrhunderts erkennen läßt, im Werk Anton Čechovs.

Äußerlich betrachtet steht Čechov ganz im literarischen Prozeß dieser Zeit: Auch er bevorzugt die kleinen Formen der

Prosadichtung: Erzählung und Novelle, der er als für die russische Literatur völlig neue Gattung die Kurzgeschichte zufügt. Die Kurzgeschichte ist eine sehr moderne Prosadichtung, die nach Wilpert z. B.[10] in der deutschen Literatur erst seit den zwanziger Jahren des 20. Jahrhunderts heimisch ist. Sie ist durch eine gerade, zielstrebige Komposition auf einen Höhepunkt (in der humoristischen Kurzgeschichte die Pointe) charakterisiert, wobei sie sich von der Novelle durch geringe Breite, fehlende Dynamik und Konzentration auf *ein* Ereignis als Höhepunkt unterscheidet. In der russischen literaturwissenschaftlichen Terminologie ist hierbei folgendes zu beachten: Kurzgeschichte, short story und auch kurze Erzählung wird mit »rasskaz«, seltener »melkij rasskaz«, aber auch »miniatjura« oder »jumoreska« wiedergegeben, ein eigentlicher Terminus fehlt. Rasskaz ist die kurze Prosaform epischen Charakters, »novella« entspricht der üblichen Terminologie, »povest'« bezeichnet im historischen Verständnis eine chronikalische Erzählung, als literaturwissenschaftlicher Begriff zugleich aber auch die Grenzfälle zwischen Novelle, Erzählung und Roman, häufig entspricht »povest'« dem Kurzroman. Abgesehen vom Roman finden sich in Čechovs Prosawerk alle diese Gattungen.
Auch Čechovs dichterisches Werk reproduziert die allgemeine gesellschaftliche Situation im Rußland zwischen 1880 und 1904, Čechovs Todesjahr, wobei der Vergleich mit einem Seismographen seinen stimmungs- und nuancenreichen Arbeiten in besonderem Maße gerecht wird. Treffsicher hat Korolenko die typischen Züge seines Schaffens bereits um die Wende der Jahre 1886 zu 1887 vermerkt, als er Čechov zum erstenmal besuchte:

»Die Schlichtheit seiner Bewegungen, seiner Manieren und seiner Ausdrucksweise ist das hervorstechende Merkmal von Čechovs ganzer äußerer Erscheinung und zugleich auch seines Werkes ... Čechov machte auf mich den Eindruck eines zutiefst lebensfrohen Menschen. Aus seinen Augen schien die unerschöpfliche Quelle von Witz und unmittelbarer Fröhlichkeit zu strömen, von denen seine Erzählungen voll waren. Aber gleichzeitig erriet man noch etwas Tieferes, dem es vorbehalten ist, sich zu entfalten ...«[11]

Als Korolenko dies schrieb, stand Čechov als Humoreskendichter am Anfang seiner literarischen Laufbahn. Die Prophezeiung Korolenkos sollte sich mehr und mehr erfüllen.

Kapitel III: Anton Čechov als Diagnostiker seiner Zeit
A. Čechovs Prosa
B. Čechovs Dramen

A. *Čechovs Prosa*

Anton Pavlovič Čechov wurde am 17. 1. 1860 in Taganrog am Azovschen Meer als drittes von sechs Kindern eines Kolonialwarenhändlers, der einer Leibeigenenfamilie in Voronež entstammte, geboren.[1] Sein Elternhaus war von strenger kleinbürgerlicher Religiosität gekennzeichnet, der Vater malte Ikonen und stand dem Kirchenchor vor; 1876 mußte er sein Geschäft aufgeben und verzog nach Moskau. Anton bleibt bei Verwandten in Taganrog, bis er 1879 das Gymnasium absolviert.

Um die große wirtschaftliche Notlage der elterlichen Familie zu lindern und zugleich die nötigen Mittel für das Studium zu erwerben, muß der junge Čechov auf irgendeine Weise Geld verdienen. Er bietet verschiedenen Zeitungen selbsterdachte Humoresken und Anekdoten an, die diese bald mit Erfolg veröffentlichen. Der junge Anton wird unter dem Pseudonym Antoša Čechonte – so hatte ihn scherzhaft romantisierend ein Lehrer genannt – als Mitarbeiter engagiert. Mehr zufällig als aus Neigung nimmt Čechov 1879 das Medizinstudium auf, nach dessen Abschluß praktiziert er 1884 bis 1886 als sehr erfolgreicher Arzt in der Gegend von Moskau, widmet sich ab 1887 jedoch ganz der Schriftstellerei, der seine Liebe und Begabung gehören. Außerdem verdient er als Schriftsteller besser denn als Arzt, was für ihn – den einzigen Verdiener der Familie – nicht ohne Bedeutung ist. Gelegenlich hat er auch später noch praktiziert; auf die Eigenart seines dichterischen Werkes hat seinem eigenen Eingeständnis zufolge seine medizinische Ausbildung entscheidenden Einfluß gehabt. In einem Brief aus dem Jahre 1899 lesen wir:

»Ich zweifele nicht, daß die Beschäftigung mit der Medizin einen ernsthaften Einfluß auf meine literarische Tätigkeit gehabt hat. Sie hat den Bereich meiner Beobachtungen bedeutend erweitert ... ich habe mich, wo nur möglich, bemüht, den wissenschaftlichen Tatsachen Rechnung zu tragen ... Zu den Schriftstellern, die der Wissenschaft negativ gegenüberstehen, gehöre ich nicht, aber zu denen, die lediglich mit ihrem Verstand an alles herangehen, möchte ich auch nicht gehören.«[2]

1890 unternimmt er eine Reise durch Sibirien bis zur Insel der Zuchthäusler und Schwerverbrecher, Sachalin, worüber seine 1893 veröffentlichte meisterhafte Reisebeschreibung *Ostrov Sachalin* (Die Insel Sachalin) berichtet; 1891 bereist er Westeuropa.

An der Bekämpfung der großen Hungersnot und Cholera-epidemie 1892 beteiligt sich Čechov organisatorisch, materiell und als praktizierender Arzt. 1894 verschlechtert sich der labile Gesundheitszustand Čechovs; er sucht Linderung durch Erholungsreisen an die französische Riviera und auf die Krim, wo er sich 1898 (in Jalta) endgültig niederläßt. Er schließt Freundschaft mit L. Tolstoj, Gor'kij, Bunin, Kuprin, Korolenko, im Jahre 1900 wird er zum Ehrenmitglied der Akademie der Wissenschaften gewählt. 1901 heiratet er die Schauspielerin Ol'ga Knipper vom Moskauer Künstlertheater, sein fortschreitendes Lungenleiden (Tuberkulose) macht wiederholte Kur- und Erholungsaufenthalte in Nizza und Ufa nötig; auf der Höhe seines Ruhmes – nach der Premiere des *Kirschgartens* im Januar 1904 in Moskau – stirbt Čechov am 2. Juli des gleichen Jahres in Badenweiler im Schwarzwald.

Čechov begann sein literarisches Wirken als Humorist. Seine reiche Phantasie, sein stilistisches Geschick und sein enormer Fleiß ermöglichten ihm auf diesem Gebiet ein ganz erstaunlich fruchtbares Schaffen: 1883 publizierte er 120, 1885 sogar 129 Arbeiten. Es waren ausschließlich anekdotische Kurzgeschichten, die zwar vielfach auf groben, auf vordergründige Effekte rechnenden Humor aufgebaut waren, aber sich bereits durch präzise Beobachtung der bunten Einzelheiten des Alltags, aus dem er ausschließlich seinen Stoff schöpfte, und durch anekdotische knappe Form auszeichneten. Diese Kurzgeschichten – in Buchform erschien Čechovs erster Band *Rasskazy Mel'pomeny* (Die Erzählungen Melpomenes) 1884, 1886 erschien ein zweiter, der den literarischen Ruhm des

Autors einleitete: *Pestrye rasskazy* (Bunte Erzählungen), der dritte Band *V sumerkach* (In der Dämmerung) wurde 1887 mit dem Puškinpreis der Akademie der Wissenschaften ausgezeichnet – waren zumeist auf Bestellung geschrieben: anläßlich lokaler Ereignisse oder als Saisonunterhaltung (Oster-, Neujahrs- oder Weihnachtsanekdoten); sie variieren traditionelle anekdotische Motive wie etwa den betrogenen Ehemann, den bestechlichen Beamten, den zerstreuten Professor u. ä. Sie sind klar komponiert: ohne Abschweifungen und Beschreibungen streben sie rasch auf die Pointe. Die Einleitung ist in der Regel auf ein bis zwei Sätze, die die Situation bezeichnen, reduziert; ebenso häufig beginnt Čechov in medias res, das Sujet (Geschehen) entfaltet sich oft in direkter Rede (Monolog oder Dialog), was die Nähe zum Leser unterstreicht (auktorialer Kommentar ist selten!). Čechov erzählt vorwiegend im Präsens, die klar motivierte Schlußpointe stellt meistens eine komische Verwirrung, ein Mißverständnis oder einen Irrtum dar.

In anspruchslosen Kurzgeschichten bedient sich Čechov gern der Situationskomik, wie in jenem bekannten, sogar einigen pikanten Filmen zugrunde liegenden *Roman s kontrabasom* (Roman mit dem Kontrabaß, 1886), der von dem unglücklichen Baßgeiger erzählt, der in seinem Geigenfutteral ein schamhaftes junges Mädchen verbirgt, deren Kleider während eines Bades im Fluß ebenso wie die seinen gestohlen wurden. Versehentlich gelangt die vermeintliche, erstaunlich schwere Baßgeige zum Ball, wo sich nun anstelle des Instrumentes die nackte Schöne im Geigenkasten zeigt.

Andererseits verwandelt Čechov aber auch Witze und Anekdoten zu sinnvertieften Miniaturen, wie z. B. in der bekannten Kurzgeschichte *Smert' činovnika* (Der Tod des Beamten, 1883), die von dem schüchternen Beamten handelt, der im Theater unbeabsichtigt einem General auf die Glatze geniest hat und vor Schreck an Herzschlag stirbt, als dieser ihn aus dem Zimmer weist, weil ihm die ständigen Entschuldigungsbeteuerungen auf die Nerven fallen. Hinter aller Komik verbirgt sich hier ein sozialer Hintergrund, der die Komik dieses Zwischenfalls zwielichtig macht. Denn die panische Furcht vor der hochgestellten Persönlichkeit war eine russische Alltagserscheinung, ein Produkt der inhumanen hierarchischen

Bürokratie, die alle Bereiche des öffentlichen Lebens umklammerte. An diesem Beispiel wird deutlich, daß auch in Čechovs frühem Werk eine gesellschaftskritische Note enthalten ist. Aber im Unterschied zu den Autoren des Narodničestvo einschließlich Korolenko sind es nicht die Verhältnisse, ist es nicht die Umwelt, die in ihrem Einwirken und Eingreifen in das Leben der Helden vorgeführt werden, sondern Čechov interessiert das Individuum, das Einzelschicksal, und noch enger: ein einziger Vorfall, der im Mittelpunkt der Kurzgeschichte steht. Da es aber immer eine »alltägliche Geschichte« ist, die Čechov sich ereignen läßt, wird in diesem impressionistischen Verfahren der gesellschaftliche Kontext indirekt mitvermittelt, oft muß ihn der nachdenkliche Leser auch erst selbst erschließen.

Diese sehr subtile Kunst bedient sich einer breiten Skala literarischer Gestaltungsmittel: Čechov bevorzugt komische Namengebung, er erfindet den Polizisten Žratva (etwa »Freßmaul«), den Beamten Nevyrazimov (etwa »Farblos«), den Kaufmann Plevkov (der »Spucker«), den passionierten Kornett Pomoev (etwa »Spülwasser«); er bildet lachhafte Neologismen und Wendungen wie razvedi mantifoliju pociceronistej (etwa: entfalte deine Mantille noch weiter als ein Cicero, so in der Kurzgeschichte *Orator*, 1884); er gebraucht Hyperbeln, Anakoluthe, Oxymora und andere ähnlich überraschende sprachlich-stilistische Wendungen. In dieser Technik der literarischen Komik zeigt sich ein sichtbarer Einfluß Gogol's, der gleich Čechov viele seiner komischen Szenen aus dem Alltagsleben entwickelt (etwa *Soročinskaja jarmarka* – Der Jahrmarkt von Soročincy, später im *Nevskij prospekt* und im *Šinel'* – Mantel).[3]

Von der Forschung ist oft betont worden, daß trotz der komischen Sujets Čechovs Kurzgeschichten bei wiederholter Lektüre einen melancholischen, ja sogar bedrückenden Eindruck hervorrufen. Das liegt an dem bereits erwähnten sozialen Hintergrund, aus dem Čechov seine Helden hervorruft, die in bisher unvergleichbarer Fülle und Verschiedenartigkeit *alle* Schichten und Gruppen der russischen Bevölkerung repräsentieren: Bauern und Handwerker, Popen, Ärzte, Professoren, Gutsbesitzer, Fabrikanten, Studenten, Musikanten, Adlige usw., eine thematische Vielfalt, die sich prononciert von der Einseitigkeit der ethnographisch ländlichen Milieus der Narodniki-Autoren abhebt. Sie werden in die Mühe und Last ihrer Alltäglichkeit gestellt, die sie in die komischen Situationen, in denen wir ihnen begegnen, hineinzwingt. Die negative Macht der Kleinigkeiten des Lebens zeichnet der sonst schmückende Eigenschaftswörter so extrem selten verwendende Čechov durch eine Fülle charakterisierender und intensivierender negativer Adjektive und Adverbien, die er mit sorgfältiger Präzision wiederholt verwendet, z. B. grustno (traurig), dosadno (ärgerlich), sero (grau), skučno (langweilig), tjaželo (schwer, bedrückend), protivno (eklig), naduto (falsch) u. a.[4]

Obwohl Čechov in seinem gesamten Werk von schmückender Ausgestaltung so gut wie keinen Gebrauch macht, zeigt ihn diese sorgfältig charakterisierende und verborgen präzisierende Verwendung beschreibender und bewertender sprachlicher Gestaltungsmittel als Schüler Turgenevs.

Das Jahr 1888 bezeichnet einen Einschnitt im Schaffen Čechovs. Der Schriftsteller Dmitrij Vasil'evič Grigorovič (1822 bis 1899), ein Vertreter der sozialanklägerischen Narodniki, forderte seinen Freund Čechov auf, nach den vielen Kurzgeschichten doch auch einmal ein größeres Werk in Angriff zu nehmen. Aus einem geplanten Zeitroman entstand die erste größere ernste Erzählung *Step'. Istorija odnoj poezdki* (Die Steppe. Die Geschichte einer Reise), in der die Reise des neunjährigen Egoruška durch die Steppe in die Stadt, wo er das Gymnasium besuchen soll, geschildert ist. Die Erzählung enthält im Grunde überhaupt keine Handlung, sie entfaltet sich auch auf kein Ziel, und Egoruška ist kein agierender Held, sondern ein passiver Empfänger von Eindrücken und Stimmungen. Aus seiner Sicht wird die Reise erlebt. Es wechseln in sich abgeschlossene Szenen (etwa die Einkehr in einem Wirtshof, die Begegnung mit dem Altgläubigen Pantelej oder dem Vagabunden Emeljan) mit rein lyrischen Naturschilderungen. Das Atmosphärische macht das Wesen dieser Erzählung aus. Über allem liegt die Stimmung einer unendlichen Verlorenheit der endlosen Steppe, mit der die Schwermut und unerlöste Traurigkeit der Menschen darin korrespondiert.

Auch in seinen größeren Erzählungen ist Čechov seinem ästhetischen Prinzip der lakonischen Gedrängtheit, der Dichte und

Einfachheit treu geblieben. »Kurz schreiben heißt mit Talent schreiben«, hat er einmal geschrieben, und weiter: »Die Kürze ist die Schwester des Talents.« Über *Die Steppe* äußerte er, daß er aus Furcht, weitschweifig zu werden, ins andere Extrem gerate, nämlich den Text so kompakt zu gestalten, als sei er gepreßt worden.[5]

Ein Jahr später, 1889, veröffentlichte Čechov seine große Erzählung *Skučnaja istorija* (Eine langweilige Geschichte), die eine Art künstlerischer Polemik mit der drei Jahre vorher erschienenen Novelle Tolstojs *Smert' Ivana Il'iča* (Der Tod des Ivan Il'ič) darstellt.[6] L. Tolstoj gestaltet mit dramatischer Wucht und Eindringlichkeit den dreitägigen Todeskampf des bis ins Kreatürliche erschütterten Beamten Ivan Il'ič, der in dieser Grenzsituation – die Novelle hat moderne Existenzphilosophen wie Heidegger und Jaspers stark beeindruckt – erst dann seine Todesfurcht überwindet, als er die Sinnlosigkeit und Banalität seines »wohlanständigen« Lebens erkennt und einsieht, daß darum zu kämpfen nicht lohnt, daß das »Wahre« vielmehr ein einfacher und demütiger Tod als Sühne für ein vertanes Leben sei; Tolstoj löst also letzten Endes das Todesproblem durch die ethische Höhe und Reife des Menschen.

Čechov ist skeptischer: Sein Ich-Erzähler, ein erfolgreicher, berühmter Wissenschaftler, überschaut angesichts des nahenden Todes sein Leben, das ihm nun als sinnlos und ohne Ziel erscheint. Er wird sich seiner Isolation und Entfremdung von seiner Familie, seinen Studenten und Kollegen bewußt und zieht sich kalt von allen zurück, zuletzt verläßt ihn auch seine Stieftochter Katja, die er über alles geliebt hatte. Am Ende bleibt ein resignierter, vereinsamter Mann, der auch angesichts des Todes weder in sich noch in einer Weltanschauung eine Sinngebung des Daseins zu finden vermag.

Die ganze Erzählung, die gewissermaßen die Autobiographie des Professors darstellt, erweckt beim Leser den Eindruck einer Analyse des seine Reaktionen bewußt reflektierenden Wissenschaftlers.

Als Beispiel für Čechovs wissenschaftlich-objektiven, dichten analytischen Stil diene folgendes Zitat:

»Mein Vortrag ist nach wie vor nicht schlecht; wie früher vermag ich auch heute die Aufmerksamkeit meiner Zuhörer während zweier

Stunden zu fesseln. Mein Temperament, die Geschlossenheit meiner Darlegungen und mein Humor machen die Fehler meiner Stimme fast vergessen, und dabei ist diese doch trocken, schneidend und gedehnt wie bei einem Frömmler. Dagegen schreibe ich schlecht. Das Teilchen meines Gehirns, das die schriftstellerischen Tätigkeiten registriert, weigert sich, Dienst zu leisten. Mein Gedächtnis ist geschwächt, in meinen Gedanken herrscht zuwenig Folgerichtigkeit, und wenn ich sie zu Papier bringe, will mir noch ein jedes Mal scheinen, daß ich das Gefühl für ihre organische Verbundenheit verloren habe, so einförmig wirkt meine Konstruktion, so spärlich und unsicher sind die Worte. Häufig schreibe ich nicht einmal das, was ich schreiben möchte; wenn ich das Ende schreibe, habe ich meist schon den Anfang vergessen. Oftmals kann ich mich der einfachsten Worte nicht entsinnen, und ich muß stets eine Menge Energie darauf verwenden, in meinen handschriftlichen Ausführungen überflüssige Phrasen und unnütze Einführungssätze zu vermeiden — das eine wie das andere bezeugt klar, daß meine Geistestätigkeit im Niedergang begriffen ist. Bemerkenswert ist auch, daß meine Anstrengung um so qualvoller wird, je einfacher die schriftliche Aufgabe ist. Wenn ich einen gelehrten Artikel schreibe, fühle ich mich viel freier und gescheiter, als wenn ich einen Gratulationsbrief verfassen muß oder einen amtlichen Bericht. Noch eins: deutsch oder englisch zu schreiben fällt mir leichter als russisch.«[7]

Die Erzählung ist im inneren Monolog geschrieben, Nikolaj Stepanyč resümiert angesichts seines nahenden Todes sein Leben; eingestreute Dialoge und erzählende Partien sind als solche in der monologischen Reflexion gekennzeichnet. Kompositorisch setzt die Erzählung unvermittelt ein, reiht die Momente der Erinnerung in den letzten Tagen ohne Höhepunkte aneinander und endet offen mit der Abreise Katjas. Ich bezeichne dies als »offenes Finale«, denn die Erzählung findet hier keinen *notwendigen* Abschluß: Der zurückbleibende Professor ist sich nicht im klaren darüber, daß mit der Trennung von Katja, die ihm das Liebste im Leben gewesen ist, das Ende seines Lebens bereits eingetreten ist. (Dies muß, wie so oft bei Čechov, der Leser erschließen.) Um den Gedanken deutlicher zu machen: Turgenev hätte die Erzählung mit einem abrundenden Epilog an den geneigten Leser abgeschlossen, aus dem dieser den Tod des Professors und das weitere Schicksal Katjas und der Familie des Gelehrten erfahren hätte.

Die *Skučnaja istorija* zeigt beispielhaft den literarischen Stil

Čechovs in seiner zweiten Schaffensperiode nach 1888. Er vereint den ruhigen, kalten Ton des streng objektiven Erzählers, der sich in seiner realistischen Wirklichkeitstreue der wissenschaftlichen Demonstration nähert, mit feinsinniger, kaum greifbarer *Bewertung* des Dargestellten, indem er Empfindungen, Gefühle, Stimmungen und Atmosphäre hervortreten läßt. Hinter der alltäglichen Einfachheit der Inhalte — eine Reise, ein Mittagessen, ein Spaziergang usw. —, hinter Alltagsepisoden verbergen sich oft tragische Schicksale, so daß Gor'kij von der »Tragik des alltäglichen Kleinkrams« bei Čechov sprechen konnte. Das Neue in Čechovs literarischem Stil liegt also darin, menschliche Schicksale durch das Prisma unwichtiger, zweitrangiger Begebenheiten, Episoden, Details zu zeigen, den Leser zur Mitarbeit, zum Zwischen-den-Zeilen-Lesen aufzufordern.

Čechovs ernste Kurzgeschichten lassen sich mit Momentaufnahmen vergleichen, die die charakteristischsten Züge eines Menschen in einer entscheidenden Situation fixieren. Sie erfassen vielfach ebenso wie ein Roman oder eine Novelle ein ganzes Menschenleben, aber nicht mit der Methode der Beschreibung oder dargestellten Entwicklung, sondern durch ein *auswählend-analytisches* Verfahren, indem in entscheidenden Momenten entweder die Summe eines Menschenlebens gezogen oder die kennzeichnende Art des Reagierens des Heldens vorgeführt wird.

Thomas Mann sprach in seinem *Versuch über Čechov* von dieser künstlerischen Intensität als von

»dem inneren Maße, das das Kurze und Knappe kraft des Genies gewinnt, in welcher — vielleicht über alles zu bewundernden — Gedrängtheit es die ganze Fülle des Lebens in sich aufnehmen, sich durchaus zu epischem Rang erheben, ja an künstlerischer Intensität das Große, das Riesenwerk, das unvermeidlich manchmal müde wird und ehrwürdiger Langeweile verfällt, wohl gar übertreffen kann.«[8]

Wir wissen, daß Čechov in manchem von Guy de Maupassant angeregt wurde. Herbert Ernst Bates hat in seinem Buch *The Modern Short Story*, London 1942, aufgezeigt, daß Čechov Maupassant vor allem in seiner »Ästhetik der Kürze« verpflichtet sei: Knappheit, Sicherheit des Ausdrucks, Einfachheit und Reduktion aufs Wesentliche. Beide Schriftsteller

seien Schilderer der Sitten und Gesellschaft ihrer Zeit. Während aber Maupassant »mit der Objektivität eines Untersuchungsrichters« analysiere und als »skeptischer Richter verurteile«, diagnostiziere Čechov als Arzt, der helfen und heilen möchte.
Dies scheint mir eine treffende Charakteristik von Čechovs Werk. Der Schriftsteller lenkt die Aufmerksamkeit auf die Erscheinungen des Lebens, seine Arbeiten sind Krankheitsgeschichten seiner Zeit. Er will nicht erziehen oder bessern, sondern trösten. Wir finden wenig Gerechte, aber auch keine Verdammten in seinen Erzählungen (Holthusen). Aus dieser Sicht setzt er sich in einigen Erzählungen kritisch mit den gesellschaftlichen Bewegungen und Ideologien seiner Zeit auseinander. In der Novelle *Palata No 6* (Krankensaal Nr. 6, 1892) hofft der Chefarzt Ragin gemäß Tolstojs Lehre von der Widerstandslosigkeit gegenüber dem Bösen untätig auf Selbstvervollkommnung und Harmonisierung der Persönlichkeit. Er schreitet selbst dann nicht ein, als in seinem Krankenhaus Verbrechen verübt und Kranke mißhandelt und gequält werden. Der an Verfolgungswahn leidende Patient Gromov aus dem Saale Nr. 6, wo die Gemütskranken untergebracht sind, kritisiert Ragins Haltung als »Faulheit« und »verschlafene Dummheit«. Die Gespräche mit Gromov ziehen aber den Chefarzt mehr und mehr an, seine Umwelt deutet dieses Interesse Ragins an dem »Verrückten« als Beginn einer geistigen Krankheit. Ragin wird vom Dienst suspendiert, für geisteskrank erklärt und selbst in den Krankensaal Nr. 6 eingeliefert. Ragin erfährt den Bankrott seiner falschen Überzeugung am eigenen Leibe: als Patient des Saales Nr. 6 wird er selbst von seinem Wärter brutal zusammengeschlagen. Als er sich ob dieser Mißachtung des Menschenrechts zum Widerstand entschließt, stirbt er an Herzschlag.
Auch in der Erzählung *Kryžovnik* (Der Stachelbeerstrauch, 1898) setzt sich Čechov kritisch ablehnend mit Tolstojs »Widerstandslosigkeit gegenüber dem Bösen« auseinander. In einer Reihe von Erzählungen aus dem Bauernmilieu – unter ihnen ragen Mužiki (Die Bauern, 1897) und *Vovrage* (In der Schlucht, 1900) hervor – schildert Čechov mit der ihm eigenen Objektivität das in jeder Hinsicht armselige Leben im russischen Dorf, wo als Folge der Armut und Sklaverei

Gleichgültigkeit, Bettelei, Trunksucht, Roheit, Laster und absolute Unbildung herrschen. Wer diese Erzählungen liest, kann nicht umhin, die Ideen der Narodniki als phantastische Illusionen abzulehnen.

Wenn Čechov in den beiden Erzählungen *Žizn'* (Das Leben, 1896) und *Dom s mezoninom* (Das Haus mit dem Zwischengeschoß, 1896) die Konzeption altruistischer Naturen, die Aufklärung und Bildung unter der Bevölkerung in mühevoller Kleinarbeit verbreiten wollen, positiver zu bewerten scheint als die verschwommenen Konzeptionen von Revolutionären, die einen radikalen gesellschaftlichen Wandel anstreben, so darf hierin eine vorsichtig-positive Einstellung für die Anhänger der konkreten »malye dela« gesehen werden. Im Jahre 1897 schrieb Čechov:

»Ich glaube an die einzelnen Menschen, ich sehe das Heil in den einzelnen Personen, die hier und da über ganz Rußland verstreut sind ... die einzelnen Personen, von denen ich spreche, spielen eine unmerkliche Rolle in der Gesellschaft, sie dominieren nicht, aber ihre Arbeit ist offensichtlich.«[9]

Dies deckt sich auch mit Čechovs Apolitismus; am 9. 10. 1888 hatte er an Grigorovič geschrieben:

»Ich habe immer noch keine religiöse, politische und philosophische Weltanschauung, so daß ich mich nur auf die Beschreibung dessen konzentrieren muß, wie meine Helden lieben, heiraten, Kinder gebären und sterben und wie sie reden.«

Das Fehlen einer Weltanschauung als sozusagen therapeutisches Konzept in Čechovs künstlerischer Diagnose der gesellschaftlichen und politischen Gebrechen seiner Zeit hat Thomas Mann in seiner Interpretation der Skučnaja istorija sehr schön aufgezeigt.

»Er hat seinem alten sterbenden Gelehrten viel von sich selbst mitgegeben, vor allem dieses ›Ich liebe nun einmal die Popularität meines Namens nicht‹. Denn auch Tschechow liebte nicht seinen wachsenden Ruhm, es war ihm dabei ›aus irgend einem Grunde bange zu Mut‹. Betrog er nicht seine Leser, indem er sie mit seinem Talent blendete, ›auf die wichtigsten Fragen aber nicht zu antworten wußte‹? Wozu schrieb er? Welches war sein Ziel, sein Glaube, der ›Gott des lebendigen Menschen‹? Wo die ›Gesamtidee‹ seines Lebens und Schreibens, ›ohne die überhaupt nichts ist‹? ›Ein bewußtes Leben ohne eine bestimmte Weltanschauung‹, schrieb er an einen Freund, ›ist kein Leben, sondern eine Last und ein Schrekken‹. Den berühmten Gelehrten fragt sein Mündel Katja, eine gescheiterte Schauspielerin, das einzige Wesen, an dem sein Herz noch hängt, für das er eine heimliche Greisenzärtlichkeit hegt – sie fragt ihn in großer Lebensnot und -ratlosigkeit: ›Was soll ich tun? Nur ein Wort, Nikolai Stepanytsch, ich flehe Sie an: Was soll ich tun?‹ Und er muß antworten: ›Ich weiß es nicht. Auf Ehre und Gewissen, Katja, ich weiß es nicht.‹ Da verläßt sie ihn.«[10]

Im Unterschied zu Korolenkos etwas naivem und robustem Humanismus ist Čechovs Einstellung als skeptischer Humanismus zu kennzeichnen. Allerdings gibt es auch Arbeiten, in denen Čechovs Skepsis in beklemmenden Pessimismus übergeht. Ein Beispiel dafür ist die vollendete Kurzgeschichte *Ionyč* (Ionyč, 1898), die Geschichte von der allmählichen geistigen Verarmung, Banalisierung und Enthumanisierung des Landarztes Dmitrij Ionyč Starcev, der sich in seiner Jugend unglücklich in ein kapriziöses junges Mädchen verliebt, als Reaktion auf seinen Mißerfolg sich nun ganz seiner Arbeit widmet, dabei mit der Zeit alle geistigen und kulturellen Interessen verliert, am Ende sogar das humane Engagement in seinem Beruf, der ihm nun nur noch als Quelle persönlicher Bereicherung dient.
In dieser Kurzgeschichte kommt auch Čechovs Knappheit der literarischen Gestaltung beispielhaft zum Ausdruck: der Verzicht auf Exposition von Handlung und Charakteren, die Beschränkung der Anzahl der handelnden Personen: im Zentrum steht Ionyč als Hauptgestalt, die übrigen Figuren sind in kargen Strichen und Wendungen skizziert (Ekaterina, in die sich Starcev verliebte, durch ihr Klavierspiel, ihre Mutter durch ihre Neigung für Amateurschriftstellerei und Migräne, der Vater Turkin wiederholt bei jedem Auftreten die gleichen, ihm geistreich scheinenden Blödeleien).
Durch geschickte Typisierung schafft Čechov das Atmosphärische der verspießerten Kleinstadt, in der die Erzählung spielt, und spart sich dadurch ausführliche Beschreibung. Dies erreicht der Autor dadurch, daß er zeitweilig die Handlung in das Haus der Turkins, das gebildetste am Orte, zeitweilig in den »Klub« – das geistige Zentrum der Stadt – verlegt. So wird der Leser in repräsentative, für die Provinzstadt typische Kreise direkt einbezogen.
Die lakonische Kürze seiner Erzählung erreicht Čechov durch strenge Motivierung des Geschehens und eine impressioni-

stische Präzision der Darstellung, indem er nicht die Person bzw. den Gegenstand, von dem die Rede ist, beschreibt, sondern von dem Eindruck schreibt, den er bzw. die Person hervorruft. Auf diese Weise werden Gegenstand und handelnde Person zugleich und gleichzeitig charakterisiert.

So wird der Verspießerungsprozeß des Dr. Starcev zum routinierten reichen und geldgierigen Praktiker Ionyč folgendermaßen verwirklicht: In den ersten Szenen der Erzählung geht der tüchtige und enthusiastische junge Arzt zu Fuß zu seinen Patienten, der erfolgreiche Doktor und abgewiesene Freier leistet sich stolz und demonstrativ ein Pferd, bald hat er ein Zweigespann, zuletzt fährt er in einer komfortablen Trojka mit livriertem Kutscher. Oder: Der junge Liebhaber hat eine Neigung zu körperlicher Fülle, nach vier Jahren findet ihn Elizaveta »fast« unverändert, aber erheblich dicker, am Schluß der Erzählung vermag der fette, aufgedunsene, an Atemnot leidende Ionyč nur noch keuchend und mit Hilfe eines Stockes zu gehen. Ganz natürlich fügen sich in dieses Bild nun scheinbar beiläufige Details: die grobe und teilnahmslose Behandlung seiner Patienten, das gierige Zählen der Honorare, seine Rücksichtslosigkeit gegenüber verarmten Mitbürgern, deren Häuser und Besitz Ionyč zu ersteigern pflegt. Das Sujet dieser Kurzgeschichte ist mit dem eines Romans vergleichbar: sie gestaltet die wesentlichen Jahre der Entwicklung und Wandlung eines Menschen.

Čechov ist der Dichter des Individuums; der Menge oder Masse begegnen wir kaum in seinem Werk; häufig steht er ihr ablehnend gegenüber, wie hier im *Ionyč,* der ja in der Spießermenge des dürftigen Landstädtchens untergeht.

Als glänzender Psychologe zeigt Čechov das Seelenleben seiner Helden mit der Meisterschaft und Genauigkeit des experimentierenden Wissenschaftlers und Arztes. Er weiß das Innenleben eines Kindes ebensogut wie das eines Greises, eines verschüchterten Beamten oder einer schwangeren Frau zu schildern. In einer Reihe von Erzählungen vertieft er sich in das religiöse Bewußtsein seiner Helden (z. B. *Episkop,* Der Bischof, 1904; *Gusev,* 1893 u. a.). Das Verwischen der Grenzen zwischen Phantastik und Wahnvorstellung zeichnet die großartige Novelle *Černyj monach* (Der schwarze Mönch, 1894).

Es versteht sich, daß hier nicht das gesamte Prosawerk Čechovs ausführlich besprochen werden kann. Aber an den Beispielen, die wir vorführten, sollte das Wesentliche und Typische seines Werkes aufgezeigt werden. Wir sahen, daß Čechov in literarisch-stilistischer wie auch geistiger Hinsicht neue Wege beschritten hat, die seine Bedeutung über den nationalen Rahmen der russischen Literatur hinaus im europäischen oder weltliterarischen Maßstab begründen; das heißt jedoch nicht, daß Čechov außerhalb der Tradition des russischen Realismus stünde, im Gegenteil. Einwirkungen von Gogol', den Autoren des Narodničestvo, Maupassant und Tolstoj erwähnten wir bereits. Am nachhaltigsten ist jedoch der Einfluß Turgenevs auf Čechovs Werk. Turgenev regte zur Einfachheit und Klarheit des Sprachgebrauchs an, zur Verwendung präziser und ausdrucksstarker Wörter, zu plastischen Formulierungen: so bestimmen z. B. wie bei Turgenev Situation, Auftreten, Mimik und Gestik die Wortwahl der sprechenden Personen seiner Erzählung (ob sie »sagen«, »reden«, »brüllen«, »stöhnen«, »brummen«, »murmeln« usw., ist stets genau motiviert, niemals nur zufällig oder der Abwechslung halber gebraucht!). Auf Turgenevs Anregung ist Čechovs einfache Syntax zurückzuführen, seine treffsicheren und konkreten Vergleiche und Metaphern. Čechovs Ringen mit dem Epitheton ornans, dem schmückenden, charakterisierenden Adjektiv, in dessen Verwendung er zunehmend geiziger wird, seine fortschreitende Reduzierung lyrischer, besonders naturlyrischer Partien gehören zu seiner bewußten schöpferischen Auseinandersetzung mit Turgenev. Hier schien Čechov seine Zeit zu gebieten, auf stilistische Mittel zu verzichten, die für Turgenev noch typisch waren. In seinen frühen und mittleren Novellen ist er aber auch hierin Turgenev, dem Meister unter den Stilisten des russischen Realismus, gefolgt. So ist selbst die Übernahme einzelner konkreter Naturbilder aus dem Werk Turgenevs durch Čechov von der Forschung nachgewiesen worden; beispielsweise das lyrische Bild der sich in Kirchenfenstern brechenden Sonnenstrahlen aus den *Zapiski ochotnika* (Aufzeichnungen eines Jägers). Turgenevs Hinwendung zur Kraft und moralischen Schönheit einfacher russischer Bauern in dem genannten Werk ist das Vorbild für Čechovs thematisch verwandte frühe Erzählungen (z. B. *Eger'*

– Der Landjäger, 1885; *On ponjal* – Er hat verstanden, 1886; *Chudožestvo* – Künstlertum, 1886; *Svirel'* – Die Schalmei, 1882 u. a.); das gilt auch für die Gegenüberstellung humaner, sympathischer Menschen, die immer poetisch empfänglich sind, und ungerechter, armseliger, hartherziger prosaischer Existenzen (letztere zumeist als pomeščiki, Gutsbesitzer).

Der Čechov-Forscher Petr Bicilli kommt in seinen subtilen Stiluntersuchungen zu folgendem Resultat:

»Es ist ein Faktum, daß Čechov wenigen von den russischen Klassikern für so vieles verpflichtet war wie Turgenev, daß sich Čechov sein ganzes Leben hindurch in Abhängigkeit von Turgenev befand, mit dem er unbewußt beständig kämpfte.«[11]

B. *Čechovs Dramen*

Es ist nicht verwunderlich, daß die Eigenart von Čechovs Prosadichtungen auch dessen dramatisches Werk auszeichnet. Čechov lehnt dramatisch effektvolle und theatralische Stücke ab, seinem künstlerischen Grundkonzept entsprechend versucht er, die alltägliche, zugegebenermaßen theaterunwirksame Wirklichkeit auf die Bühne zu bringen. Auch hier orientiert sich sein künstlerisches Verfahren an der unbedingten Einfachheit, was zur Aufgabe der traditionellen, auf Kollision und Konflikt, auf den sichtbaren Kampf der um Spieler und Gegenspieler (oder Held und Antiheld, dramatisches Ich und Du) aufgebauten Fabel führt. Wir finden in seinen Dramen also nichts von der von Gustav Freytag (*Technik des Dramas*) geforderten antithetischen, auf Konflikt und Katastrophe hinführenden Handlung, es fehlt die äußere Intrige – Čechov äußerte einmal, er sei stolz darauf, daß in seinen Bühnenwerken kein Messer gezückt und kein Gift gemischt würde!

Statt dessen verlagert Čechov das dramatische Geschehen in den Bereich der Stimmungen und Empfindungen, in das Gebiet des Atmosphärischen, zu dessen Erregung alle dichterischen und szenischen Mittel gleichermaßen herangezogen werden. Erst im Spiel und in der Gesamtheit dessen, was der Zuschauer auf der Bühne hört und sieht, entsteht die Wirkung seiner Stücke; Text und Handlung des Dramas haben bei Čechov *keine* dominierende Funktion. Darin liegt die Schwierigkeit seiner lyrisch-atmosphärischen Stücke, deren Inszenierung ein Prüfstein für jeden guten Regisseur ist.

Auch in dieser Technik des Dramas ist Turgenev für Čechov das Vorbild. In Turgenevs Komödie *Mesjac v derevne* (Ein Monat auf dem Lande, deutsch auch unter dem Titel: *Der Student*, 1848–1850 entstanden, 1855 erschienen) wird die Welt der Kirsanovs (*Otcy i deti*) auf die Bühne gebracht, wo über Gefühle und Ideen geredet und reflektiert wird, ohne daß sich die untätig diskutierende und zweifelnde Gesellschaft des liberalen Landadels, die »überflüssigen Landadligen« zu irgendwelchen Handlungen entschließen können. Wie im Roman *Otcy i deti* (Väter und Söhne, 1862) dringt in diese abgeschlossene Welt ein kraftvoller Außenseiter ein, der sich in die Gutsherrin Natalja verliebt, deren schöne Ziehtochter Vera wiederum ihn, ihren Hauslehrer, verehrt. Die nun aufkommende Verwirrung deckt – wie immer bei Turgenev – den sozialen und gesellschaftlich-politischen Hintergrund auf, aber es kommt zu keiner dramatischen Kollision oder Katastrophe; Gefühle und Ideen werden in dem abgeschiedenen Adelsnest zerredet, die passive Melancholie der »überflüssigen Leute« erweist sich als fest und dicht, und der verzweifelte Student gibt seinen Hauslehrerposten schließlich auf. Im Grunde geschieht in dieser Komödie also nichts, eine dramatische Handlung fehlt. Die Einheit des Stückes liegt in der Atmosphäre und Stimmung, in der Art und Weise, wie über das Thema der Komödie, über die Liebe, in den verschiedensten Nuancen gesprochen wird. Um das Atmosphärische hervortreten zu lassen, gestaltet Turgenev jeden Akt als ein streng realistisches, detailliertes Bild. Seine Szenenanweisungen sind komplette Genrebilder; die Personen der Handlung sind in für sie charakteristischen Haltungen und Handlungen miteinbezogen. Für Turgenev ist die Atmosphäre seines Stückes nicht Selbstzweck, sondern der Ausdruck der sozialen und politischen Siuation; sie ergibt sich aus dem dialektischen Verhältnis des einzelnen, der in dieser Atmosphäre seine Haltung und Einstellung zur Welt gewinnt und damit seinerseits selbst wieder Bestandteil dieser Umwelt wird, an ihr mitwirkt und sie allenfalls geringfügig modifiziert. Im Roman werden diese Probleme entweder in langen Gesprächen ausdiskutiert oder im auktorialen Kommentar analysiert. Auf der Bühne reichen aber hierzu bloße Andeutungen und Dialoge nicht aus; so kommt es gegen Ende des Stückes zu Bekenntnissen und Monologen, die – teils überraschend und unmotiviert – die künstlerische Einheit der Komödie stören.

Diese Gefahr hat Čechov vermieden; ihm geht es in erster Linie um die Schaffung der Atmosphäre, nicht um ihre Analyse. Als Dramatiker begann Čechov – und das entspricht seinem frühen Prosawerk – mit komischen Szenen, Burlesken und Schwänken wie *Medved'* (Der Bär, 1888), *Predloženie* (Der Heiratsantrag, 1889), *Svad'ba* (Die Hochzeit, 1890) u. a.

Sein erstes größeres Drama *Ivanov* (1889) trägt bereits alle Züge seiner Dramentechnik, aber es macht von diesen Mitteln noch einen unausgeglichenen Gebrauch. Da es naturalistisch inszeniert worden war (tendenziöses Herausspielen der Details), wurde es bei der Uraufführung einhellig abgelehnt. Sein zweites Drama *Čajka* (Die Möwe, 1896) wurde bei der Erstaufführung im Aleksandrijskij teatr in Petersburg ebenfalls ausgepfiffen. Erst der große Regisseur Konstantin Sergeevič Stanislavskij (Pseudonym für Alekseev, 1863–1938) verhalf dem Stück zur Anerkennung. Stanislavskij hatte um 1880 einen Liebhaberkreis von Theaterlaien gebildet, mit dem er eine nuancenreiche und psychologisierende Art der Darstellung übte. Er betonte das Ensemblespiel und legte großen Wert auf das Bühnenbild und alle Einzelheiten der szenischen Requisiten. Dies kam den Čechovschen Stücken sehr entgegen. 1898 gründete Stanislavskij gemeinsam mit dem Regisseur und Dramatiker Vladimir Ivanovič Nemirovič-Dančenko (1858–1943) und dem bekannten Schauspieler und späteren Bühnenexperimentator Vsevolod Emil'evič Mejerchol'd (Meyerhold, 1874 bis 1940) das Moskovskij Chudožestvennyj teatr (Moskauer Künstlertheater), das als Eröffnungsvorstellung Čechovs *Möwe* in Stanislavskijs Inszenierung brachte. Der triumphale Erfolg dieser Premiere bestätigte Čechov als Autor und Stanislavskij als Regisseur und begründete die enge Zusammenarbeit beider bis zum frühen Tod des Dichters. Die Stanislavskij-Inszenierung der *Möwe* bedeutete einen Wen-

depunkt in der russischen (und europäischen) Theatergeschichte, indem sie die bisher übliche opernhaft-deklamatorische Aufführungspraxis des 19. Jahrhunderts ablöste. Nach diesem Erfolg ließ Stanislavskij das bekannte Möwensymbol über dem Eingang seines Theaters (sozusagen als Gütezeichen garantiert es die Stanislavskij-Čechov-Tradition bis heute) anbringen. 1899 führte Stanislavskij das Drama *Djadja Vanja* (Onkel Vanja, 1897 als Neufassung des *Lešij* – Waldteufel vom Jahre 1888 fertiggestellt) auf, 1901 *Tri sestrý* (Drei Schwestern), 1904, in Čechovs Todesjahr, den *Višnëvyj sad* (Kirschgarten). Sie alle sind sehr schwierige Stücke, ohne dramatisches Geschehen; eine Zuspitzung, ein Höhepunkt hat jeweils nur die Funktion, die Stille und Stagnation des Geschehens um so deutlicher zu machen. Die handelnden Figuren seiner Stücke sind von vornherein fertig entwickelte, statische Charaktere, die vom ersten Auftreten an schon als müde, melancholische, aneinander vorbei oder nebeneinander her lebende Individuen erscheinen. Čechov hat keine Tragödien geschrieben; der konkret faßbare tragische Konflikt fehlt in seinen Stücken. Durch den Verzicht auf dramatische Dynamik wird die Atmosphäre der *Stille* in allen Nuancierungen und feinsten Verästelungen deutlich gemacht, der Rollentext ist hierbei nur *ein* künstlerisches Moment neben Haltung, Gestik und Mimik der Protagonisten, Bühnenbild und Regieanweisungen, die Čechov bis ins Detail genau vorschreibt.
Stanislavskij hat dies wie folgt beschrieben:

> »Čechov beherrscht auf der Bühne in gleichem Maße die äußere wie die innere Wahrheit. Er präzisierte und vertiefte unsere Kenntnisse über das Leben der Gegenstände, der Geräusche, der Bühnenbeleuchtung, die alle im Theater wie im Leben einen großen Einfluß auf die menschliche Seele ausüben.«[12]

Damit Čechovs Rollen ausgespielt werden können, ihre Stellung und Stimmung sichtbar wird, bedarf es entsprechender Zeit. Ein wichtiges künstlerisches Mittel in Čechovs Drama ist die Pause. Im ersten Auftritt des ersten Aktes im *Kirschgarten*, der aus einem kurzen Gespräch zwischen dem Stubenmädchen Dunjaša und dem Verwalter Lopachin besteht, gibt Čechov folgende Bühnenanweisungen: Dreimal lesen wir »Pause«, zweimal »öffnet das Fenster und horcht hinaus«, außerdem »legt das Buch zur Seite, gähnt und streckt sich«, kurz darauf: »geht auf und ab, setzt sich, steckt sich eine Zigarette an«, etwas später: »blättert im Buche«. Dreizehnmal werden Sprechpausen durch Auslassungspunkte oder Gedankenstriche markiert – dies alles in einem Text von knapp anderthalb Seiten! Von allen Dramatikern der Weltliteratur hat Čechov die meiste Zeit! Die Gespräche in Čechovs Dramen der Stille sind keine Dialoge im Sinne dramatischer Kollision oder Partnerschaft, auch keine dramatischen Monologe, es ist ein Nebeneinander sich überlagernder Einzelstimmen, jede hat ihr Grundthema und wiederholt sich selbst und nur für sich selbst, die Personen der Handlung sprechen alle vor sich hin. Neben die Pausen tritt die Wiederholung als ebenfalls die Stille seiner Stücke verwirklichendes künstlerisches Mittel.

Als Beispiel für Čechovs dramatische Gestaltung diene die 5. Szene im zweiten Akt aus dem *Kirschgarten.* Es handelt sich um ein Gespräch im Park des Anwesens der Ranevskaja. Die Szene ist typisch für die Komposition der Čechovschen Stücke: In die Welt des Stillstandes, der Ruhe und des Gewohnten dringt von außen ein Ton, eine Störung. Das ruft Aufmerksamkeit hervor, der Ton verklingt, die Störung ebbt ab, und erschlafft sinkt diese Welt der Ruhe in ihren vorigen Zustand der melancholischen Stille zurück, resigniert und zugleich froh, da die alte, teure gewohnte Alltäglichkeit sicher fortbesteht.

Im *Višnëvyj sad* (Kirschgarten), der uns hier als Beispiel dient, besteht das ganze Geschehen der vieraktigen »Komödie« darin, daß die Gutsherrin Ranevskaja, die die Darlehenszinsen für ihr Gut mit dem umgebenden Kirschgarten nicht mehr aufbringen kann, nach ihrer Rückkehr von ihrem Verwalter Lopachin von der bevorstehenden Zwangsversteigerung unterrichtet wird. Er rät ihr, das Gut als Bauland zu verpachten, was die Ranevskaja empört als Roheit ablehnt, ohne indes andere Schritte gegen das drohende Verhängnis zu erwägen, geschweige denn zu unternehmen. So kommt es zur Versteigerung, der geschäftstüchtige Lopachin erwirbt das Anwesen, auf dem sein Vater noch als Leibeigener geschafft hat. Während die Familie Ranevskij melancholisch das Gut verläßt, werden – so lautet die Bühnenanweisung – »von außen die Fensterläden verschlossen und zugenagelt ... Die Stille bricht herein. Und nur noch in der Tiefe des Gartens schlagen die Äxte dumpf auf das Holz der Bäume.«

Die dramatische Struktur des Stückes basiert auf den Antipoden Ranevskaja und Lopachin. Die Ranevskaja ist eine romantische und träumerische, prinzipientreue, aufrichtige, gute und hilfsbereite Frau, eine letzte Repräsentantin der Lišnie ljudi (der überflüssigen Menschen), empfänglich für die Poesie eines geschmackvollen, gepflegten Lebens, von der Macht der Gewohnheit und ihres Lebensstiles geprägt, aber unpraktisch, willen- und energielos; und obwohl ihr das Leben schwer mitgespielt hat, hat sie keine Lehren daraus gezogen und begegnet dem drohenden Verkauf des Kirschgartens mit Resignation und passiver Hoffnung. Ihr Bruder Gaev ist ein zwar gebildeter, aber leerer Phraseur, der, ohne sich darüber Rechenschaft abzulegen, gewohnt ist, kultiviert zu leben, ohne zu arbeiten, und die Arbeitenden hochmütig zu verachten. Der Gutsnachbar Simeonov-Piščik ist in ähnlicher Lage wie die Ranevskaja, doch stellt er sozusagen die negative Konsequenz des Adels in einer solchen Situation dar: anstands- und hilflos verpachtet er ohne Rücksicht auf »Stand, Ehre und Vaterland« Teile seines Gutes an einen Engländer. Die Ranevskaja umgeben ihre jüngste und empfindsame, aber lebensuntaugliche Tochter Anja, ihre Pflegetochter Varja und deren komische, bauchredende und ihre Umwelt mit Zauberkunststücken unterhaltende Erzieherin Charlotta. Die Stütze der Familie Ranevskij ist der 87jährige Diener Firs, ein treu ergebener Sklave, der nur noch in Erinnerung der »guten alten Zeit« lebt. Ohne solche Firsy oder Sachary (*Oblomov*) oder Prokofiči (*Kirsanovs*) ist der russische Landadel gar nicht denkbar.

Den Ranevskijs gegenüber steht der vitale, energische, praktische und prosaische Lopachin, ein Tatmensch und Emporkömmling, der das Gut ersteigert und in einen zeitgemäßen Erwerbsbetrieb umwandelt.

Zwischen beiden bewegt sich der arme Raznočinec und Student Trofimov, der sich mit Rhetorik gegen die »Ästhetik des Kirschgartens« wendet, die das Produkt der Ausbeutung und Mühsal der früheren Leibeigenschaft gewesen sei. Seine verschwommenen Fortschrittsideen haben aber keinen konkreten

Inhalt, seine revolutionären Phrasen offenbaren nichts weiter als die melancholische Hilflosigkeit und Resignation der schwächlichen Erben der Raznočincen.

Die Antagonisten des Stückes tragen keinen Kampf aus; weder als Individuen noch als Repräsentanten verschiedener Gesellschaftsklassen stoßen sie zusammen. Die Konfrontation ist aufgehoben und verallgemeinert in der Atmosphäre des Stückes, die die Situation in eine unlösbar *tragische* umwandelt: die lyrisch-persönliche Wahrheit der Ranevskaja trifft auf die praktisch-kommerzielle, unpersönliche Wahrheit Lopachins, und da in seinem eigenen Lebens- und Überzeugungskreis jeder der beiden Antagonisten recht hat, ist ein gegenseitiges Verstehen oder eine Vermittlung ausgeschlossen.

Um das Atmosphärische des dem Untergang geweihten Kirschgartens zu verdeutlichen, werden Umgebung und Landschaft in das Spiel des Stückes miteinbezogen: zu Beginn das Meer der weißen Kirschblüten, die aufgehende Sonne im ersten Akt, der Sonnenuntergang im zweiten Akt, der verlöschende Klang einer gesprungenen Saite im zweiten Akt und die gedämpfte Musik im dritten Akt. In die Bühnenanweisung ist auch die Katastrophe verlegt: das Absägen der Kirschbäume im letzten Akt.

Es ist sinnvoll, bei Čechov von einer Musikalität des Atmosphärischen zu sprechen. Der Aufbau seiner Stücke bis in die kleinste Szene hinein erinnert an musikalische Kompositionen, besonders die Gestaltung der handelnden Personen, die gewissermaßen nur ihrem eigenen Thema folgen, dieses im Zusammenklang des Stückes entfalten und variieren. Dadurch wird die faktische Realität des Stückes transparent. Betrachten wir z. B. die Schlußszene des *Kirschgartens:*

»Es werden Schritte hörbar. Durch die Tür, die nach rechts führt, kommt Firs. Er ist wie immer angezogen, Rock, weiße Weste, und trägt Hausschuhe. Man sieht ihm an, daß er krank ist.

Firs zur Ausgangstür, deren Klinke er anfaßt: ›Abgeschlossen. Alle abgereist.‹ Setzt sich auf den Diwan. ›Und mich haben sie vergessen ... Macht nichts ... ich kann hier noch etwas sitzen ... Und Herr Leonid haben sicherlich nicht den Pelz angezogen, sondern sind im Mantel fortgefahren ..‹ Seufzt, sorgenvoll: ›Und ich habe nicht achtgegeben ... Das junge Blut!‹ Brummelt etwas, was man nicht verstehen kann. ›So ist das Leben vorübergegangen, als ob man es gar nicht erlebt hätte ...‹ Er legt sich hin. ›Mal ein bißchen

ausstrecken ... Keine Kraft mehr in dir, rein nichts mehr geblieben, nichts ... Ach du ... du Nichtsnutz ...‹ Liegt regungslos.
Die Fensterläden werden von außen geschlossen und zugenagelt. Auf der Bühne wird es finster. Und dann wieder der ferne Klang, wie herab vom Himmel der Laut einer Saite, die springt, ersterbend und trauervoll. Und die Stille bricht herein. Und nur noch in der Tiefe des Gartens schlagen die Äxte dumpf auf das Holz der Bäume. Vorhang.«[13]

Der Zusammenklang der verzagten Resignation des alten Firs und der Sägegeräusche aus dem Garten weist auf eine andere, höhere Realität: mit dem Kirschgarten versinkt die alte Zeit und macht einer neuen Platz, so wie eine Gesellschaftsordnung die andere ablöst. Menschliche Erfahrung und reale Wirklichkeit werden durch die künstlerische Gestaltung in eine höhere, poetische, *symbolische* Realität umgesetzt. Die einzelnen Elemente und Details des Faktischen werden von Čechov, wie wir gesehen haben, außerordentlich real, impressionistisch genau behandelt, die Realität wird nirgends verlassen, dennoch wird derselbe Effekt des über die Wirklichkeit Hinausweisens erreicht, der das künstlerische Programm des Symbolismus kennzeichnet. Eine entscheidende Grunderfahrung (die sinnlos getötete Möwe, das Fällen der Kirschbäume) wird in der poetischen Form zu einer künstlerisch lebendigen Wirklichkeit, einer hinter den Erscheinungen als wesentlich hervortretenden anderen Wirklichkeit. So weist der Dramatiker Čechov aus der realistischen Tradition hinüber in die um die Jahrhundertwende in Rußland mächtig anschwellende literarische Bewegung des Symbolismus.

Teil II

Die Realisten vom Znanie-Kreis

Čechovs *Kirschgarten* war 1904 im zweiten Sammelband der literarischen und Verlagsgesellschaft »Znanie« (Das Wissen) erschienen[1], wo sich unter Gor'kijs Leitung die Vertreter der traditionellen realistischen Literatur in Moskau ein Publikations- und Diskussionsforum gewissermaßen als Gegengewicht gegen den das literarische Leben immer weiter ergreifenden Symbolismus, dessen Anhänger hauptsächlich in Petersburg wirkten, geschaffen hatten. Die Znanie-Gruppe war aus regelmäßigen Zusammenkünften einiger Schriftsteller hervorgegangen, die jeweils mittwochs im Hause des der Narodniki-Bewegung nahestehenden Schriftstellers Nikolaj Dimitrievič Telešov (1867–1957) stattfanden. Telešov hat in seinen Erzählungen die in den neunziger Jahren von der Regierung organisierten Zwangsaussiedlungen von Bauern nach Sibirien beschrieben, ihren unsäglich mühevollen, monate-, ja jahrelangen Weg dahin, zu Fuß mit all ihrem Hab und Gut auf dem Rücken. In anderen Erzählungen schilderte er, dem Vorbild Korolenkos folgend, das Leben sibirischer Hirten und Bauern, auch die Revolutionen von 1905 und 1917 haben ihm Material zu weiteren Arbeiten geliefert. In seinen Memoiren aus dem Jahre 1943 (*Zapiski pisatelja* – Aufzeichnungen eines Schriftstellers) erzählt er von den Sredo-Abenden, wo sich ab 1898 Gor'kij, Čechov, Andreev, Bunin, Kuprin, Veresaev, Serafimovič u. a., denen sich häufig auch Stanislavskij und der berühmte Sänger Šaljapin anschlossen, trafen.[2]

Die genannten Autoren einte nicht nur ihr künstlerisches Programm des Realismus, sondern auch ihre allgemeine politische Überzeugung. 1905 hatte Pjatnickij eine Übereinkunft mit dem Zentralkomitee der Sozialdemokratischen Partei geschlossen, in einer »billigen Reihe« des Verlags marxistische Literatur zu publizieren. Von 1903 bis 1913 brachte die Reihe

»Znanie« 40 Sammelbände heraus, in denen neben künstlerischen Werken auch Aufsätze und Polemiken gegen die zaristische Unterdrückung, gegen soziale Mißstände, nationalen Haß, religiöse Vorurteile und bürgerliche Scheinmoral enthalten sind, letztere besonders in den Jahren 1905 bis 1907.

Ab 1908 trennte sich dann die Znanie-Gruppe. Gor'kij und Serafimovič hatten ihr Werk in den Dienst ihrer marxistischen Überzeugung gestellt, während die aus der Verlagsgesellschaft ausscheidenden Andreev, Bunin, Kuprin und Veresaev teils weiterhin dem objektiven kritischen Realismus anhingen, teils sich dem gegnerischen Lager der Symbolisten näherten.

Leonid Andreevs weltanschauliche und künstlerische Entwicklung führte vom traditionellen gesellschaftskritischen Realismus zum Modernismus. Seine philosophischen Neigungen begünstigten und bestimmten diesen Weg. In seiner Jugend war Andreev unter den Einfluß Schopenhauers, Nietzsches und Eduard von Hartmanns geraten. Dieses Bildungserlebnis begründete seinen Skeptizismus und Pessimismus. Viele seiner späten Werke lesen sich wie Illustrationen zu seiner düsteren, beinahe fatalistischen Weltanschauung. Gerade dies sicherte ihm aber vor allem im ersten Jahrzehnt des 20. Jahrhunderts einen geradezu überwältigenden Erfolg, denn seine Novellen und Dramen drückten eben jene weltanschauliche Krise aus, die weite Kreise der russischen Intellektuellen nach dem Scheitern reformerischer und revolutionärer Versuche, das gesellschaftliche Gefüge in Rußland zu ändern, ergriffen hat.

Leonid Nikolaevič Andreev wurde 1871 in Orel als Sohn eines Landmessers geboren.[3] Seine Schulbildung genoß er in seiner Heimatstadt, danach studierte er an der Moskauer Universität Rechtswissenschaften, nebenher widmete er sich der modernen irrationalistischen Philosophie (bes. Schopenhauer und Eduard von Hartmann). Ab 1897 war er – allerdings ohne Erfolg – in einer Anwaltspraxis tätig; nach einigen journalistischen Arbeiten erschien 1898 seine erste Erzählung *Bargamot i Garas'ka* (Bargamot und Garas'ka), eine sozialkritische Ostergeschichte, die an Charles Dickens' Weihnachtserzählungen erinnert. Es ist die Geschichte von dem gutmütigen, vitalen, aber durch seine Vorschriften in seinem Verhalten festgelegten Polizisten Bargamot, der am Ostertage den elen-

den und verkommenen Trunkenbold Garas'ka festnimmt und auf die Wache bringen will, aber von dessen Kummer, er könne nun das Osterfest nicht würdig und gottgefällig begehen, so gerührt wird, daß er seine Normen ignoriert und Garas'ka statt aufs Revier in seine Wohnung mitnimmt, wo Bargamots Familie den Vater zum Ostermahl erwartet. Gor'kij war von dieser Erzählung, von ihrer »Wirklichkeitstreue« und von ihrem »verborgenen Humor«[4] so beeindruckt, daß er Andreev einen anerkennenden Brief schrieb, den dieser erfreut beantwortete. Damit begann die Freundschaft beider Autoren, Andreev trat in den Kreis um Telešov ein und wurde später Autor und Mitarbeiter im Znanie-Verlag.
Die Erzählung *Bargamot und Garas'ka* ist in ungekünstelter, natürlicher Sprache geschrieben, sie gibt eine ruhige und genaue Schilderung des Ereignisses, dem ein Jugenderlebnis des Autors zugrunde liegt. In der Erstfassung schließen die beiden Widersacher (der Polizist und der Asoziale) beim Ostermahl herzliche Freundschaft. Gor'kij warnte vor der aufdringlichen Sentimentalität dieses Schlusses und veranlaßte Andreev, ihn zu streichen. Der Vorgang ist bezeichnend: Schon hier zeigte sich bei Andreev ein mangelndes Verständnis für künstlerische Proportionen. Andreev schrieb schnell und in einem Zuge, oft eine abgeschlossene Erzählung oder Novelle in einer Nacht, und es widerstrebte ihm, an dem vollendeten Werk weiter zu feilen. Ein Jahr später, 1899, erschien *Pet'ka na dače* (Peter in der Sommerfrische), die rührende Erzählung von dem erst zehnjährigen schwächlichen Lehrbuben bei einem Friseur, den seine verwitwete Mutter zu ihrer Herrschaft mit aufs Land nehmen kann. In der freien Natur lebt das Kind auf, erwacht aus seinem dumpfen Dahinvegetieren im schmutzigen Frisiersalon überhaupt erst zu einem freien und unbeschwerten Leben, doch dauert die Freude nur wenige Tage: Der Friseurmeister benötigt dringend den Gehilfen, und der verzweifelte Pet'ka muß nach Moskau zurückfahren. Andreev ist es in dieser Erzählung meisterhaft gelungen, Denken und Empfinden, die psychische Stimmung des Kindes wiederzugeben, Gesichtsausdruck und äußere Erscheinung korrespondieren mit den jeweiligen Empfindungen. Lebendig und einfühlsam wird z. B. gezeigt, wie Pet'ka seine erste Eisenbahnfahrt erlebt. Nicht durch vordergründige Ten-

denz, sondern in der überzeugenden Gestaltung dieser Episode im Leben Pet'kas wird das sozialkritische Anliegen des Autors deutlich: allerdings bleibt es beim allgemeinen Protest dieses symptomatischen Vorfalls gegen die Unmenschlichkeit und Roheit dieser Welt, es ist keine Anklage gegen die konkreten gesellschaftlichen Verhältnisse.

Mit diesen und einer Reihe ähnlicher Erzählungen schien sich Andreev als talentierter und origineller Fortsetzer der Tradition des sozialkritischen Realismus ausgewiesen zu haben, dessen theoretisches Programm er in einem Aufsatz *O pisatele* (Über den Schriftsteller, 1902) ausdrücklich bestätigte. Hier heißt es, daß der Schriftsteller in seinem Werk Anwalt und Helfer der Armen und Unterdrückten sein soll.[5] Diese Überzeugung entsprach auch seinen politischen Vorstellungen jener Zeit. Andreev beteiligte sich zwar nicht aktiv an den politischen Auseinandersetzungen, unterstützte aber die Sozialdemokraten und stellte dem Zentralkomitee der Partei 1905 sogar seine Wohnung für geheime Sitzungen zur Verfügung. Dies wurde entdeckt, und Andreev mußte eine einmonatige Gefängnishaft verbüßen.

Die Erzählung *Bol'šoj šlem* (Der große Schlemm, 1899) gestaltet den »Byt«, d. h. die geistige, sittliche und alltägliche Welt und Umwelt des Spießbürgers: vier gutsituierte Kleinbürger treffen sich seit Jahren tagaus, tagein zum Kartenspiel. Als einer von ihnen, der stets mit besonderer Vorsicht kalkulierte, das Grandspiel riskiert, bricht er, noch ehe er die verdeckten Karten aufgenommen hat, tot zusammen. In dem verdeckten Blatt lagen die ihm zum sicheren Gewinn fehlenden Karten. Hier ist das realistische Genrebild nur noch Vordergrund, Thema der Erzählung sind das blinde Glück, das plötzlich hereinbrechende Schicksal und die Unausweichlichkeit des Todes. Für den traditionellen Realisten sind das Milieu und der gesellschaftliche Hintergrund die determinierenden Faktoren, die Entfaltung und Schicksal des Menschen bedingen. Für Andreev verliert der gesellschaftliche Bezug allmählich seine zentrale Bedeutung. Ihn interessieren zunehmend allgemeine, zeitlose, außerhistorische religiöse und philosophische Fragen. Er fragt nach dem Sinn des Lebens, nach dem Wesen von Gut und Böse, nach Glück, Schicksal und Zufall, er ringt mit dem Problem des Todes. Diese entscheidenden Daseinsprobleme des Menschen glaubt er nicht, im Konkreten, als typisch gefaßten Einzelfall gestalten zu können, sondern in einer von Dostoevskij vorgeprägten Analyse der menschlichen Seele in Grenz- und Ausnahmesituationen oder – in seinen späteren Dramen – in auf Allgemeingültigkeit zielender allegorischer und symbolischer Darstellungsweise.

Die Liebesgeschichte *Bezdna* (Der Abgrund, 1902) provozierte einen Skandal: Ein Student, der seine Freundin keusch und rücksichtsvoll liebt, gerät an einem schwülen Sommerabend versehentlich in ein Dirnenviertel, er wird verprügelt, seine Freundin wird vergewaltigt; als er aus seiner Ohnmacht erwacht, findet er seine Geliebte nackt und bewußtlos auf einer Waldwiese liegend; der Anblick entfacht in ihm eine unbezwingbare Wollust, so daß er sich nun ebenfalls an der Wehrlosen vergeht. Physische Instinkte und Leidenschaften überwältigen den Menschen, wogegen seine Selbstbeherrschung, seine moralische Kultur und sein Intellekt vergebens ankämpfen, letztlich triumphiert die animalische Triebhaftigkeit.

Um seine ständigen Themen: die Unmöglichkeit eines sinnvollen Lebens, das Problem der Einsamkeit und Verlorenheit und schließlich des Todes als Ende allen Seins, als Eingang in das ursprüngliche und immer waltende, alles verschlingende Chaos zu gestalten, wählte Andreev immer ungewöhnlichere, geradezu abnorme Sujets. In der Erzählung *Mysl'* (Der Gedanke, 1902) bestreitet Andreev, daß es für das Denken des Menschen ein Wahrheitskriterium gibt: Der Held der Erzählung, Dr. Keržencev, täuscht Wahnsinn vor, um ungestraft den Schriftsteller Savdov ermorden zu können. Als er nach vollbrachter Tat auch wie geplant ins Irrenhaus gebracht wird, ergreift ihn plötzlich der *Gedanke*, ob er den Wahnsinnigen nicht deshalb so überzeugend gespielt habe, weil die Mordtat ja selbst bereits Wahnsinn sei. Wahnsinn und gedankliches Kalkül, Irreales und Realität fließen untrennbar ineinander und lassen sich überhaupt nicht voneinander scheiden.

Grellster Effekte in der Darstellung von erschreckend hysterischen Halluzinationen bedient sich Andreev auch in der Antikriegserzählung *Krasnyi smech* (Das rote Lachen, 1904), in der ein aus dem Russisch-Japanischen Kriege heimgekehrter Invalide seine Kriegserinnerungen und Welterlösungsideen

niederschreiben will, über dieser Arbeit jedoch stirbt. Sein Bruder, der den Nachlaß ordnet und aufarbeitet, verfällt angesichts der Schrecken und Greuel des Krieges, die er in diesen Aufzeichnungen vorfindet, dem Wahnsinn.
Das Todesproblem ist auch das Thema einer der bedeutendsten künstlerischen Leistungen Andreevs, der unter dem Eindruck der gescheiterten Revolution von 1905 entworfenen und drei Jahre später veröffentlichten *Erzählung von den sieben Gehenkten* (Rasskaz o semi povešennych). Die zwölf Kapitel dieser längeren Erzählung sind erschütternde psychische Studien über die einzelnen Phasen der Todesangst, wie sie sieben zum Tode Verurteilte und ein vom Attentat bedrohter Minister durchleben. Das Verhalten zum Tode in der Angst, ein Grundverhalten des Menschen in der eigentlichen Grenzsituation, in der es um Sein und Nichtsein geht, wird von Andreev individuell differenziert dargestellt: Der Minister (der dem Tode bereits dadurch entronnen ist, daß die Attentäter entdeckt und er an einen sicheren verborgenen Platz gebracht werden konnte) ist von der Todesfurcht so gepackt, daß er seine Bediensteten und einen Arzt um sich versammelt; der primitive »Mörder aus Zufall« Janson verfällt in einen kindlich hilflosen Angstzustand; der kühne Raubmörder Cyganov scheint zunächst keine Furcht zu kennen, bis auch er vor dem Galgen zusammenbricht und des Zuspruchs einer der verurteilten Terroristinnen bedarf. Die fünf Revolutionäre, die beim versuchten Anschlag auf den Minister verhaftet wurden, haben mit dem Leben und damit auch mit ihren politischen Zielen und Aufgaben abgeschlossen, darüber fällt kein Wort, die Erzählung ist völlig unpolitisch. Der Berufsrevolutionär Werner begegnet gefaßt und ungebrochen dem Tode, der lebensfrohe Golovin überwindet seine Unsicherheit, die mütterliche Tanja und die bescheidene Musja versuchen, die Gedanken an den Tod zu verdrängen und den verzweifelten Kaširin, den die Todesfurcht bis zum Zusammenbruch erschüttert hat, aufzurichten und zu trösten. Als Beispiel für Andreevs an Dostoevskij geschulte Fähigkeit, seelische Qualen mit aufwühlender Eindringlichkeit darzustellen, diene folgende Schilderung von Kaširins Zustand:

»Lauernd und bedrohlich kroch der Wahnsinn heran. Das Bewußtsein verglomm, wie das niedergebrannte, ausgetretene Feuer erkaltete, wie der Leichnam eines eben erst Verstorbenen, dessen Herz noch warm ist, dessen Füße und Hände aber starr werden. Noch einmal blutig auflodernd, sagte der verlöschende Gedanke, daß er, Vasilij Kaširin, hier verrückt werden, daß er Qualen erleiden könnte, für die es keine Namen gibt, daß Schmerzen und Leid bis zu einer Grenze, wie noch kein lebender Mensch sie erreicht hatte, ihn überwältigen könnten, daß er mit dem Kopf gegen die Wand schlagen, sich mit den Fingern die Augen ausstechen, daß er sagen und schreien könnte, was immer er wolle, weinend versichern, daß er es nicht mehr zu ertragen vermöge, — und nichts, nichts würde sich ereignen.

Und das Nichts trat ein. Die Beine, die ihr eigenes Bewußtsein und ihr eigenes Leben haben, gingen weiterhin herum und trugen den zitternden, nassen Körper. Die Hände, die ihr eigenes Bewußtsein haben, versuchten vergeblich, den Kittel über der Brust zu schließen und den zitternden, nassen Körper zu wärmen. Der Körper zitterte und fror. Die Augen blickten. Und das war schon fast die Stille.«[6]

Kennzeichnend für Andreevs Stil, der extreme Bilder und Effekte bevorzugt und in grauenvolle Expressivität ausbricht, ist der Schluß der Erzählung: die sieben wurden an einem Frühjahrsmorgen hingerichtet, ihre Leichname anschließend weggebracht:

»Die Leichen wurden in Kästen verladen. Dann wurden sie abtransportiert. Mit verrenkten Hälsen, mit wild hervorquellenden Augen, mit geschwollener, blauer Zunge, die wie eine fremde, fürchterliche Blume im Kranze blutigen Schaumes zwischen den Lippen aufstieg, schwankten die Leichen zurück, denselben Weg, den die Lebenden hergekommen waren. Und ebenso weich und duftend war der tauende Schnee, ebenso frisch und kräftig die Frühlingsluft. Und schwarz lag im Schnee, zertreten und naß, der Überschuh, den Sergej verloren hatte ...

So grüßten die Menschen die aufgehende Sonne.«[7]

Durch scharfe Kontraste wird die Wirkung dieses schaudervollen Bildes noch gesteigert.

In formaler Hinsicht hat Andreev in diesen wie den meisten seiner Erzählungen den realistischen Stil beibehalten, er bettet den Vorfall oder die Fabel in eine reale Umwelt ein und bemüht sich um kausale, zumindest jedoch wahrscheinliche Begründung des Dargestellten. Aber Andreev unterordnet die Darstellung seiner pessimistischen Weltanschauung. Das Leben ist für Andreev eine sinnlose Irrfahrt vor dem Chaos, Schicksal und Zufall beherrschen das Dasein, alles Streben nach Sicherheit, Schönheit und Glück ist vergeblich, rationale Argumente und planvolles Handeln scheitern vor den irrationalen, elementaren chaotischen Mächten, der Tod schließlich ist der allmähliche Einbruch des Chaos in den sinnlosen Kreislauf des ohnmächtigen illusionären menschlichen Lebens. Die Gegenüberstellung von aussichtslosem Streben des Menschen nach positiver Sinngebung seines Daseins und seinem schließlichen Untergang verführt Andreev häufig zu abstraktem Schematismus.

Dies wird beispielsweise besonders deutlich in seinem Revolutionsdrama *Savva* (1906): Der Revolutionär Savva will mit Hilfe eines gedungenen Mönchs eine wundertätige Christusikone zerstören, um so die Menschen von ihrem Aberglauben zu heilen. Der Prior des Klosters, in dem sich das Bild befindet, erfährt von dem Vorhaben Savvas, er verbirgt rechtzeitig die Ikone, läßt den Anschlag geschehen und danach das unversehrte Bild in die Ruinen der zerstörten Kirche zurücktragen. Die Menge ist nun vom Gegenteil, vom Beweis der Wunderkraft des Bildes, überzeugt. Savva wird von ihr gerichtet, stirbt jedoch als Sieger, der erkannt hat, daß den Menschen auch durch einen revolutionären Umsturz nicht geholfen werden kann: In Wahrheit beherrschen Täuschung, Lüge, Leichtgläubigkeit und Verführung die Menschen, das Chaos triumphiert über das schwache und erbärmliche Menschengeschlecht.

Den zunehmenden Pessimismus und die wachsende Menschenverachtung, die sich in Andreevs späteren Arbeiten ausdrükken, haben seine schwierigen Lebensumstände begünstigt. Während der revolutionären Ereignisse im Jahre 1905 hielt er sich in Deutschland auf, wo (in Berlin) 1906 seine Frau bei der Geburt seines zweiten Kindes verstarb. Andreev machte eine schwere seelische Krise durch, verbrachte einige Zeit bei Gor'kij in Capri, allerdings entfremdeten sich die Freunde auf Grund ihrer unterschiedlichen Weltanschauung. 1908 verließ Andreev den Znanie-Kreis und schloß sich in Petersburg modernistischen Zirkeln an, wirkte an der symbolistischen Zeitschrift *Fakely* (Fackeln) und an dem modernistischen Verlag Šipovnik (Heckenrose) mit. Er baute sich ein Haus an der Ostseeküste, verfaßte eine Reihe von Dramen, die allerdings auf sehr umstrittene Resonanz stießen. In den folgenden sechs

Jahren reiste er noch einige Male nach Westeuropa zu Kuraufenthalten, da sich sein Gesundheitszustand verschlechterte. Der Kriegsausbruch erschütterte ihn, er nahm allerdings sehr bald eine chauvinistische Position ein und schrieb sogar ein antideutsches Stück. Die Oktoberrevolution 1917 lehnte er ab, nach vorübergehendem Aufenthalt in Deutschland ließ er sich in der Nähe von Mustamäggi in Finnland nieder, von wo er gegen das sowjetische System agitierte. Im September 1919 starb Andreev an einem Herzanfall.

Unter seinen zahlreichen Bühnenwerken – es seien hier nur die Schauspiele *Car' Golod* (Der Hunger, 1908), ein abstrakt-allegorisches Stück in formelhafter Sprache und schematischer, konstruierter Gedankenführung; *Černye maski* (Schwarze Masken, 1909), ein symbolisches Drama um den Kampf mit dem Bösen, und *Anatema* (Anathema, 1909), ein allegorisches Stück über den Sieg Anatemas, des Geistes der Analyse und des Zweifels über die positive, moralisch reine Weltvernunft, angeführt – ragt das seinerzeit mit großem Erfolg aufgeführte Schauspiel *Žizn' čeloveka* (Das Leben des Menschen, 1907) besonders hervor. Es ist ein symbolhaftes Ideendrama, das in fünf Bildern die wesentlichen Momente im Leben des Menschen vorführt: Geburt des Menschen und die Qualen der Mutter (1. Bild), Liebe und Armut (2. Bild), Ball beim Menschen (3. Bild), Unglück des Menschen (4. Bild) und Tod des Menschen (5. Bild). Im Prolog des Stückes tritt »Jemand in Grau« vor das Publikum und erklärt in eindrucksvoller rhythmisierter Sprache denen, »die zu Scherz und Belustigung hierhergekommen sind«, den Sinn des Stückes, das kurze und vergängliche Leben des aus geheimnisvollem Nichts hervorgetretenen und alsbald in das Geheimnis des grenzenlosen Nichtseins zurückkehrenden namenlosen Menschen vorzuführen. Dieser gespenstische »Jemand in Grau«, der eine abbrennende Kerze, das Lebenslicht des Menschen, mit sich trägt, symbolisiert das Schicksal, für den Menschen unsichtbar ist er das ganze Stück hindurch anwesend als sein dämonischer Begleiter. Es treten keine individuellen Figuren, sondern nur typenhafte Schemen auf: die Frau des Menschen, Nachbarn, Freunde und Feinde des Menschen, die Alte, der Arzt, die Erben. Sie sind ohne jede individuelle Zeichnung, sie führen keine die Handlung tragenden Dialoge, sondern sprechen zumeist in Monologen, die Deklamationen oder Sentenzen enthalten. Das Stück stellt eine lockere Folge der fünf Bilder dar; genauere Raum- und Zeitangaben als die, daß das Spiel sich im jeweiligen Hause des Menschen abwickelt und sein Leben von der Geburt bis zum Tode umfaßt, fehlen, detaillierte Bühnenanweisungen, die unwirklich-kalte Kulissen und marionettenhaft-steife Bewegungen vorschreiben, der Einbezug von einem mechanisch unbeteiligt spielenden Orchester und von Beleuchtungseffekten verfremden die Atmosphäre zu einer magischen Spukwelt. Zeichnungen Andreevs für die Inszenierung des Stückes zeigen, daß der Autor sein Spiel als Groteske dargestellt sehen wollte. Und so erscheint das Ganze als ein modernes Mysterienspiel, das dem schaudernden Zuschauer den Spiegel seines Wesens vorhält. Alle diese Stilzüge sind unverkennbar expressionistischer Provenienz. Die Idee des Stückes liegt darin, das vom geheimnisvollen Schicksal vorherbestimmte und gelenkte Leben des Menschen mit all seinen Zielen, Wünschen und Freuden als sinn- und ergebnislos darzustellen; Schlüsselszene zum Verständnis der Idee des Schauspiels ist das vierte Bild: das »Unglück des Menschen« ist der für ihn und seine Frau zufällige Tod ihres Kindes, das ihren Geist und ihr Leben in die kommende Generation hätte forttragen sollen. Gebete und Flüche des Menschen verhallen wirkungslos und ungehört. Der »Jemand in Grau« spricht die pessimistische Grundidee bereits im Prolog aus:

»Aus der Nacht gekommen, wird er (der Mensch) in die Nacht zurückkehren und spurlos in der Grenzenlosigkeit der Zeiten verschwinden, ungeachtet, ungefühlt, ungekannt.«[8]

Kommt seinem pessimistischen Mystizismus die allegorisierende Darbietungsweise auch eher entgegen als der konsequente Realismus, so vermag Andreev allerdings auch in seinen modernistischen Stücken einen schablonenhaften Schematismus nicht vollständig zu vermeiden. Er setzt zu scharfe, eindeutige Kontraste, Leben und Ziele »des Menschen« symbolisieren nicht die freie und schöpferische Fülle menschlicher Leistungen und menschlichen Vermögens, seiner Taten und seines Strebens im überindividuellen, außerfamiliären Bereich, und so bleibt Andreevs »Leben des Menschen« letztlich in der Nähe eines durchschnittlichen »Bürgerlebens«.

Andreevs Stil ist kontrastreich, oft sorglos und nachlässig, daher zuweilen widersprüchlich. Er verwendet grelle Farben und Töne, seine Sprache ist voller nervöser Anspannung. Er verflicht Reales und Phantastisches, Dramatisches und Ironisches, Alltägliches und Groteskes, Konkretes und Allegorisches zu einer eigenartig faszinierenden Ausdrucksweise, die seinem Bemühen um philosophische und moralische Problematisierung seiner Themen in seinen besten Werken durchaus angemessen ist. Seine literarischen Helden durchleben zumeist eine schwere seelische oder geistige Krise (darin folgt Andreev seinem Vorbild Dostoevskij!), und der Autor unternimmt es, die Tiefen und Abgründe der menschlichen Seele in solchen Erschütterungen auszuloten und bloßzulegen.

Andreevs künstlerischer Werdegang zeigt, daß seine pessimistische Weltanschauung, die die ideelle Grundlage fast aller seiner Werke darstellt, zur passendsten Gestaltungsweise, zu Allegorie und Symbolismus führt. Der kritische Realismus, dessen Themen vornehmlich gesellschaftskritisch und in der konkreten Wirklichkeit verwurzelt sind, basiert auf einem anderen Welt- und Menschenbild. Trotzdem finden sich auch in Andreevs Spätwerk noch durchaus realistische Erzählungen mit gesellschaftskritischer Note wie beispielsweise die Erzählung von den Auswirkungen des Weltkrieges auf die Bevölkerung Petersburgs: *Igo vojny* (Das Joch des Krieges, 1915).

Kapitel V: Der Meister der Form – Ivan Bunin

Ein Meister der kleinen Prosaformen, der sich als ein hervorragender Sprachkünstler durch einen ausgeglichen-erlesenen, auf klassische Vorbilder zurückweisenden Stil ausweist, ist Ivan Bunin, der als konsequenter Realist trotz ideologischer Differenzen mit Gor'kij dem Znanie-Kreis bis zu dessen Auflösung im Jahre 1913 die Treue gehalten hat. Wie Andreev strebt auch Bunin in vielen seiner Werke zu metaphysischer Vertiefung und philosophischer Problematisierung, doch erscheinen die Widersprüche des menschlichen Lebens bei ihm nicht in jenem eruptiven Ungestüm, in verzweifelter Zerrissenheit und Unausgeglichenheit, wie bei Andreev, sondern in zuchtvoller, formal und gedanklich abgeklärter, überlegener Gestaltung. Bunin ist nicht unmittelbar gepackt vom Geschehen seiner Dichtungen, sondern bewahrt Distanz. Er ist kein leicht lesbarer Autor. Die Schönheit seines Werkes erschließt sich in seiner vollkommenen, sehr diffizilen und feinsinnigen Sprachgestaltung.

Ivan Alekseevič Bunin (1870–1953) entstammt einem sehr alten, aber verarmten Adelsgeschlecht mit reicher literarischer Tradition; zu seinen Ahnen mütterlicherseits gehört der große Romantiker Vasilij Žukovskij.[1] Seine Kindheit verbrachte er auf dem väterlichen Anwesen im Gouvernement Orël, jenem mittelrussischen Landstrich am Oberlauf der Oka, aus dem auch Lermontov, Turgenev, Tolstoj, Leskov und Andreev hervorgegangen sind. Auf diese Zusammenhänge und auf die Rolle, die seine Vorfahren in der russischen Geschichte gespielt haben, hat Bunin nicht ohne Stolz in seiner Autobiographie hingewiesen.

Aus wirtschaftlichen Gründen mußte Bunin 1889 – ohne abgeschlossene Gymnasialausbildung – sein Elternhaus verlassen und seinen Lebensunterhalt als Bibliothekar, Korrektor

und Journalist in Poltava, Char'kov, Moskau und Orël verdienen. Seine literarische Laufbahn begann er als Lyriker; neben seinem bedeutenden Prosawerk hat er die lyrische Dichtung auch bis an sein Lebensende gepflegt. Hierzu können auch seine Übertragungen amerikanischer, englischer, französischer und polnischer Dichter gezählt werden. 1891 veröffentlichte er einen ersten Lyrikband *Stichotvorenija* (Gedichte), 1898 folgte *Pod otkrytym nebom* (Unter offenem Himmel), 1901 *Listopad* (Laubfall), wofür ihm der Puškinpreis der Akademie der Wissenschaften zuerkannt wurde.
Seine klassisch anmutenden Gedichte haben nichts mit der symbolistischen Lyrik des »silbernen Zeitalters« gemein. Ihre strenge Metrik und klar durchgearbeitete Sprache haben Puškin zum Vorbild, die stimmungsvollen Naturbilder, in denen die Trauer und die Vergänglichkeit des Herbstes ein bevorzugtes Thema bilden, und die auf intimer Kenntnis und genauer Beobachtung beruhenden Impressionen der heimatlichen Landschaft erinnern an Fet und A. K. Tolstoj. Als Beispiel für Bunins durchaus selbständigen Impressionismus, die Reihung einzelner einprägsamer Bilder, Eindrücke und Empfindungen, die sich assoziativ zu dem Erleben verdichten, das eine giftige Schlange beim Erwachen aus dem Winterschlaf hat, diene das nachfolgende Gedicht aus dem Jahre 1906.[2]

I. A. Bunin

Die Schlange

Solang im Wald noch Märzenstürme wettern
Durchs Zweigicht, lieg ich flach und farblos da
Und schlaf wie tot im Baumloch unter Blättern
In kaltem Schlaf — und wart: Frühling ist nah.

Schon bricht durch Wolken, ganz wie blaue Fenster,
Bricht das Lasur . . . Die Wurzeln trocknen aus;
Ein Falter ruht — in heißer Sonne glänzt er —
Hier auf den Blättern . . . Und ich kriech hinaus

Und ringle langsam mich im Licht; ich freue
Mich an der Glut, berauscht vom Sonnenstrahl.
Ich tausche meine Haut aufs neue —
Bald bin ich Kupfer, bald Türkis, bald Stahl.

Wo trockner Wald, wo bunte Blätter liegen,
Da zeigt die bunte Schnur der Schlange sich . . .
Am heißen Tag — je goldener die Fliegen —
Je giftiger bin ich.

Deutsch von J. v. Guenther

Ein solches außergewöhnliches Motiv hätte ein symbolistischer Autor zu geheimnisvollen Versen, zu einer Symbolik des Abnormen, Unheimlichen und Bösen genutzt; bei Bunin, dem Realisten, bleiben die präzis gezeichneten Bilder und Eindrücke jedoch ganz im Bereich des Realen.

Bunins Sonderstellung unter den neueren russischen Realisten wird durch die Tatsache, daß er neben seinem Prosawerk lyrische Dichtung schrieb, schon äußerlich sichtbar. Seit Nekrasov, dessen lyrisches Werk von den realistischen sozialkritischen Theoretikern politisch engagiert und tendenziös ausgelegt wurde, war die Lyrik in Rußland ganz aus dem Blickfeld der literarischen Öffentlichkeit verdrängt worden. Da man in der Literatur ausschließlich das Diskussions- und Experimentierfeld großer politischer, sozialer und philosophischer Ideen und Entwürfe sah, galt die subjektivste und sprachlich am meisten diffizile literarische Grundform in den letzten Dezennien des 19. Jahrhunderts bestenfalls als Gefühlsventil, meist aber als esoterisches l'art pour l'art oder gar als müßige Spielerei. Bedeutende Lyriker wie Fet und Polonskij fanden keine öffentliche Resonanz, die in den Zeitschriften publizierten Gedichte kamen selten über das Niveau einer welken Gebrauchs- und Konversationslyrik hinaus. Die Realisten vernachlässigten und ignorierten die lyrische Dichtung als Selbstzweck. Es bedurfte schon einer selbständigen künstlerischen Sicherheit, unter solchen Umständen Gedichte zu schreiben, die den klassisch-realistischen Stil fortsetzten und nicht dem Zeitgeschmack der als Reaktion auf die realistische Tradition sich ausbreitenden modernistischen Bewegung erlegen waren.

Trotzdem liegt Bunins größte literarische Leistung, die ihm auch außerhalb der russischen Nationalliteratur Anerkennung gebracht hat, auf dem Gebiete der Prosa. Seine ersten Erzählungen, die um die Jahrhundertwende erschienen, verraten in ihrem skizzen- und reportageartigen Charakter zumindest formal letzte Nachwirkungen der Narodniki-Tradition.

Auch die Inhalte, das trübe Leben in hungernden, verarmten Bauerndörfern und der allmähliche Untergang halbvergessener und verkommener Adelsnester hängen mit dieser Tradition zusammen. Aber sein präziser Stil, seine plastische Aussagekraft, unerwartete Metaphern und die Wiedergabe einer großen Vielfalt von Empfindungen in der jeweils überzeugenden, angemessensten Form heben seine Arbeiten weit über das Niveau des Durchschnittlichen und verraten, daß sein sprachlicher Ausdruck die Schule der Lyrik absolviert hat. Mit Recht hat Gor'kij Bunin den »besten Stilisten der Gegenwart« genannt. Bunins literarische Anreger und Vorbilder sind Turgenev in der lyrischen Durchdringung seines Prosawerkes, aber auch in dem melancholisch-resignierten Abschied von der vertrauten, aber überlebten Welt der alten Adelskultur, Tolstoj in der eindringlichen Kraft plastischer und lebendiger Gestaltung und körperlich konkreter Charakterisierung und Čechov in dem stilistischen Verfahren, alltägliche und scheinbar unbedeutende Beobachtungen subtil mit einer Fülle tiefer Wahrheiten zu bereichern. Ein Beispiel dafür ist die frühe Erzählung *Antonovskie jabloki* (Die Antonsäpfel, 1900, gemeint ist eine späte Apfelsorte), die wehmütig das Leben des russischen Dorfes im jahreszeitlichen Rhythmus vom Frühjahr bis zum späten Herbst und öden Winter beschreibt, der zugleich den Untergang des kleinen russischen Landadels bezeichnet. Bunin reiht in dieser Ich-Erzählung ein Bild an das andere, die Empfindungen und Reflexionen werden von der Beobachtung und dem sinnlichen Eindruck (hier dem Geruch) der Antonsäpfel hervorgerufen:

»Die Schubladen meines Schreibtischs sind voller Antonsäpfel, und ihr gesundes Aroma, der Geruch von Honig und herbstlicher Frische versetzt mich in die Adelssitze, in jene Welt, die verarmte, zerbrach und heute nun zugrunde geht, von der man in 50 Jahren nur noch aus unseren Erzählungen hören wird ... Ich denke an den heiteren Herbst. Der August brachte warmen Regen ...«[3]

Ein für Bunin typischer Kunstgriff seiner gegenständlichen Konkretisierung – die an Turgenev erinnert – ist die Wiedergabe von Sinneseindrücken; noch vor optischen und akustischen Wahrnehmungen ist es besonders der Geruchssinn, der – bis in die feinsten Nuancen präzisiert – ein bevorzugtes, charakteristisches Stilmittel Bunins ist.

Bunins vorrevolutionäres Werk gestaltet vor allem den Verfall der patriarchalischen Welt des Landadels durch die vordringende bürgerliche Zivilisation. Am deutlichsten wird dies in der auch soziale Anklage artikulierenden romanhaften Novelle – der Autor selbst nannte sie »Ein Poem« – *Derevnja* (Das Dorf, 1910) zum Ausdruck gebracht, in der von zwei sehr verschiedenen Brüdern Tichon und Kuz'ma Krasov aus dem Dorf Durnovka berichtet wird, deren einer ein gieriger, rücksichtsloser Kaufmann und Kapitalist ist, der die Zeichen der Zeit zu nutzen versteht und durch Aufkauf des Landes von den ruinierten Adligen zum Kulaken und eigentlichen Herrn in Durnovka aufsteigt, der andere aber ein durch die Lande ziehender, nach Bildung und Erkenntnis suchender Autodidakt ist. Die pessimistische Novelle endet damit, daß beide am Ende ihres Lebensweges resigniert nur die Sinnlosigkeit des Daseins erkennen und damit in ihrem aktiven Streben scheitern; das Milieu des russischen Dorfes, der ausweglosen und unabänderlichen Dumpfheit und Stumpfheit, hat sie gewissermaßen – wie Holthusen sagt – »aufgesogen«[4]. Der Weg des Kulaken Tichon führte zu Neid, Haß und Feindschaft seitens der bäuerlichen Bevölkerung, Kuz'ma aber war in ihren Augen ein verlorener Sonderling und Narr in Christo. Niemand vermag nach Bunins historischem Pessimismus dem Dorf eine Erneuerung und Wiedergeburt zu bringen, auch nicht der marxistische Denis, in dessen Koffer sich Propaganda- und Aufklärungsschriften über die Rolle des Proletariats in Rußland befinden. Auch der Hintergrund der revolutionären Unruhen des Jahres 1905 ist in Bunins Augen nur der hoffnungslose Versuch einer gewaltsamen, spontanen Empörung ohne Sinn und Ziel.

Der soziale Gehalt der Novelle ist vordergründig, hinter der Untergangsstimmung des russischen Landadels verbirgt sich die tiefere Weltanschauung von der Sinnlosigkeit des Daseins schlechthin.

Eine Chronik vom Aussterben des russischen Landadels ist auch die Erzählung *Suchodol* (dt. etwa: Verdorrtes Tal, 1911), die vom Mündel der Chruščevs bruchstückhaft erzählte Geschichte vom Untergang ihrer Herrschaft, hinter der sich auch der Gedanke von der unabänderlichen Vergänglichkeit alles Irdischen verbirgt. Die Erzählung basiert auf den fiktiven Einnerungen der letzten Dienstmagd der Chruščevs, Natalja, deren einfältige Berichte – sie vermag nicht zu erkennen, was sie erlebt, und beugt sich deshalb demütig dem ihr unabdingbar scheinenden Schicksal – die Wirkung dieses Werkes auf den Leser zu beinahe fatalistischen Ausmaßen steigert.

Es ließe sich hier noch eine ganze Reihe von Erzählungen anführen, die mit gleicher künstlerischer Kraft das verhängnisvolle Schicksal des alten, zurückgebliebenen bäuerlichen Rußland schildern, die Tragödie des armen, geistig unsicheren und hilflosen einfachen Volkes, in denen sich zuweilen auch Episoden eines wilden und grausamen Aufbegehrens der in ihrer Ausweglosigkeit verzweifelten russischen Bauern finden, die mitunter naturalistische Schärfe erreichen. Aber Bunin ist nicht nur der Dichter der Tragödie der zusammenbrechenden Sozialordnung des russischen Dorfes.

Um die Jahrhundertwende gewinnt er auch in breiten Leserkreisen Anerkennung, was seine materielle Lage verbessert. Er lebt abwechselnd in Moskau, Petersburg, Odessa und Jalta; nach zwei gescheiterten Ehen findet er in Vera Nikolaevna Muromceva-Bunina eine verständnisvolle Lebensgefährtin, deren Biographie des Dichters aus dem Jahre 1958 eine wertvolle Quelle der Bunin-Forschung geworden ist. Bunin kam 1902 in den Sreda-Kreis Telešovs und wurde einer der engsten Mitarbeiter der Znanieredaktion. Ab 1903 unternahm er weite Reisen nach Westeuropa, in den Nahen Osten und nach Indien und Ceylon, die ihm neue Eindrücke vermittelten und Stoff und Themen seiner Werke erweiterten, wie es sich schon 1907 bis 1911 in dem Skizzenzyklus *Chram solnca* (Sonnentempel) andeutete. 1909 wurde Bunin zum Ehrenmitglied der Russischen Akademie der Wissenschaften gewählt.

Ab etwa 1910 erscheinen in Bunins Werk neue Themen und Probleme: die stickige Welt der Kleinbürger und Spießer *(Chorošaja žizn'* – Ein schönes Leben), die bedrückende Lebensgeschichte einer beschränkten, aber lebenstüchtigen Magd, das Milieu der Gescheiterten und des sozialen Abschaums der Städte *Petlistye uši* – (Geflochtene Ohren), die »finsteren Alleen« der menschlichen Leidenschaften *(Sny*

Čanga – Träume des Čang). Die Erzählung *Brat'ja* (Die Brüder, 1914) behandelt das Problem der Kolonialgeschichte. Die Engländer als Kolonialherren treten den naturverbundenen unterworfenen Völkern gegenüber als Vertreter einer enthumanisierenden, nur technischen und kommerziellen Zivilisation auf. Ihre innere Leere, ihren Atavismus kompensieren sie durch Brutalität ihren Sklaven gegenüber, am Ende dieses Prozesses gelangen sie allenfalls zu Pessimismus oder zu einem heroischen Nihilismus. Der Held der Erzählung *Die Brüder,* ein namenloser Engländer im Dienste der kolonialen Administration seines Landes in Ceylon, drückt das folgendermaßen aus:

»Wir alle sind Kaufleute, Techniker, Soldaten, Politiker, Kolonisatoren – wir alle wollen uns vor der eigenen Stumpfheit und Leere retten und ziehen durch die ganze Welt und strengen uns an, uns an den Bergen und Seen in der Schweiz oder an der Anmut Italiens ergötzen zu können ... Nur dem Fernen Osten und den Krankheiten, die mich dort befielen, meinem Aufenthalt in Afrika, wo ich die Menschen getötet habe, meinen Aufenthalten in Indien, das von England, und das heißt, teilweise auch von mir selbst ausgeraubt wird, wo ich Tausende verhungern sah, in Japan, wo ich mir jeden Monat ein junges Mädchen als zeitweilige Ehefrau kaufte, in China, wo ich hilflose affenähnliche Greise verprügelte, in Java auf Ceylon, wo ich Rikscha-Kulis bis zum letzten Atemzug hetzte, in Anaradhapur, wo ich seinerzeit ein entsetzliches Fieber bekam, an der Küste von Malabar, wo ich an der Leber schwer erkrankte – allein diesen Erlebnissen verdanke ich, daß ich überhaupt noch etwas zu fühlen und zu denken in der Lage bin.«[5]

Das einzige aber, was er noch zu fühlen in der Lage ist, ist der bodenlose und bedrohliche Abgrund des Meeres, das von einem Gewitter aufgewühlt das russische Schiff erbeben läßt, auf dem er Ceylon verläßt und auf dem er seine in den Kolonien gewonnenen skeptisch-verzweifelten Ansichten dem russischen Kapitän erzählt. Bemerkenswert ist der Gegensatz des ziel- und hoffnungslosen Engländers, der erschreckt die Kleinheit und Sinnlosigkeit der menschlichen Zivilisation und Technik angesichts der chaotischen Urgewalten des Meeres und der Elemente erkennt, zu den in unreflektierter Sicherheit gleichmütig in ihr Schicksal treibenden russischen Seeleuten. In einer unveröffentlichten Mainzer Arbeit ist der Unterschied angelsächsischen und russischen Menschentums in Bunins Werk einmal speziell untersucht worden.[6] Es ergab sich, daß der Russe ein harmonisches, natur- und erdverbundenes Weltverständnis, eine ursprüngliche Einheitlichkeit des Denkens, eine feste Verwurzelung in seinen historischen, menschlichen und religiösen Traditionen besitzt, während für den Engländer die Natur eine unverstehbare, chaotische Macht darstellt, die der Leistung der menschlichen Zivilisation feindselig und bedrohlich gegenübersteht. Der Engländer ist in dieser Erzählung ein namenloser Typus, also irgendein beliebiger, typischer Vertreter seines Volkes, er ist machthungrig, geldgierig, brutal; er flüchtet sich vor Problemen in eine Art heroischen Nihilismus, akzeptiert das Chaos und den Tod als ein notwendiges, aber zerstörendes, sinnloses Ereignis.

Namenlos und folglich typisch nicht nur für den Amerikaner, sondern für den zivilisierten Menschen schlechthin – ein moderner Jedermann – ist auch der Titelheld der berühmtesten Novelle Bunins, die bald nach ihrem Erscheinen 1915 in alle Kultursprachen übersetzt wurde: Der Herr aus San Francisco *(Gospodin iz San Francisko)*. Die mit apokalyptischer Wucht erzählte Geschichte vom plötzlichen, unvermuteten Tod eines reichen amerikanischen Selfmademans, der sich mit seiner Familie nach Jahrzehnten angestrengtesten Business-Kampfes auf eine Erholungsreise nach Europa begeben hat, geht auf eine Begebenheit zurück, deren Zeuge Bunin zufällig während eines Aufenthaltes in Capri gewesen war. Zur Niederschrift wurde er angeregt, als er ebenfalls zufällig im Sommer des Jahres 1915 im Schaufenster eines Moskauer Buchhändlers eine russische Ausgabe von Thomas Manns *Der Tod in Venedig* sah. Aus Bunins Lesarten und Varianten – die letzte stammt aus dem Jahre 1951 – geht hervor, daß er sich, dem Beispiel Čechovs folgend, mit Erfolg um optimale Kürze und Einfachheit der sprachlichen Gestaltung bemühte: er strich eine Vielzahl ursprünglicher Natur- und Stimmungsbilder, kürzte und vereinfachte Schilderungen und Beschreibungen und tilgte zuletzt alle Wendungen wie kak-by(als ob), kakoj-to (irgend-ein), točno takoj (gleichsam wie), kakoj-nibud' (irgend-ein), um ganz unzweifelhafte Konkretheit zu erreichen.

Es ist die Welt des Reichtums, des Luxus und der Zivilisation, über die Bunin in teilnahmslos-distanzierter Sprache berichtet; wir finden in ihr kaum Dialoge, keine Monologe, keine erlebte Rede. Es ist ein Report vom unverhofften Sterben des reichen Amerikaners, vom Einbruch des Todes in die selbstsichere und selbstgerechte Sphäre des Geldes und Besitzes. Der Herr aus San Francisco ist ein Produkt der westlichen, amerikanischen Zivilisation. Er ist genormt; um gleichberechtigte Anerkennung und Ansehen zu erlangen und zu behalten, muß er sich den Zwängen unterwerfen, die ihm die amerikanische Zivilisation auferlegt. Und als Kind eben dieser Gesellschaft denkt er nicht über diese nach, sondern räsoniert nur in ihren vorgefertigten Schablonen und Schemata. So hat er, ohne auszuspannen, jahrzehntelang geschafft und spekuliert, um seinen Vorbildern erfolgreicher Geschäftsleute zu folgen, die er – so stellt er selbstgefällig fest – in seinem Aufstieg eingeholt und fast schon überflügelt hat. Weder vermag er die Schönheiten der Natur oder Landschaft zu genießen noch sich auch nur zeitweilig von dem automatisch ablaufenden gesellschaftlichen Leben an Bord oder in den Hotels zurückzuziehen; er ist der »typische amerikanische Konformist«: man hat all das zu tun, was die anderen auch machen. So hat man eine Vergnügungsreise nach Europa, Indien oder Ägypten zu unternehmen, man hat sich am gesellschaftlichen Treiben zu beteiligen, man muß reich, angesehen, gebildet, sexuell erfolgreich usw. sein.

In dieser genormten zivilisatorischen Ordnung ist der Reichtum der einzige Wertmesser des Menschen. Der Herr aus San Francisco bewohnt die teuersten Kabinen und Appartements und ist – unbeschadet seiner inneren Leere und unansehnlichen Erscheinung – geschätzt und geachtet.

Aber plötzlich bricht der Herr aus San Francisco vor dem Abendessen zusammen, nach kurzem Todeskampf, in dem die kreatürliche Angst des Sterbenden sichtbar wird, stirbt er, und erst jetzt blickt aus seinem Leichnam eine würdige Schönheit. Seine Frau und Tochter sind in sprachlosem Schmerz erstarrt. Sofort setzt nun der Automatismus jener hohlen, zivilisierten Welt ein, in der es für den Tod keinen Platz gibt. Die Repräsentanten der Zivilisation sind unfähig, zu begreifen, was geschehen ist, nämlich daß der Tod des Herrn aus San Francisco, also eines der Ihren, ihrer

Welt- und Lebensordnung des zivilisatorischen Perfektionismus eine katastrophale Niederlage bereitet hat. Sie sind schon so weit abgestumpft, daß sie dies nicht zu erkennen vermögen; für sie ist der Tod ein lästiger Zwischenfall, der verheimlicht werden muß und dessen Folgen schnellstens zu beseitigen sind, damit das genormte Leben wie eh seinen Lauf nehmen kann. So erklärt der Hoteldirektor den Angehörigen des Verstorbenen, daß sie ihr Appartement zu räumen hätten, der Tote auch schnellstens abtransportiert werden müsse, da ein Todesfall in seinem Hause dem Ruf des Hotels schaden und Touristen vom Aufenthalt abhalten könne. In dem Vergnügungs- und Touristenzentrum auf Capri ist für einen Todesfall selbstverständlich nicht vorgesorgt, folglich läßt sich kein Sarg beschaffen, so daß der Leichnam in aller Heimlichkeit in einer Apfelsinenkiste fortgeschafft werden muß; und erst nach langen Verhandlungen erklärt sich der Kapitän desselben Luxusdampfers, mit dem der Herr aus San Francisco vor wenigen Tagen eingetroffen war, bereit, im untersten Laderaum die Kiste mit dem Toten wieder zurück nach Amerika mitzunehmen. Unbeteiligt stampfen die Maschinen des zurückfahrenden Ozeanriesen, und gleichgültig gegenüber dem Toten im Rumpf des Schiffes, von dem keiner etwas weiß oder Notiz nehmen will, geben sich die Passagiere dem Tanz und der vergnügten Unterhaltung hin, und nur – hier wird Bunins Novelle symbolisch: ein Stilbruch, der den suggestiven Realismus der Darstellung stört – der finstere, wild rauschende Ozean und der Teufel selbst betrachten übelwollend das ihnen überlegene, gewaltige Schiff, Symbol der Technik und Zivilisation, die »der Neue Mensch mit dem alten Herzen« geschaffen hat.

Diese Novelle deutet nicht nur die Zivilisation und Technik als unhuman, die den Menschen entindividualisiert und normt, und damit ist sie aus einer dem Menschen dienenden zu einer selbständigen, den Menschen bestimmenden und formenden anonymen Macht geworden – diese Novelle handelt vor allem vom Tode, der hier als sinnlose Zerstörung, als Einbruch des Nichts in die scheinbar so sichere Welt der menschlichen Normen und Gesetzmäßigkeit gesehen wird.

Als Beispiel für die unpersönlich-distanzierte, im Ausdruck

geradezu terminologisch genaue Sprache, die jede Verschwommenheit vermeidet, diene der Anfang der Sterbeszene des Herrn aus San Francisco, die trotz ihrer eindringlichen Schilderung so objektiv unbeteiligt wie die ganze Novelle auch geschrieben ist.

»Er überflog eilig die Überschrift einiger Artikel, las einige Zeilen über die nicht enden wollenden Balkankriege und drehte mit gewohnter Bewegung die Zeitung um — als plötzlich die Zeilen vor ihm wie in gläsernem Glanze aufblitzten, sein Hals anschwoll, die Augen heraustraten und das Pincenez von der Nase flog... Er stürzte nach vorn, wollte nach Luft schnappen — und begann entsetzlich zu röcheln; sein Unterkiefer sank herab, so daß aus dem offenen Munde das Gold der Plomben aufleuchtete, der Kopf rollte auf die Schulter und schaukelte ein wenig, die gestärkte Hemdbrust wölbte sich wie ein Tragkorb — und der ganze Körper glitt sich krümmend und mit den Absätzen den Teppich verschiebend auf den Boden, wobei er verzweifelt mit einem unsichtbaren Feinde kämpfte.«[7]

Die russische Oktoberrevolution hat Bunin konsequent und kompromißlos abgelehnt; 1919 verließ er freiwillig seine Heimat und ging nach Paris, wo er als angesehener Schriftsteller die restlichen 24 Jahre seines Lebens verbrachte. In Aufsätzen und Memoiren hat er übrigens das Sowjetregime und sein gesellschaftliches System wiederholt scharf angegriffen, was jedoch die sowjetischen Verlage heute nicht abhält, sein gesamtes Werk, also einschließlich seiner im Exil geschriebenen Arbeiten, zu veröffentlichen. Bunins Rang als Schriftsteller ist unabhängig von seiner ideologischen Haltung unbestritten; 1933 wurde ihm als erstem russischen Schriftsteller der Nobelpreis für Literatur verliehen.

In Bunins spätem Werk kristallisieren sich immer schärfer die beiden zentralen Themen seines Schaffens heraus: die Liebe und der Tod. Der Dichter verzichtet nun weitgehend auf zeitanalytische und gesellschaftskritische Einkleidung seiner Erzählungen; die Stärke der Leidenschaft oder die Allmacht der Vergänglichkeit werden im konkreten einzelnen Fall dargestellt. Leidenschaftliche Liebe als wilde spontane Kraft, der sich die Liebenden nicht zu widersetzen vermögen, ist das Thema der Erzählung *Mitina ljubov'* (Mitjas Liebe, 1924), die Geschichte von Mitjas Liebe zu der angehenden Schauspielerin Katja, die jedoch ihre Zuneigung einem anderen schenkt. Mitja tröstet sich zwar zunächst mit einem Bauernmädchen, nachdem er aber erkennt, daß ein Werben um Katja aussichtslos ist, endet er durch Selbstmord.

In der Darstellung und Entwicklung der sexuellen Beziehungen zeigen sich Einflüsse Freuds. Gerade das Erotische und sinnlich Sexuelle, das vor sehr freien Szenen nicht zurückschreckt, ist psychologisch diffizil nachgezeichnet, etwa das langsame sexuelle Reifen eines jungen Mädchens zur Frau in der Erzählung *Tanja* (1940). Viele dieser sehr kurzen Liebesgeschichten des späten Bunin stellen in verhaltener, darum um so wirkungsvollerer Erotik das geschlechtliche Zusammensein in den Mittelpunkt. Bunin ist jedoch nie obszön, es gibt bei ihm kein pornographisches Ausmalen des Geschlechtsaktes, sondern es ist die geheimnisvolle Faszination der sexuellen, ganz körperlich und sinnlich geschilderten Anziehung, deren Atmosphäre des Leidenschaftlichen hervorgerufen wird, etwa in der Erzählung *Natali* (1941), der gleichzeitigen Liebe des Autor-Erzählers zu zwei gleichermaßen reizvollen jungen Mädchen.
In allen diesen Erzählungen und Novellen kommt die Liebe wie eine elementare Urgewalt über die sich begegnenden Menschen, die von dem Rausch der Liebesleidenschaft überwältigt werden. Bei genauem Lesen erkennt man jedoch die Ambivalenz all dieser Liebesgeschichten; in der letzten Szene, oft nur lakonisch knapp im letzten Satz, erfährt der Leser vom plötzlichen Tod oder Selbstmord eines der Liebenden. Der Tod löst die Widersprüche und Spannungen, befreit von den Leidenschaften und beseitigt das sinnliche Getriebensein der Geschlechtsliebe. Das ist keine ethische oder moralische Lösung, mit der Bunin etwa die sexuelle Liebe verurteilen will, sondern die rauschhaft-elementar erlebte Liebe als höchste Anspannung und Vollendung der menschlichen Existenz kann auf Grund ihrer eruptiven Einmaligkeit des Erlebens nicht von Dauer sein; ein Ausweg liegt dann nur im Tod, im Untergang als existentieller Konsequenz, weil alles Weiterleben nur unerträgliches Weiterleiden in den Spannungen der Leidenschaft bedeuten würde.

So schwebt letztlich auch über diesen spannungsdurchwobenen, kurzen und plastischen Liebesgeschichten ein tiefer Pessimismus. Pessimistisch sind auch Bunins Essays über Tolstoj (*Osvoboždenie Tolstogo,* Die Befreiung Tolstojs, 1937), Čechov (posthum 1955) sowie seine Erinnerungen (*Vospominanija,* 1950).

Ein zweiteiliger Roman autobiographischen Charakters (*Žizn' Arsen'eva* – Das Leben Arsenevs, 1927 bis 1938) beschreibt das Werden des fiktiven Autors Arsen'ev zum Dichter. Im zweiten Teil geht des Dichters Geliebte Lika zugrunde, weil sich der Autor gegen sie und für die Dichtung entscheidet. So vermag hier wenigstens die Kunst aus dem Dilemma von Liebe und Tod zu erretten.

Bunins Werk, an dessen Abschluß kleine und präziseste Prosaminiaturen stehen, die an Turgenevs *Stichotvorenija v proze* (Gedichte in Prosa, 1883) erinnern, hat zunehmend an geistiger Tiefe und Problematik gewonnen; mit dem Eindringen in überzeitliche, existentielle Fragen von Liebe und Tod gab der Dichter zugleich den Bezug zur gesellschaftlichen Aktualität auf. Trotz gewisser symbolisch dunkler Stellen steht seine »aristokratisch-erlesene, durchsichtige Prosa« (Stender-Petersen) ganz in der realistischen Tradition. Das betrifft auch den Gehalt seines Werkes, der in existentielle Tiefen, zu den Sinnfragen des Daseins, hinabreicht, aber sich immer im sinnlich-konkreten, körperlichen wirklichen Leben abspielt.

In dieser Hinsicht unterscheidet sich Aleksandr Kuprin grundsätzlich von Bunins problembeladenem, schwierigem Werk. In Kuprins Romanen und Erzählungen steht das unmittelbare Geschehen ganz im Vordergrund.

Kapitel VI: Der Übergang zur Sowjetliteratur: Kuprin und Veresaev

A. Aleksandr Kuprin

Nicht Reflexion und Diskussion, sondern ungewöhnliche Sujets, spannende Handlung, breite und abwechslungsreiche Themen und Freude am Erzählen charakterisieren Kuprins umfangreiches, nicht allzu anspruchsvolles Prosawerk und machen ihn zu einem bis heute viel gelesenen, beliebten und populären Autor in Rußland. Obwohl er zum Znanie-Kreis gehörte und einen – wie Arthur Luther sagt – »sozialkritischen entlarvenden Alltagsrealismus« pflegte, hat er sich keiner politisch festgelegten Gruppe oder Partei angeschlossen.

Aleksandr Ivanovič Kuprin (1870–1938) entstammt einer armen Beamtenfamilie im Gouvernement Penza, verbrachte seine Kindheit und Ausbildungszeit in Moskau auf Militärschulen, diente nach Absolvierung der Militärakademie im Jahre 1890 vier Jahre als Offizier in Podolsk und nahm dann seinen Abschied, um sich zunächst als freier Schriftsteller und Journalist in Kiev niederzulassen.[1] Bereits 1889 hatte er eine erste, wenig originelle Erzählung unter dem Titel *Poslednij debjut* (Das letzte Auftreten) veröffentlichen können, ihr folgten 1894 Skizzen über das Leben in und um Kiev in der dortigen Lokalpresse: *Kievskie tipy* (Kiever Typen) und 1897 sein erster Band Erzählungen *Miniatury* (Miniaturen), der psychologisierende Skizzen und kurze Erzählungen über die Themen Liebe, Freundschaft, Wahnsinn, Tod u. a. enthält.

1896 bereits hatte Kuprin Kiev verlassen und war in das Donecker Industrierevier aufgebrochen, wo er sich als Fabrikarbeiter verdingte. Die nächsten Jahre verbringt er im weißrussischen Poles'e, im Norden, an der Schwarzmeerküste und auf der Krim, wo er in den verschiedensten Berufen als Landmesser, Kirchendiener, Schauspieler in Wanderbühnen und beim Zirkus, als Journalist, Matrose und Hafenarbeiter seinen Lebensunterhalt verdient und eine Fülle der buntesten Erfahrungen sammelt, die ihm später als Stoff zu seinen Arbeiten dienen werden. Solche eigenen Erlebnisse liegen seiner Novelle *Moloch* (Der Moloch, 1896) aus dem Industriemilieu im Doneck-Becken zugrunde. Der Handlungsfaden ist die Geschichte der unglücklichen Liebe des noch unfertigen jungen Ingenieurs Bobrov zu der etwas leichtlebigen Jungarbeiterin Nina, die sich für finanzielle Gegenleistungen jedoch von dem unsympathischen Fabrikdirektor Kvašnin kaufen läßt. Die Verzweiflung der ausgepowerten Arbeiterschaft entlädt sich in einem spontanen Aufstand, währenddessen die Fabrik in Flammen aufgeht. Es erscheint dies wie die Antwort auf die selbstgefälligen Reden Kvašnins, der während eines Picknicks von der zivilisatorischen und kultivierenden Mission der Industrialisierung und Kapitalisierung gesprochen hatte. Der Titel der Novelle ist symbolisch gemeint: Der Moloch erscheint als der Abgott des Amoralismus und der Menschenfeindlichkeit der frühkapitalistischen Entwicklung in Rußland, wie sie sich in den Augen Kuprins darstellte. Allerdings fehlt eine weltanschauliche oder politische Begründung der Kritik am Kapitalismus.

Bobrovs Schicksal ist eine persönliche Tragödie, der Arbeiteraufstand eine spontane Aktion. Kuprin verurteilt die Auswüchse des Kapitalismus aus ethischer Sicht, er äußert sein Mitgefühl mit den Armen und Opfern, aber er sieht in ihnen keine historische oder politische Kraft. Kuprin ist von Tolstojs und Rousseaus Ethik der Nächstenliebe und Antithetik der Heuchelei und Menschenfeindlichkeit der zivilisierten Gesellschaft und des Rechts und der Schönheit der Natur beeinflußt. Von hier rührt auch Kuprins Hang zur Darstellung von »unschuldigen« Tier- und Kindergestalten und von Menschen, die in enger Verbundenheit und Übereinstimmung mit der Natur leben. Das finden wir sowohl in der schönen Erzählung *Olesja* (1898), der Liebesgeschichte des Autor-Erzählers zu dem schönen, im weißrussischen Urwald verfemt als Hexe lebenden Mädchen Olesja als auch in der bekannten Skizzenserie *Listrigony* (Lästrygonen, 1907 bis 1911, gemeint ist ein unter diesem Namen in der Odyssee erwähntes Kannibalen- und Riesenvolk), die das naturverbundene, schwere Leben der Fischer des griechisch-russischen Schwarzmeerhafens Balaklava beschreibt, ihre Arbeit und Mühe, ihre moralische Höhe, ihren Mut und ihre Ausdauer wie aber auch ihr Ringen und ihre Bestätigung im Bestehen des täglichen Kampfes mit den Naturgewalten.

1901 hat sich Kuprin in Petersburg niedergelassen, ist mit Čechov und Gor'kij in persönlichen Kontakt getreten und hat sich 1903 dem Znanie-Kreis angeschlossen. Im 6. Band der Znanie-Reihe ist 1905 sein bedeutendstes Werk, der Roman *Poedinok* (Das Duell), mit einer Widmung an Gor'kij erschienen. Er beschreibt das düstere und bedrückende Leben im russischen Militär mit seinem geistlosen und menschenunwürdigen Drill, den moralischen Verfall der Offizierskaste, ihre Ausschweifungen, ihren Zynismus und ihren verlogenen Ehrenkodex. Der an diesem brutalen Leben leidende, empfindsame Fähnrich Romašov hat sich in Šuročka, die schöne und kluge Frau seines Freundes Nikolaev, verliebt. Als diese Verbindung entdeckt wird und ein Ehrengericht der Offiziere die Angelegenheit durch ein Duell bereinigen will, entschließt sich Romašov, seinen Dienst zu quittieren, um diesem sinnlosen Zweikampf zu entgehen. Šuročka bietet jedoch all ihre Verführungskünste auf und kann Romašov schließlich dadurch, daß sie sich ihm hingibt, dazu bewegen, in das Duell einzuwilligen. Auf diese Weise kann nämlich ihr Mann seine Ehre wiederherstellen, was für seine weitere Karriere eine unabdingbare Voraussetzung ist. Romašov wird in dem Duell tödlich verwundet.

Der spannend erzählte Roman, der autobiographisches Material auswertet, rief durch seine kraß entlarvende Schilderung des entwürdigenden und stumpfsinnigen Soldatenlebens seinerzeit großes Aufsehen hervor.

Die bekannte Erzählung *Gambrinus* (1907) spielt in einer Hafenkneipe in Odessa unter Matrosen, Hafenarbeitern, Trinkern, Spielern, Vagabunden und Schmugglern –

»sie alle waren jung, gesund und von dem kräftigen Geruch des Meeres und der Fische getränkt, sie kannten die Last der Arbeit, liebten den Reiz und den Schrecken ihres alltäglichen Risikos, sie schätzten physische Kraft, Verwegenheit, Übermut und den bösen Witz eines kräftigen Wortes über alles, an Land gaben sie sich dem wilden Genuß des Tobens, Saufens und Prügelns hin.«[2]

Kuprins Vorliebe für das Natürliche geht in einen romantisch-robusten Vitalismus über, der derb und vordergründig ist. Seine Bewunderung für die Vitalen und Starken dieser Welt, für physische Leistung und Ausdauer, für die wilden und verwegenen Desperados verbindet ihn mit Korolenko und dem frühen Gor'kij.

Solche rauhen Gesellen waren ständige Gäste des »Gambrinus«, wo sie Saška, der jüdische Geiger, mit seinem Spiel in Begeisterung und Rührung versetzte. Sie beschützen Saška, als ihn die politische Polizei wegen des Spielens revolutionärer Lieder – er hatte die Marseillaise intoniert – verhaften will, sie bewahren ihn vor Schaden, als ein Pogrom gegen die jüdische Bevölkerung durchgeführt wird. Die Schilderung dieser Massenverfolgung ist nicht in naturalistischer Kraßheit, sondern aus der Psychologie des aufgehetzten Massenwahns geboten. Als Beispiel diene folgender Auszug, der eindrucksvoll den Blutrausch solcher Situationen wiedergibt:

»Ein Jude! Schlagt den Juden! Zu Blut!« Doch irgend jemand packte (den rasenden Maurer) von hinten an der Hand: »Halt, du Teufel, das ist doch Saška. Du Blödian! Deiner Mutter sollte man ins Herz, in die Leber treten.«

Der Maurer stutzte. Er war in dieser trunkenen, wahnsinnigen, rasenden Sekunde fähig, zu erschlagen, wer auch immer ihm in den Weg komme – den Vater, die Schwester, den Pfarrer, selbst den rechtgläubigen Herrgott, aber er war auch bereit, wie ein Kind dem Befehl eines starken Willens zu gehorchen.

Er bleckte die Zähne wie ein Irrer, spuckte aus und wischte sich mit der Hand über die Nase. Doch plötzlich fiel ihm das weiße, ängstlich zitternde Hündchen, das sich dicht neben Saška hielt, in die Augen. Er beugte sich rasch nach vorne, ergriff es an den Hinterbeinen, schwang es in die Höhe, schmetterte es mit dem Kopf auf das Pflaster des Trottoirs und rannte davon. Saška blickte schweigend auf ihn. Er rannte, ganz nach vorn gebeugt, mit ausgestreckten Händen, ohne Mütze, mit aufgerissenem Mund und runden, vor Wahnsinn weiß schimmernden Augen.

Auf Saškas Stiefel war das Hirn aus Beločkas Kopf gespritzt. Saška wischte den Fleck mit seinem Taschentuch ab.[3]

Kuprins Psychologie ist nicht diffizil, individuell, sondern beschreibt Verhalten und Reaktionen einer Gruppe oder Masse, wie sie – unter bestimmten Umständen (wie oben gezeigt) – üblicherweise vorkommen. Häufig leitet er dann solche Szenen oder Beschreibungen ein mit Wendungen wie: »Wie immer in solchen Fällen ...«, »der Gewohnheit junger Leute gemäß ...«, »wie alle die schüchternen Vertreter dieser Gesellschaftsschicht« u. ä.

1908 löste Kuprin seine Verbindungen zum Znanie-Kreis, ohne indes seine künstlerische Haltung aufzugeben. Von der Forschung (Holthusen, Stender-Petersen) ist wiederholt darauf hingewiesen worden, daß weder in weltanschaulicher noch in künstlerischer Hinsicht Kuprin eine größere Entwicklung durchgemacht hat. Seiner handlungsbetonten, vordergründigen und eingängigen, tiefere Analysen und Zweifel vermeidenden Gestaltungsweise ist er auch in seinen späteren Arbeiten treu geblieben.

Einen Sturm der Entrüstung und lebhafte Diskussionen rief die 1909 bis 1915 entstandene größere Erzählung *Jama* (Die Gruft) hervor, in welcher Kuprin mit bislang ungekannter Offenheit das alltägliche Leben in einem Odessaer Bordell beschreibt.

»Viele hatten vor ihm das Problem der gefallenen Frauen berührt, doch keiner hatte so offen wie er Bordellhuren vorzuführen und ihr Gewerbe und ihre Geistesart zu erforschen gewagt. Das Buch war in seiner Haltung so ernst, daß von Pornographie keine Rede sein konnte.«[4]

Für Kuprin ist die Prostitution eine absolute Entwürdigung der Frau. In seiner Erzählung nimmt der Student Lichonin am Schluß eine Prostituierte zu sich, um sie vor dem völligen Verkommen zu bewahren.

1917 verhielt sich Kuprin zunächst zustimmend zur Oktoberrevolution, er arbeitete in verschiedenen Verlags- und Publikationsunternehmen mit, u. a. in Gor'kijs »Weltliteratur«. 1919 nutzte er jedoch die Gelegenheit, während der Besetzung eines Petersburger Vorortes durch gegenrevolutionäre und westliche Truppen, nach Paris zu emigrieren. Er verbrachte dort, in materieller Not und von Heimweh bedrückt, achtzehn Jahre, während der er eine Reihe von weniger bekanntgewordenen Erzählungen aus dem Emigrantenleben, aus dem französischen Alltag, einige historische und märchenhafte Arbeiten und einen stofflich auf das Duell zurückgehenden autobiographischen Roman *Junkera* (Die Junker, 1928–1933) schrieb. 1937 ist er dann, bereits schwer krank, in die Sowjetunion zurückgekehrt, wo man ihm einen

freundlichen Empfang bereitet hatte. Ein Jahr später ist er in Leningrad gestorben.
Kuprin ist neben Veresaev der letzte bedeutende Vertreter des kritischen Realismus, d. h. durch kritische künstlerische Reproduktion der gesellschaftlichen Verhältnisse seines Landes – und nur diese hat sein Werk zum Vorwurf – weist er Probleme, Sachverhalte und Entwicklungstendenzen im russischen Leben auf, ohne allerdings – wie Veresaev – im Sinne einer bestimmten Ideologie Partei zu ergreifen. Seine einfache und schlichte Sprache, sein anschaulicher, plastischer Erzählstil, der Schwierigkeiten und ungewöhnliche Bilder und Wendungen vermeidet, seine klare und einleuchtende Psychologie machen ihn zu einem leicht lesbaren Autor. Das Urteil Stender-Petersens »Kuprin kam nie über das Mittelmäßige hinaus«[5] ist zwar nicht unbegründet, aber zu prononciert formuliert. Kuprins treffende Milieu- und Sittenstudien, die Weite seiner Themen, die Großstadterlebnisse wie Bauerngeschichten, Zirkusabenteuer wie Episoden aus Jäger- und Fischer-, Seefahrer- und Landstreichermilieu, Kinder- und Tiergeschichten (Kuprin war ein Verehrer Kiplings und Jack Londons!) umfassen, sein Geschick, spannende Fabeln zu entwickeln und die Leser in seinen Bann zu ziehen, nicht zuletzt sein Humanismus und seine Liebe zu einem freien, gesunden Leben sichern ihm einen dauerhaften Platz in der russischen Literaturgeschichte und eine zahlreiche, dankbare Leserschaft.

B. Vikentij Veresaev

Vikentij Veresaev behandelt wie Kuprin hauptsächlich sozial- und gesellschaftskritische Themen aus dem russischen Alltag, die er aber – und darin unterscheidet er sich von Kuprin – im großen historischen Zusammenhang begründet sieht. Er untersucht und diskutiert die politischen und ökonomischen Bedingungen, die verantwortlich sind für jene Probleme und Situationen, die er in seinen künstlerischen Werken gestaltet.
Vikentij Vikent'evič Veresaev (eigentlich Smidovič, 1864 bis 1945) hat die Position des gesellschaftskritischen Realismus, der ideologisch dem Marxismus nahestand, um 1909 nur vorübergehend verlassen; nach der Oktoberrevolution wirkte er mit seinem künstlerischen Schaffen und durch

praktische Tätigkeit auf seiten der Bol'ševiki überzeugt am Aufbau des Sowjetstaates mit.[6]

Veresaev entstammte einer polnisch-deutschen Arztfamilie in Tula, er absolvierte 1888 ein philologisches Studium in Petersburg, anschließend studierte er bis 1894 in Dorpat Medizin und praktizierte später als Arzt in Tula und Petersburg. In den neunziger Jahren schloß er sich den legalen Marxisten an, von dieser ideologischen Position aus schrieb er eine bedeutende Trilogie romanhafter Erzählungen über die Krise des Narodničestvo und den allmählichen Prozessen des Übergangs der Narodniki zu den Marxisten.

Bez dorogi (Ohne Ausweg, 1895), die erste dieser drei Erzählungen, berichtet in Form von Tagebuchaufzeichnungen des Landarztes Čekanov von den unüberwindlichen Schwierigkeiten, auf die die Narodniki stießen bei dem Versuch, ihre sozialutopischen Ideen unter den Bauern zu verbreiten. In ihrer Handlungsarmut erinnern diese Erzählungen wie auch die übrigen Arbeiten Veresaevs an Čechov, doch ist es nicht die Atmosphäre, die das Wesen der Erzählung ausmacht, sondern im Mittelpunkt stehen Diskussionen, Streitgespräche und Dispute.

In einer grundsätzlichen Auseinandersetzung mit seiner Kusine Nataša muß Čekanov die Ziel- und Ausweglosigkeit seiner Illusionen, dem Volke helfen und es aufklären zu können, eingestehen. Erst als er sich bei der Bekämpfung der Choleraepidemie 1892 ohne Rücksicht auf seine Person selbstlos einsetzt und ungeachtet der Arztfeindlichkeit der abergläubischen Bauern durch seine Erfolge bei deren Behandlung Anerkennung erwirbt, gewinnt auch Nataša ihre Achtung vor Čekanov zurück. Čekanov stirbt entmutigt und enttäuscht, sein Vermächtnis lautet, das Volk ohne zu verzweifeln zu lieben und einen Weg zu suchen, die Verhältnisse durch Arbeit umzugestalten.

Diesen Weg beschreitet in der zweiten Erzählung der Trilogie *Povetrie* (Die Epidemie, 1898) Nataša; es ist – aus Zensurgründen in äsopischer Sprache verschlüsselt dargestellt – der Weg des Marxismus, wenn es heißt, daß in brüderlicher Liebe mit den Armen und Entrechteten das Eigentum zu teilen und die allgemeinen Besitzverhältnisse zu kollektivieren seien.

Im dritten Teil *Na povorote* (An der Wende, 1902) werden die ideologischen Diskussionen zwischen legalen Marxisten, Orthodoxen, Dogmatikern und den unter der Intelligenz sich ausbreitenden Anhängern modernistischer Ideen Nietzsches literarisch behandelt. Veresaev ist es gelungen, dank seiner unaufdringlichen Tendenz und dank seiner dramatischen Gestaltungsweise diese Gedanken am Schicksal desillusionierter Idealisten literarisch überzeugend zu demonstrieren.

Seine kürzeren Erzählungen erinnern noch häufig an die Skizzenform der Narodniki wie z. B. *Lisar* (1899), die Geschichte von der Reise des Autors durch das frühlingsnasse Mittelrußland, während der der Erzähler von seinem Fuhrmann Lisar' über das klägliche Los der verarmten Bauernschaft unterrichtet wird, das er nun mit anderen Augen als bisher wahrnimmt. Interessant ist an dieser Erzählung, wie sie – trotz allen menschlichen Elends – von einer vitalen Lebensbejahung durchdrungen ist, die sich aus geheimnisvollen, elementaren Kräften in der Natur auf die Menschen zu übertragen scheint.

»Alles [in der Natur] lebte frei und ohne Einschränkung, im unerschütterlichen Bewußtsein der Rechtmäßigkeit seiner Existenz. Das Leben ist schön! Leben, leben – ein weites, volles Leben genießen, ohne Furcht, ohne Scheitern und ohne Selbstverleugnung, darin lag das große Geheimnis, das so froh und machtvoll die Natur offenbarte.«[7]

Die beiden Erzählungen *Dva Konca* (Zwei Lebensausgänge: Das Ende des Andrej Ivanovič 1899 und das Ende der Aleksandra Michajlovna 1903) sind dem Leben proletarischer Arbeiter gewidmet und zeigen die unmenschliche Ausbeutung der Fabrikarbeiter und kleinen Handwerker.

Seine berühmten *Zapiski vrača*, 1901 (deutsch bereits 1903 als »Bekenntnisse eines Arztes« erschienen), sind stilistisch vorzügliche belletrisierte Publizistik, in dieser Form mit Korolenkos *Geschichte meines Zeitgenossen* vergleichbar. Sie berichten von den täglichen Erfahrungen eines Arztes, den Unzulänglichkeiten seiner Arbeit, seinen häufig verzweifelten und ergebnislosen Bemühungen; auf der anderen Seite sprechen sie vom Glauben an den Fortschritt der Wissenschaft, der daraus resultierenden Zuversicht und dem Ethos des ärztlichen Berufes. Ihr autobiographischer, sehr persönlicher Ton reiht sie in den Bestand der schönen Literatur ein.

Veresaev hat am Russisch-Japanischen Krieg 1904 als Militärarzt teilgenommen, die Frucht dieser Erfahrungen sind seine *Rasskazy o vojne* (Kriegserzählungen, 1906) und die künstlerische Berichterstattung *Na vojne* (Im Kriege, 1907/08). Hier zeigt er das Heldentum der oft auf verlorenem Posten kämpfenden russischen Soldaten, zugleich aber auch den inneren Zerfall der Armee des Zaren, der mit den tiefen Zweifeln nach den revolutionären Ereignissen von 1905 einzusetzen begonnen hatte.
In der programmatischen Erzählung *Na estrade* (Auf der Estrade, 1902) hatte sich Veresaev mit den Aufgaben der Kunst, besonders der Literatur auseinandergesetzt – die Erzählung handelt von den Reflexionen des erfolgreichen Schriftstellers Osokin über den Sinn seines Wirkens. Er sagt u. a. folgendes:
»Ein gewaltiges Heer der Kämpfer zieht in den großen Kampf um die Freiheit. Ich bin bloß ein Soldat in dieser Armee, nun, vielleicht einer ihrer Trommler, nicht wahr? ... Wofür danken Sie mir und meinem Werk? Etwa für die ›zauberhaften Klänge‹, für den Genuß, den ich Ihnen mit meinen – wie Sie sagen – ›prachtvollen Werken‹ bereite? In diesem Falle, meine Herren, haben Sie sich in der Adresse geirrt! Gehen Sie zu denen, für die diese ›zauberhaften Klänge‹ das Ziel und die höchste Wahrheit bedeuten, für mich sind sie – die schlimmste Lüge, der furchtbarste Fluch der Kunst.«[8]
Diese gegen die Vertreter des l'art pour l'art unter den Symbolisten gerichteten polemischen Sätze verraten Veresaevs künstlerisches Konzept, das eine zwar durch Niveau und Zurückhaltung ausgewiesene, dennoch aber tendenziöse Literatur fordert, die sich für den sozialen und ideellen Fortschritt einsetzt.
Im Jahre 1909 rückt er allerdings von diesen Auffassungen ab, er verläßt die Znanie-Gruppe und beginnt, eine pantheistische Verherrlichung des »vitalen Prinzips in Gesellschaft, Kunst und Natur« zu predigen. »Veresaev wurde ein Schüler Nietzsches, Bergsons und des frühen Gor'kij und gab sich ganz den Verlockungen des biologischen (lebensphilosophischen) Denkens hin. Seine Abrechnung mit den früher eingenommenen Positionen hat er in dem fiktiven Tage-

buch des Renegaten Čerdyncev vorgenommen, das 1909 mit dem Titel *K žizni* (Zum Leben hin) erschien.«[9] In seinem großen Essayband *Živaja žizn'* (Lebendiges Leben, 1910) und in der Studie *Apollon i Dionis* (Apollon und Dionysos, 1913/14) setzte er sich mit Nietzsches Ideen auseinander und trat dem symbolistischen Dionysoskult mit einem Plädoyer für die maßvolle und reflektierende Kunst des Apollinischen entgegen.

1922 veröffentlichte er den Roman *V tupike* (In der Sackgasse), der ein getreues Bild der Revolutions- und Bürgerkriegsjahre zeichnet und im Schicksal der Arzttochter Katja den schweren und qualvollen Weg der Intelligencija in die Reihen der Bol'ševiki beschreibt. Sein letzter Roman *Sëstry* (Die Schwestern, 1933) behandelt den Einsatz der Vertreter der Intelligencija beim Aufbau des Sozialismus und gehört in die Reihe der damals gepflegten Aufbau- und Fünfjahrplanromane. Der Roman ist wieder in der Form eines Tagebuchs geschrieben; die eine der Schwestern erkennt die Zwangskollektivierung und die gewaltsame Errichtung der kommunistischen Ordnung als notwendig an und folgt den Anordnungen der Partei und des Komsomol, die andere folgt ihren individuellen Empfindungen, ihrem Mitleiden mit den persönlichen Schicksalen der Betroffenen und geht an ihren Zweifeln zugrunde. Es bleibt offen, welche der beiden Schwestern im Recht ist, zumal sich Stalin selbst 1934 gegen die übereilte Kollektivierung der Landwirtschaft und Liquidierung der Kulaken wendete.

In seinen letzten Lebensjahren wandte sich Veresaev ganz der Literaturwissenschaft zu, er veröffentlichte literarische Chroniken und Faktographien über Gogol' und Puškin, übersetzte die Ilias und die Werke der Sappho ins Russische und publizierte durch ihre gewissenhafte Wahrheitstreue wertvolle Erinnerungen.

Veresaev hat in seinem Werk, in dessen Zentrum immer die Darstellung des ideellen Entwicklungsweges oder Zustandes seiner Helden steht und das folglich durch einen analytisch beschreibenden Stil und Dialoge und Gespräche als Gestaltungs- und Kompositionsmittel gekennzeichnet ist, den Übergang vom vorrevolutionären kritischen Realismus zum sozialistischen Realismus der Sowjetliteratur vollzogen. Er leitet über in die neue sowjetische Epoche der russischen Literatur, deren wesentliche ideellen und formalkünstlerischen Eigenarten, wie sie im sozialistischen Realismus erscheinen, von Serafimovič und Gor'kij entwickelt wurden.

Kapitel VII: Das Erscheinen des revolutionären Proletariats in der Literatur

A. Die Zeit der Revolutionen und des Bürgerkriegs 1905 bis 1925

Aus dem Schaffen der bisher behandelten realistischen Autoren läßt sich eine allen gemeinsame Grunderfahrung herauslesen: sie empfinden den Untergang einer historischen und geistig-sozialen Epoche, die sich erschöpft hat. Das autokratische agrarische Rußland und mit ihm die weltanschaulichen Überzeugungen der in ihm lebenden Menschen haben sich einer entscheidenden Wende genähert. Čechov und Bunin gestalten mit Wehmut und Pessimismus die Atmosphäre des Versinkens der »alten Zeit«, des allmählichen Versiegens ihrer Triebkräfte. Korolenko und Kuprin glauben an die moralische Stärke und den individuellen Humanismus ihrer Helden, worauf sie ihre allerdings recht vagen Hoffnungen auf eine bessere Gesellschaftsordnung in Rußland bauen. Veresaev gelangt zwar zur marxistischen Überzeugung, doch bleiben seine Perspektiven abstrakt und werden in seinen Werken eher diskutiert und analysiert, als daß sie eine modellhafte Verwirklichung, literarische Gestaltung finden. Auch für Veresaev steht thematisch der Untergang der alten Welt im Vordergrund. Dieser Untergang des alten Rußland war für die realistischen Autoren ein langsames, natürliches und notwendiges Absterben, beobachtet und literarisch gestaltet am Zerfall der tragenden Schicht des russischen Sozialgefüges, der bäuerlichen Dorfgemeinde und der adligen Herrensitze. Im weitesten Sinne bildeten also direkt oder auch indirekt der Bauer und später der Bourgeois Thema und Problem der realistischen Schriftsteller. Nur wenige – die literarisch bedeutendsten sind Serafimovič und Gor'kij – waren von der Rolle des Proletariats überzeugt, in dem sie die sich entfal-

tende gesellschaftliche Klasse und Kraft sahen, die das Schicksal Rußland positiv entscheiden werde.
Auch nach der Jahrhundertwende gab es in Rußland keine Ansätze für einen Abbau der sozialen Spannungen und Ungerechtigkeiten; die Regierung versuchte durch Erweiterung der russischen Besitze in Mittelasien, durch den vermeidbaren Russisch-Japanischen Krieg von den ungelösten innenpolitischen Problemen abzulenken. Dieses Vorhaben mißlang, die Russen erlitten eine Niederlage nach der anderen und mußten froh sein, daß durch Vermittlung des amerikanischen Präsidenten Roosevelt noch ein annehmbarer Frieden ausgehandelt werden konnte.
Die allgemeine Unzufriedenheit drückt der bekannte Brief an den Zaren aus, den Lev Tolstoj am 16. 1. 1902 geschrieben hatte: Das ganze russische Volk sei zutiefst unzufrieden, die Bauern und die Arbeiter verelenden fortschreitend, während Kapital und Reichtum in privater und staatlicher Hand sprunghaft anwachsen, was zu völliger innerer Zerrüttung und katastrophalen Folgen führen müsse.[1]
Nach der Niederlage im Russisch-Japanischen Krieg notierte Tolstoj am 18. 6. 1905 in seinem Tagebuch, nicht nur die russische Armee, nicht nur das russische Reich, sondern die gesamte pseudochristliche Zivilisation nähere sich dem Zusammenbruch.[2]

Im Januar 1905 kam es zu Streiks in den Petersburger Putilov-Rüstungswerken; eine von dem Priester Gapon geführte, polizeilich genehmigte Demonstration zum Winterpalais, die eine Petition zur Beseitigung sozialer Mißstände überreichen wollte, wurde von den Elitetruppen des Zaren, die die kopflose Regierung eiligst hatte aufmarschieren lassen, zusammengeschossen, was zu Empörung und Protesten der gesamten Bevölkerung führte. Diese revolutionären Unruhen erstreckten sich 1905 und im folgenden Jahr auf das ganze Land; im Januar 1906 mußten Truppen revolutionäre Aktionen in Moskau niederschlagen; 1905 war es auch zu Meutereien im Heer und in der Flotte gekommen; durch Eisensteins Film ist die Revolte auf dem Panzerkreuzer Potemkin künstlerisch verewigt worden.
Da die revolutionären Unruhen in den Städten den Charak-

ter planmäßiger und sich wiederholender Aktionen annahmen – aus beständigen Streikkomitees waren Arbeiterräte (die Sovjets) als Organe der proletarischen Selbstverwaltung und nun des politischen revolutionären Kampfes gebildet worden –, mußte sich auch der Zar zu entgegenkommenden Maßnahmen bereit erklären, um die innenpolitisch explosive Lage zu entschärfen. Er genehmigte im August 1905 eine ständisch zu beschickende Versammlung mit lediglich beratender Funktion (die Staatsduma – Gosudarstvennaja duma), und da dieses »Entgegenkommen« natürlich wirkungslos blieb, mußte er der Empfehlung des zum »Ministerpräsidenten« berufenen vormaligen Finanzministers Witte nachkommen, allgemeine, freie, gleiche Wahlen für eine gesetzgebende (nicht verfassunggebende) Versammlung im sogenannten »Oktobermanifest« zu versprechen, worauf extrem rechte Kreise die Untergrundorganisation Čërnaja sotnja (Schwarzhundertschaft) bildeten, deren gegen Linke, Liberale und vor allem Juden und andere nationale Minderheiten gerichteten Terror die Regierung tatenlos mit ansah.
Noch vor dem Zusammentritt der ersten gewählten parlamentarischen Versammlung (Gosudarstvennaja duma) beschnitt der Zar ihre Funktionen durch eine am 27. 4. 1906 erlassene (oktroyierte) »Verfassung«, stellte der Duma als Gegengewicht einen von ihm höchstpersönlich zu berufenden Reichsrat entgegen, ohne dessen Zustimmung kein Beschluß der Duma verwirklicht werden konnte, und behielt sich außerdem das uneingeschränkte Recht der Ernennung und Entlassung der Regierung vor.
Max Weber hat deshalb 1906 die russische Verfassunggebung ein »Täuschungsmanöver« genannt. Trotzdem empfanden die Liberalen diese Entwicklung als Erfolg und begrüßten sie. Zunächst hatten auch die »Kadetten«, danach allerdings die Linken in der Duma die Mehrheit. Obwohl durch Gesetz 1907 die Arbeiter von den Wahlen ausgeschlossen wurden, blieben die beiden sozialistischen Linksparteien im Parlament vertreten und konnten somit propagandistisch weiterwirken. Die Regierung versuchte nun, durch Freikauf von Nutzland und Flurbereinigungen den Landbesitz der Bauern zu konsolidieren, doch kam dies nur den ohnehin vermögenden Großbauern zugute, so daß sich mit dem Anwachsen des

ländlichen Proletariats die sozialen Spannungen auch auf dem Lande verschärften. Große Streikwellen erschütterten Stadt und Land des Imperiums 1913/14 am Vorabend des Ersten Weltkrieges.
Die anfänglich chauvinistische Kriegsbegeisterung war von der Regierung hochgespielt worden, sie fand keine Unterstützung unter den russischen Arbeitern und Bauern und der Mehrzahl der Intellektuellen. Die Regierung unter dem vergreisten Ministerpräsidenten Goremykin war unfähig, die in Kriegszeiten erforderlichen Organisationsmaßnahmen zu ergreifen. Schieber, Spekulanten und Schwarzhändler begannen, die wirtschaftliche Ausnahmesituation auf Kosten der Bevölkerung auszunützen.
Da der Zar selbst den Oberbefehl über die Streitkräfte übernahm und an die Front ging, konnte die engstirnige und uneinsichtige, aber energische und willensstarke Zarin Aleksandra Feodorovna, eine geborene Prinzessin Alice von Hessen-Darmstadt, die zeitweilig unter dem Banne des rätselhaften Mönchs Rasputin stand, die Regierung ungehindert kontrollieren und nach eigenem Gutdünken Minister ernennen und entlassen.
Die ungelösten sozialen Probleme, eine schlechte Versorgung der Bevölkerung, fast ständige militärische Mißerfolge, Mißwirtschaft der Regierung und am Hofe, dazu eine törichte Unterdrückung von Ukrainern, Polen und den Völkern des Baltikums riefen eine unaufhaltsame Radikalisierung im Inneren hervor. Anfang 1917 kommt es zu ersten Unruhen in Petersburg, im Februar solidarisieren sich Soldaten mit streikenden und protestierenden Arbeitern in Petersburg und Moskau, es werden zentrale Arbeiter- und Soldatenräte gebildet (Sovjets, russ.: Sovety), die praktisch die Staatsgewalt übernehmen, so daß auf Grund ihres völligen Autoritätsverlusts am 2./3. März die Regierung und der Zar gezwungen sind, abzudanken. Zunächst wird eine provisorische Regierung gebildet, die von den bürgerlich-liberalen Kräften getragen wird.
Die Mittelmächte sind nun bestrebt, den Kriegsgegner Rußland bis zur Widerstandsunfähigkeit zu schwächen, und gewähren im April 1917 Vladimir Il'ič Lenin (Uljanov, 1870 bis 1924), dessen politische Ziele ihnen bekannt sind, in

einem bewachten Zug durch Deutschland die Rückkehr ins russische Reich.
Die allgemeine Unsicherheit der innenpolitischen Situation wird weniger durch weitere Unruhen und Protestaktionen gekennzeichnet als dadurch, daß neben der Regierung als parallele politische Machtorganisationen Arbeiter- und Soldatenräte (Sovjets) existierten, die von den sozialistischen Parteien getragen wurden. Aktionsradius und Autorität der provisorischen Regierung waren dadurch entscheidend eingeengt. Bekanntlich hatten sich auf dem 2. Parteikongreß 1903 in Brüssel und London die russischen Sozialdemokraten in zwei Fraktionen gespalten: die gemäßigt taktierenden marxistischen Men'ševiki (Minderheitsgruppe) und die Lenins organisatorisch radikalen Prinzipien von einer schlagkräftigen Elite- und Kaderpartei folgenden Bol'ševiki (Mehrheitsgruppe). Zunächst waren die Men'ševiki in Rußland die führende marxistisch-sozialistische Gruppe. Nach seiner Rückkehr nach Rußland versuchte Lenin die Mehrheit der Bevölkerung für die Bol'ševiki durch radikale Forderungen zu gewinnen: entschädigungslose Aufteilung des gesamten gutsherrlichen Bodens an die Bauern, Enteignung der Fabrikbesitzer und sofortiger Friedensschluß. Außerdem bemühte er sich um die Mehrheit in den Arbeiter- und Soldatenräten. Als sich Erfolge dieser Unternehmungen abzuzeichnen schienen, versuchten die Bol'ševiki bereits im Juli 1917 durch große Protestdemonstrationen und Streiks, die Staatsmacht vollständig in die von ihnen kontrollierten Sovjets zu überführen. Dies mißlang jedoch, die Regierung erwies sich vorerst noch als stärker, die Führer der Bol'ševiki wurden verhaftet, Lenin und Zinov'ev konnten nach Finnland fliehen, die Partei der Bol'ševiki wurde verboten und mußte in den Untergrund gehen.
Wegen Unstimmigkeiten in der Agrarfrage kam es zu einer Regierungskrise, in deren Verlauf Ende Juni 1917 der Trudovik Aleksandr F. Kerenskij (1881–1970) das Amt des Ministerpräsidenten und Kriegsministers übernahm.[3] Sein Konzept, nach dem ein Sieg der Revolution durch einen militärischen Sieg gewährleistet werden sollte, deckte sich zwar mit den Forderungen der Alliierten nach Fortsetzung des Krieges, erlitt aber innenpolitisch ein völliges Fiasko. Allgemeine Des-

organisation im Inneren, Verschlechterung der Versorgungslage, ein Putschversuch des Oberbefehlshabers der Truppen, General Kornilov, verunsicherten die Regierung und brachten den geschickt taktierenden Bol'ševiki, die eine konsequente Politik der sofortigen Beendigung des Krieges propagierten, im September 1917 die Mehrheit im Moskauer und Petrograder Stadtsovjet. Kerenskij versuchte, die Situation durch Einberufung der verfassunggebenden Versammlung im November 1917 zu beruhigen, doch nutzten die Bol'ševiki – Lenin war am 20. 10. aus Finnland zurückgekehrt – ihre Mehrheit in den Sovjets, um diese und deren bewaffnete Schutzorgane, die Roten Garden, für einen Umsturz vorzubereiten. Während Kerenskij in Verhandlungen versuchte, Kräfte zur Verhaftung und Liquidierung der Bol'ševiki zu mobilisieren, besetzten diese – die Arbeiter- und Soldatenräte – am 7. 11. 1917 nach einem von Lev Davidovič Trockij (eigentlich Bronštejn, 1879–1940) glänzend organisierten Plan die Bahnhöfe, Banken, Post- und Telegraphenämter in Petrograd. Das von nur wenigen Soldaten und einem Frauenbataillon beschützte Winterpalais, der Sitz der Regierung, konnte nach einigen Stunden eingenommen werden, die Minister wurden in der Peter-und-Pauls-Festung interniert. Nur Kerenskij entkam an die Front, von wo er vergeblich Truppen zu holen versuchte. In einem generalstabsmäßig geplanten Aufstand, mit nur geringen revolutionärem Truppenaufwand und fast unblutig (6 Todesopfer am Winterpalais!) war die Regierung gestürzt worden. Dies ist der Verlauf der Sozialistischen Oktoberrevolution in Petersburg; in Moskau und in der Provinz kam es dagegen zu länger dauernden und schweren Kämpfen.

Nachdem die Bol'ševiki an die Macht gelangt waren, bildeten sie unter Lenins Vorsitz die provisorische Regierung des »Rates der Volkskommissare« und betrieben eine populäre Politik, deren Ziele Kriegseinstellung und Landverteilung an die Bauern waren. Trotzdem brachten die Wahlen zur verfassunggebenden Versammlung (Učreditel'noe sobranie) im Dezember den Bol'ševiki nur 25 Prozent der Stimmen; Lenin verzögerte daraufhin den Zusammentritt der Versammlung, bis sich die öffentliche Meinung beruhigt hatte, und löste sie dann auf, um unter den bisherigen Voraussetzungen weiter-

regieren zu können. In den folgenden Jahren, der Zeit des sogenannten »Kriegskommunismus«, ging es für Lenin darum, den bolschewistischen Sowjetstaat unter schwierigsten Bedingungen zu konsolidieren.
Die Abtrennung nichtrussischer Gebiete (Polen, Ukraine, baltische Provinzen) im Frieden von Brest-Litovsk sowie eine rigorose Verstaatlichung und Sozialisierung von Industrie und Landwirtschaft führten im Winter 1918/1919 zu einer katastrophalen Hungersnot. Gegenrevolutionäre Bewegungen (unter Denikin und Petljura im Süden, Judenič im Norden und dem Admiral Kolčak, der eine Gegenregierung in Sibirien gebildet hatte) und ein Angriffskrieg Polens, das die Wiederherstellung seiner Grenzen von 1772 erstrebte, brachten in der Zeit der sogenannten Bürger- und Interventionskriege den Sowjetstaat an den Rand des Ruins. Nur Lenins und Trockijs eiserner Energie ist es zu danken, daß die Sowjetregierung diese Zeit der äußersten Bedrohung überstand. Da die gegenrevolutionären Truppen von den ehemaligen Alliierten des Ersten Weltkrieges (Frankreich, Großbritannien, den USA und Japan) aktiv unterstützt wurden, erhielten die Sowjets von der russischen Bevölkerung trotz ihrer bisher wenig erfolgreichen und unpopulären Politik wertvolle moralische Unterstützung, weil die Einmischung des Auslands nationale Empfindungen weckte und nicht nur als Krieg gegen das Sowjetregime, sondern als Krieg gegen die russische Nation empfunden wurde. Innenpolitisch richteten sich jedoch wachsende Unruhe und sogar Streikbewegungen gegen die erfolglose zentralistische Wirtschaftsdiktatur, was Lenin auf dem 10. Kongreß der KP (Bol'ševiki) zur Aufgabe des radikalen Zentralismus und zur Einführung der als Übergangsmaßnahme gedachten liberalen »Neuen ökonomischen Politik« (NEP) veranlaßte.[4]
In dieser unruhigen Zeit des »Kriegskommunismus« wurde auch das alte soziale Gefüge der russischen Bevölkerung radikal zerschlagen; vor allem von der Jugendorganisation Komsomol angeführt, wurde der Einfluß der Kirche ausgeschaltet; es wurden eine militante atheistische Propaganda entfacht, die Familienordnung mit dem Argument der Emanzipation der Frau und der Jugend liquidiert und durch freie sozialistische Assoziationen oder Kommunen ersetzt, das Erziehungs-

und Bildungswesen auf der Grundlage völliger Gleichberechtigung Lehrender und Lernender bis in die Grundschulen hinunter neu organisiert – mit einem Wort: es wurde der radikale Versuch unternommen, mit der Durchsetzung einer moralischen, sozialen und kulturellen Revolution ad hoc eine neue kommunistische Moral und einen neuen kommunistischen Menschen geradezu zu erzeugen.

Auf diesem historischen Hintergrund[5] spielt sich das literarische Leben Rußlands der ersten beiden Dezennien des 20. Jahrhunderts ab.

Es zeigte sich, daß das Proletariat, zumindest die organisierten Gruppen der Arbeiterschaft, eine wachsende Rolle im politischen Leben gespielt hatten und zuletzt sogar zur entscheidenden politischen Kraft geworden waren. Einer der ersten Schriftsteller, die diese Entwicklung erkannten und sich in ihrem Werk künstlerisch damit auseinandersetzten, war Aleksandr Serafimovič. Entwicklungsgeschichtlich vollzog er damit den Übergang von der sozialkritischen realistischen Prosa der neunziger Jahre zum proletarischen und sozialistischen Realismus; er ist einer der Mitbegründer der russischen Sowjetliteratur.

B. Aleksandr Serafimovič als Dichter der Zeitenwende

Aleksandr Serafimovič Serafimovič (eigentlich A. S. Popov) wurde am 7. (19.) 1. 1863 in einer Kosakenstanica im Gebiet des mittleren Don als Sohn eines Hetmans geboren.[6] Er verbrachte seine frühe Kindheit in Polen, wo das Regiment, in dem sein Vater diente, stationiert war, genoß dann aber in seiner Heimat eine höhere Schulbildung und studierte 1883 bis 1887 an der Physikalisch-Mathematischen Fakultät der Petersburger Universität, wo er mit radikalen Studenten der Narodnaja volja in Kontakt kam. Nach dem frühen Tod des Vaters lebte die Familie in großer Armut und brachte schwere materielle Opfer, um Serafimovičs Schul- und Hochschulbildung zu ermöglichen. 1887 wurde er im Zusammenhang mit einem Prozeß gegen eine oppositionelle Narodniki-Studentengruppe, die unter der Führung von Lenins älterem Bruder Aleksandr Uljanov gestanden hatte, nach Archangelsk verbannt; 1890 kehrte er in seine Heimat an den Don zurück, wo er sich marxistischen, später sozialdemokratischen Gruppen anschloß.

Seine ersten Veröffentlichungen haben das Milieu der nordrussischen Bauern, Jäger und Seeleute zum Gegenstand (*Na l'dine,* Auf der Eisscholle, 1889, *Snežnaja pustynja,* Schneewüste, und *Na plotach,* Auf Flößen; beide 1890). Es sind skizzenartige Erzählungen, die von Serafimovičs Eindrücken in der Verbannung geprägt sind. Sie berichten von dem schweren Alltag der Bevölkerung im Norden, die dortigen Verhältnisse werden detailliert geschildert, dem einfachen Volk und seiner Lebensweise widmet der Autor seine besondere teilnehmende Aufmerksamkeit. All dies verrät den Einfluß der Schriftsteller des späten Narodničestvo, hauptsächlich Korolenkos, der diese ersten, lebendig und ansprechend geschriebenen Arbeiten Serafimovičs auch anerkennend besprach.

In den neunziger Jahren erarbeitet sich Serafimovič ein neues Thema: Das Leben und die Arbeitswelt der Industriearbeiter und Proletarier. Eine Reihe von Erzählungen gibt dem elenden Schicksal der zu Arbeitstieren Erniedrigten und Entrechteten ergreifenden Ausdruck, wie z. B. *Streločnik* (Der Weichensteller, 1891), *Pod zemlej* (Unter Tage, 1895), *Scepščik* (Der Rangierer, 1898) und *Na zavode* (Im Werk, ebenfalls 1898), die schon im Titel ihre Eigenart verraten: sie stellen einen Zeitabschnitt im Tagwerk eines Arbeiters dar und wollen damit das Wesentliche, immer Wiederkehrende, das den größten Teil seines Daseins ausmacht, vorführen. Die Erzählung *Malen'kij šachtër* (Der kleine Bergarbeiter, 1895) handelt von einem zwölfjährigen Knaben, der zusammen mit seinem Vater während der Weihnachtsfeiertage unter Tage arbeiten muß, da die Mutter krank zu Hause liegt und es am Nötigsten für die Familie fehlt, weil der Verdienst des Vaters von den Ausgaben für die Behandlung der Kranken aufgezehrt wird. Das Kind wird einem verkommenen Säufer zugewiesen, mit dem es wechselweise eine Wasserpumpe in einem feuchten und kalten Stollen zu bedienen hat. Dort arbeitet der Junge, in völliger Finsternis bis zu den Knöcheln im Wasser stehend, bis zur physischen Erschöpfung, kaum daß er sich — von Fieberschauern geschüttelt — auf einem einigermaßen trockenen Kohlenhaufen ausruhen kann, während sein erwachsener Kumpel die Pumpe bedient.

Die ausgeglichen geschriebene Erzählung — Beschreibung,

Dialog und innerer Monolog halten sich die Waage – beeindruckt durch eine klare und plastische Sprache. Im Dialog werden Dialektismen verwendet; das Sujet entspricht dem der Skizzen: es beruht nicht auf entfalteter Handlung, sondern gibt ein Situations- und Stimmungsbild. Auch die handelnden Personen sind nicht individualisiert, nicht ihr Charakter oder persönliche Eigenarten, sondern ihr beständiges Los, ihr Arbeitstag bilden das Zentrum der Erzählung. Sie schließt ohne einen Lichtschimmer im primären Sinne des Wortes: Der übermüdete und geschwächte Knabe wird von seinem rohen Kumpel nach einer Ruhepause grob geweckt und fängt im Finstern wieder an zu pumpen, und der Leser weiß und ergänzt, daß dies so weitergeht: die drei Weihnachtstage hindurch und dann die nächste und übernächste Schicht hindurch ohne Aussicht auf ein Ende.

Serafimovič spricht mit seinen Schilderungen des zermürbenden Arbeiterelends ähnlich wie Kuprin das Mitgefühl und Mitempfinden seiner Leser an. Das hatten die Narodniki zuletzt (Michajlovskij) von der Literatur verlangt. Jedoch finden sich bei Serafimovič Ansätze, die über das nur Emotionale und Mitleid Erweckende hinausgehen und sozialdemokratische Gesellschaftskritik wiedergeben. So wird in der Erzählung deutlich, daß das ausgepowerte, abgestumpfte Arbeiterdasein eine günstige Voraussetzung für die Funktion der großen Industriebetriebe ist: der energie- und willenslose, ausgelaugte Arbeiter verrichtet geradezu automatisch, ohne zu murren und nachzudenken, sein stumpfsinniges Tagewerk, er ist zum widerstandslos manipulierbaren »Menschenmaterial« geworden. Über solche heruntergekommenen Existenzen wie den Säufer Egor, mit dem der Junge unter Tage arbeiten muß, heißt es:

»Solche Gewohnheitstrinker wie Egor sind ein wahrer Schatz für den Bergwerksunternehmer, weil es unmöglich ist, zu jeder Zeit über ein bestimmtes Kontingent von Arbeitern im Schacht zu verfügen; ohne auch während der Feiertage zu pumpen, würden die Stollen überflutet, für kein Geld der Welt kann man die üblichen Schichtarbeiter an solchen Feiertagen wie zu Weihnachten unter Tage halten.«[7]

So bilden das Leben der Kumpel, Stahlwerker, Eisenbahner,

Drucker, aber auch Bauern und Landarbeiter, ihre Arbeitsbedingungen und ihr soziales Milieu den Inhalt von Serafimovičs Erzählungen. Die Last und Dauer der Arbeit verbessern das Los des Proletariers nicht, sie untergraben seine Lebensenergie und stumpfen ihn ab bis zur sozialen Passivität. Nur vereinzelt glimmt noch Zorn oder gar Protest auf (etwa in der Erzählung *Der Rangierer*).

1901 erschien der erste Band von Serafimovičs Gesammelten Erzählungen. Korolenko würdigte in einer Rezension seine »gute, plastische und konzentrierte Sprache, seine hellen und klaren Schilderungen« und wies auf die »nur skizzenhaft und flüchtig hingeworfenen, dennoch aber lebendigen Figuren« seiner Arbeiten hin.[8] Damit hat Korolenko auf einen typischen Stilzug im Schaffen Serafimovičs aufmerksam gemacht: Ihm geht es nicht um eine genaue Individualisierung oder um psychologische Details seiner Figuren, auch interessiert den Autor nicht so sehr das Einzelschicksal seiner Helden, sondern er strebt nach einer sozialtypischen Konkretisierung seiner Figuren, nach den ökonomischen und politischen Bedingungen ihres Schicksals. So beschreibt er beispielsweise einen Tag, eine Schicht im Leben eines Bergarbeiters, um sie als symptomatisch, als das Normale und Übliche in ihrem wesentlichen sozialen Sinn zu verdeutlichen. Deshalb begegnen wir als vorherrschendem sprachlichen Stilmittel durativen Ausdrucksformen wie dem iterativen Aspekt im Verbalgebrauch oder Wendungen wie vsegda (immerzu), postojanno (stets), obyknovenno (üblicherweise), nepreryvno (unaufhörlich) usw.

Der Erfolg seiner literarischen Arbeiten bestimmte Serafimovičs weiteres Schicksal. Er ließ sich 1902 als professioneller Schriftsteller in Moskau nieder, wo er sich dem Sreda-Kreis um Telešov anschloß und mit Gor'kij in freundschaftliche Beziehungen trat. Er wurde Mitarbeiter der Znanie-Verlagsgesellschaft, die 1903 bis 1908 eine dreibändige Ausgabe seiner Erzählungen herausbrachte. Als Publizist und Journalist hatte er schon vor seiner Moskauer Zeit in verschiedenen Provinzblättern für sozialistische Ideen geworben; an den revolutionären Unruhen 1905/06 hat er sich aktiv beteiligt und in Artikeln, Skizzen und Erzählungen zum politischen Kampf gegen das zaristische Regime aufgerufen

(z. B. in der Erzählung *Pochoronnyj marš*, Trauermarsch, 1906). Er wendet sich gegen Aberglauben, Vorurteile und politische Blindheit unter den Arbeitern und Bauern und versucht, in ihnen Willen zu Protest und Widerstand zu wecken. In seinen vorrevolutionären Erzählungen geißelt er vor allem die Charakter und Persönlichkeit des Menschen verderbende Ideologie des privaten Reichtums und rücksichtslosen Besitzstrebens, in der Erzählung *Peski* (Flugsand, 1908) schildert er, wie das gierige Streben nach Erweiterung von Besitz und Einnahmen das Gegenteil des Beabsichtigten herbeiführt: um die Anbaufläche zu vergrößern, wird ein angrenzender Wald unbedacht abgeholzt, aber dadurch wird der aus dem Hinterland vom Winde herangewehte Flugsand nicht mehr aufgehalten, begräbt bald das ganze Nutzland und macht all die emsige Arbeit zunichte. Im Bilde einer alten, sich unaufhörlich drehenden Windmühle symbolisiert Serafimovič die sinnlose Hast nach Reichtum und Glück; auch in der Erzählung *Der Kiebitz* (Čibis, 1908) zeigt er gewisse Einflüsse des Symbolismus.

Unter dem Einfluß von Gor'kij und von Bunins *Derevnja* (Das Dorf) entstand 1907 bis 1911 der Roman *Gorod v stepi* (Stadt in der Steppe, 1912), in dem die Entfaltung des russischen Industriekapitalismus im letzten Jahrzehnt des 19. Jahrhunderts beschrieben wird. Im Mittelpunkt steht die Karriere des amoralischen Kaufmanns Koroedov, auf die kaleidoskopartig bunte Szenen und Episoden mit reicher Detailschilderung bezogen werden. Der Roman behandelt die Entstehung einer Stadt in der Steppe. Um den im Bau befindlichen Eisenbahnknotenpunkt Kotel'nikovo siedeln sich zunächst vorübergehend die dort beschäftigten Eisenbahner, Strecken- und Bauarbeiter usw. an. Dies zieht Handwerker und Kaufleute herbei, die gute Möglichkeiten für ihre Geschäfte wittern. Mit ihnen kommt Sacharka Koroedov, der ein Gasthaus samt Bordell einrichtet, in der sich vergrößernden Ansiedlung glänzende Gewinne macht, dennoch aber mit unersättlicher Habgier seinen Besitz zu vergrößern strebt, wobei ihm jedes Mittel einschließlich Betrug und Raub gelegen ist. Freilich muß auch er Rückschläge hinnehmen, am Ende aber ist er der reichste und mächtigste Mann in der Stadt. Er hat sein Bordell verkauft, genießt großes Ansehen, gleicht äußerlich einem ehrfurchtgebietenden Greis und setzt sich für den Bau einer Kirche und die Errichtung eines Polizeireviers ein, damit das private Eigentum vor den Zugriffen Fremder geschützt wird. Endlich hat er nun die Mittel zusammen, um in größerem Maßstab wirken zu können: er errichtet eine Fabrik. Doch ist sein »beispielhafter« Aufstieg nicht ungehemmt und geradlinig; Koroedov lebte in Blutschande mit seiner Tochter; der aus diesem Verhältnis hervorgegangene epileptische Sohn erinnert seinen Vater ständig an die Strafe Gottes, die ihn seiner Sünden wegen einst treffen werde. Der liberale, moralisch untadelige Ingenieur Polynov macht Koroedov wegen seines zynischen, unhumanen Vorgehens bittere Vorwürfe, der sozialrevolutionäre Raznočinec und Student Petr geißelt die Korruption und droht mit anarchistischer Empörung. Am Ende kapitulieren jedoch beide und übernehmen Aufgaben in Koroedovs Fabrik. Entsprechend der marxistischen Geschichtsauffassung vermögen weder Liberale noch die Narodniki den Gang der notwendigen historischen Entwicklung zu beeinflussen, allein das organisierte Proletariat ist die entscheidende Kraft, die den Kapitalismus zu bändigen und letztlich zu überwinden berufen ist. So hat sich Koroedov mit dem Aufbau der Fabrik auch seinen mächtigen Feind und »Totengräber«, die Arbeiterschaft, geschaffen: folgerichtig endet der Roman mit einem Sieg der streikenden Arbeiter über den skrupellosen Unternehmer.

Serafimovičs Geschichtsauffassung beruht auf dem Klassenkampf, der notwendig zur proletarischen Revolution führen muß; seine Romanfiguren repräsentieren die wichtigsten Klassen und politischen Strömungen des vorrevolutionären Rußland. Dieses ideologische Konzept bestimmt prononciert das gesamte Geschehen des Romans, ohne daß allerdings von doktrinärer Einseitigkeit gesprochen werden kann. Denn Serafimovič bedient sich äußerst geschickt der seiner ideellen Überzeugung entgegenkommenden künstlerischen Methode der Kontrastierung. Antithetisch wechseln Beschreibungen der unendlichen Weite der Steppe mit Schilderungen der muffigen Enge der entstehenden Stadt; finsterer Nacht folgen Szenen in gleißender Sonnenhitze. In dieses von der elementaren Natur vorgegebene Kontrastschema passen sich die Gegensätze in der Stadt und ihrer vom Frühkapitalismus bedingten Gesellschaft ein: Überfluß und verschwenderischer Reichtum – erbärmlichstes Elend; ausgelassenes Treiben in der Kneipe und peinlichste Sauberkeit und moralische Strenge im Hause Polynovs; hinzu kommen Generationskonflikte, Spannungen in der ehelichen Gemeinschaft Polynovs, schroffer Wechsel in der Wandlung einzelner Charaktere. Manche Szenen im Bordell, Prügeleien, Krankheit, Hysterie und Epilepsie sind in krassesten Farben geschildert; Serafimovičs Hang zum Extremen – der Autor berichtet von einer gewissen Beeinflussung durch die Anschauungen seines Freundes Leonid Andreev[9] – vermag nicht völlig dem Zug zum Schematisieren zu entgehen und ist deshalb – nach Jurij Striedter – »weder künstlerisch noch soziologisch voll überzeugend, dafür aber literarhistorisch ein repräsentatives Bindeglied zwischen der naturalistischen russischen Prosa des Jahrhundertanfangs (besonders Andreevs und Kuprins) und der proletarisch-marxistischen Literatur der Revolutionszeit«.[10]

Im Ersten Weltkrieg war Serafimocič ab 1915 als Sanitäter an der Front; seine Kriegserzählungen sind gegen das Völkerringen gerichtet, sie berichten auch von der allmählichen Zersetzung der Truppen und vom Beginn revolutionärer Unruhen im Heer.

Nach der Februarrevolution 1917 stand Serafimovič auf seiten der Bol'ševiki, er begrüßte die Oktoberrevolution und beteiligte sich aktiv am Aufbau des kommunistischen Sowjetstaates. Er wurde Leiter der Redaktion für Kunst und Literatur der Regierungszeitung »Izvestija« und arbeitete im Moskauer Sowjet und im Volksbildungsministerium unter Lunačarskij mit. Er veröffentlichte politische und agitatorische Schriften (sog. agitki) und wurde wegen seiner aktiven Parteinahme für die Bol'ševiki aus dem 1918 bis 1921 noch antibolschewistisch eingestellten Moskauer Schriftstellerverband ausgeschlossen. 1918 trat er der Kommunistischen Partei (Bol'ševiki) bei, den Bürgerkrieg erlebte er als Kriegskorrespondent der »Pravda« am Don, in der Ukraine und im nördlichen Kaukasus. Seine spannenden Kriegsberichte und Skizzen von der Front sind auf genaue Detail- und Faktentreue bedacht, sie fanden Lenins anerkennende Zustimmung. Auf Serafimovičs Fronterlebnissen aus dieser Zeit basiert sein 1921 bis 1924 geschriebener Roman *Železnyj potok* (Der eiserne Strom, 1924), der als eines der frühen Meisterwerke des sozialistischen Realismus gilt. Dem Roman liegt ein reales Ereignis zugrunde: der Marsch einer von weißgardistischen Truppen auf der Taman-Halbinsel eingeschlossenen Abteilung der Roten Armee unter dem Kommando von Epifan Jovič Kovtjuch im Sommer 1918 an der Schwarzmeerküste entlang, dann durch den nördlichen Kaukasus bis in das Kuban'gebiet in den Rücken der konterrevolutionären Stellungen.

Serafimovič gibt keinen dokumentarischen Bericht, auch wenn er Kovtjuch zum Vorbild seines Haupthelden Kožuch und dessen Adjutanten Gladkich zum Prototyp für die Gestalt seines Prichod'ko nahm; er wollte dieses Ereignis zu allgemeiner Bedeutung erweitern, zu »einem Stück der Revolution«, um damit in künstlerisch bleibender Form zu gestalten, was sich damals überall in ganz Rußland zugetragen habe. Diesen umfassenden historischen Maßstab – die sowjetische Literaturwissenschaft nennt das Werk deshalb trotz seines verhältnismäßig knappen Umfangs eine Roman-Epopöe – gewinnt Serafimovič dadurch, daß er ins Zentrum der Gestaltung nicht einen individuellen Helden oder ein Einzelschicksal stellt, sondern das Schicksal einer vieltausendköpfigen Masse, die unabhängig vom persönlichen Willen einzelner ihrer führenden Glieder in den revolutionären Kampf verwickelt wurde, der sie vor die Entscheidung stellt, ihren historischen Weg und ihr zukünftiges Los zu wählen.

Chronikartig und knapp wird in diesem Roman der 32 Tage dauernde Zug der Taman-Armee geschildert, dem sich Verwundete, Männer und Frauen, Kinder und Greise angeschlossen haben und der sich am Schwarzen Meer entlang und durch den nördlichen Kaukasus bewegt bis an den Kuban', wo rote Truppen das Feld beherrschen. Literarisch überzeugend kommt die spontane Wucht der Kraft- und Willensanstrengung dieser Menschen, durchzuhalten und zu überleben, zum Ausdruck. So wird der namenlose und unübersehbare Zug zum heroischen eisernen Strom, der von dem einsamen, unerbittlichen und eisern unbeweglichen Kožuch angeführt wird; nichts vermag ihn von seinem Vorhaben abzubringen, weder Krankheit, Epidemie und Revolten innerhalb seiner Truppe noch Angriffe und Massaker durch die feindlichen weißen Kosaken. Sein eherner Wille erweist sich schließlich als identisch mit dem zunächst unbewußten Sehnen und Hoffen, am Ende aber klaren und bewußten Streben der Masse. Das Ganze spielt sich vor der grandiosen Kulisse der steilen Küstenlandschaft des Kaukasus ab, die mit dem Heereszug selbst zu einem elementaren außerordentlichen Naturereignis verschmilzt. Der Zusammenklang von Natur und historischem Geschehen gelangt durch eine feierlich-archaisierende Stilisierung zu wirkungsvollem Ausdruck und verleiht dem Roman epische Größe. Dazu gehören neben dem Einbezug der Natur in das Geschehen auch dessen einmalige und übernatürliche Dimensionen. Schon das kurze einleitende Kapitel vermittelt in rhythmisierter Prosa, die aus rhythmisch weit ausgreifenden, schweren bild- und metaphernreichen Sätzen besteht, die parallel konstruiert und z. T. durch archaische negative Vergleiche verknüpft sind, den Eindruck von Ungewöhnlichem und Außerordentlich-Epischem:

»In unübersehbar heißen Staubwolken versanken keuchend die Straßen, Hütten, Gärten und Zäune der Stanica, nur die spitzen Wipfel der Pappelreihen ragten kantig daraus empor.

Von ringsumher erschallt Stimmengewirr, Dröhnen, Hundebellen, Pferdewiehern, das Knirschen schleifenden Metalls, Weinen von Kindern, grimmiges Fluchen, Schreie von Weibern und heiseres, ausgelassenes Singen zum Klang einer trunkenen Harmonika. Als hätte ein gewaltiger Bienenstock von noch nie gesehenen Ausmaßen seine Königin verloren und erfüllte nun die Luft mit seinem vielstimmig-verstörten, disharmonischen und schmerzenden Summen.

Diese grenzenlose, brodelnde, den ganzen Boden überziehende Masse verschlang selbst die Steppe bis hinauf zu den Windmühlen auf dem Hügel — auch dort herrscht dieses mit tausend Stimmen unaufhörlich redende Reich.

Nur den schäumend-sprudelnden Fluß, dessen kaltes Bergwasser wirbelnd hinter der Stanica vorbeieilt, vermögen die alles erstikkenden Wolken nicht einzuhüllen. Weit hinter dem Fluß versperren blauschimmernde Bergriesen den Himmel bis zur Hälfte seiner Höhe.«[11]

Gemeinsame Not und gemeinsamer Kampf gegen den übermächtigen Feind schließen den heterogenen Heereszug, der an den Exodus biblischer Völkerschaften erinnert, zur einheitlichen Masse zusammen. Die unterste, unbewußte Schicht dieses Drangs zur geschlossenen Einheit ist der vitale Trieb zu überleben. Aber er bedingt natürlich auch bei günstigen Gelegenheiten anarchisches Aufbegehren; Versuche, nur das eigene Leben zu retten, ohne den bereits unaufhaltsam sich abrollenden historischen Prozeß und seinen Sinn zu begreifen. Im Verlauf des Marsches verwandelt sich nun diese emotionale und unbewußte Massenpsychose in der Prüfung von Kämpfen, Entbehrungen und Opfern zu einem einheitlichen, brüderlichen Kollektivbewußtsein. Als Kožuch seinen Zug an den Leichen der von den Weißen ermordeten Arbeiter vorbeimarschieren läßt, heißt es:

»Es gibt keine Abteilungen, keine Kompanien, keine Bataillone, keine Regimenter mehr – nur noch ein gewaltiges, namenloses, geschlossenes Ganzes. Mit zahllosen Schritten schreitet es, mit zahllosen Augen blickt es, mit zahllosen Herzen schlägt nur ein einziges großes Herz.«[12]

Im *Železnyj potok* ist zum ersten Male die Masse zur literarischen Figur erhoben worden. Sie ist namenlos, unübersehbar, sie marschiert, leidet, kämpft; die direkte und indirekte Darstellung der Masse ist folglich auch das beherrschende Stilprinzip des Romans. Der Autor wendet einen großen Metaphernreichtum an, er spricht von »Tausenden angespannt blickenden Augen«, von »einem Wald von Armen«, vom »Dröhnen und Grollen eines tausendfachen Stimmengewirrs«, er beschreibt »den Strom von Menschenleibern«, das »Menschenheer«, die »endlose Schlange aus lebendigen Menschen«, die »langsam vorankriechenden kolossalen Massen«.

Innerhalb der Masse begegnen wir einer ganzen Reihe einzelner Personen, die allerdings nur äußerlich konkret skizziert sind, psychologisch aber vollkommen undifferenziert bleiben; es sind zumeist namenlose Frauen, Männer und Soldaten, die in einzelnen Episoden ins Zentrum rücken, um danach wieder in dem Menschenmeer unterzutauchen. Ihre Funktion besteht nur darin, die Masse als einen in sich vielgestaltigen und lebendigen Organismus zu zeigen: sie besteht

aus vielen einzelnen Gesichtern, einzelnen Personen, doch sind sie nicht verselbständigt, sondern bleiben eingeordnete Partikel des Ganzen.
Dies gilt auch für den Führer der Volksmasse, der, ein Teil derselben, aus ihr hervorgegangen ist. Im Roman heißt es:

»Obwohl es Kožuch nicht mit Worten zu sagen vermochte: nicht über Klassen, Klassenkampf und Klassenlage sprechen konnte — so erfaßte er es doch sogleich aus den Worten der Arbeiter, empfand den Sinn, nahm ihn gefühlsmäßig wahr.«[13]

Auch Kožuch ist nur äußerst sparsam, reliefartig skizziert; der Leser erfährt nichts über sein Privatleben, lernt seine Psyche nicht kennen, er erlebt Kožuch nur in Aktion, als Repräsentant der Volksmasse, deren Streben und Wollen gewissermaßen symbolisch in seiner eisernen Energie und in seinem unbeugsamen Willen zusammengefaßt sind.
Wird Kožuch beschrieben, so ist stets von seinen entschlossen zusammengepreßten Kinnbacken die Rede. Dieses Bild fungiert als Leitmotiv: es erinnert immer wieder an Kožuchs stählerne Energie. Er verkörpert die Rolle der Persönlichkeit in der Geschichte, wie sie das Hegelsche und Marxsche Denken erklärt: das große historische Individuum wirkt nicht subjektiv, als große selbständige Persönlichkeit, sondern befördert den Weltgeist bzw. den ökonomisch-sozial bedingten, historisch notwendigen Klassenkampf, wie er sich in der russischen Revolution ereignet.
Wie der Zusammenschluß der vielfältigen Menschenmenge in Kožuchs Zug zur einheitlichen Masse in der Kampfsituation historisch notwendig war, ebenso notwendig ist — nach Auffassung des Autors — auch das sich am Ende klar artikulierende kollektive kommunistische parteiliche Bewußtsein während des gemeinsamen Kampfes entstanden. So spricht Kožuch am Schluß des Buches die Gedanken der ganzen Masse aus:

»Wofür haben Tausende, Zehntausende diese Qualen ausgestanden? Nur für das eine allein, für die Sowjetmacht! Denn für die Arbeiter und Bauern gibt es außer ihr nichts auf der Welt ... Das also ist es (rufen die erschöpften Geretteten aus), wofür wir gekämpft, unsere Kinder verloren, wofür die Unseren gefallen und umgekommen sind.«[14]

Serafimovič wendet auch in diesem Roman sein bevorzugtes Gestaltungsmittel der Kontrastierung an: neben episch-pathetischen Passagen, die die allgemein bedeutende und historische Stilschicht bezeichnen, verwendet er in Dialogen, Monologen, auch im inneren Monolog nicht nur russisch-ukrainische Dialektismen, sondern sogar die sehr vulgäre Ausdrucksweise niederer Schichten, die dadurch überhaupt erstmals literaturfähig wurde. Hochstimmung wechselt mit Depressionen; Einzelauftritte folgen auf Massenszenen. Dieses Kompositionsschema ist wiederholt mit Eisensteins Filmtechnik verglichen worden.

Das Grundprinzip der Stilisierung dieses Romans ist realistisch, doch durchbrechen den strengen Realismus das angespannte und heroische Pathos, von dem der ganze Roman durchdrungen ist, sowie die Passagen, in denen eine expressive, metaphernreiche Sprache sich beinahe verselbständigt. Dieses eigentümliche Aufwallen romantisch-pathetischer Gestaltungsmittel und ebensolchen Geistes auf sonst durchgängig realistischer Grundlage ist eine besondere Erscheinung der frühen Sowjetliteratur, die mit dem Begriff *revolutionäre Romantik* bezeichnet wird. Serafimovičs *Železnyi potok* ist ein für diese Richtung maßgebliches und typisches Werk.
In den dreißiger Jahren stellte Serafimovič, der stets ein getreuer Parteigänger und lauterer Mann gewesen ist, sein Schaffen ganz in den Dienst der Kommunistischen Partei und des Ausbaus des Sowjetstaates. Er schrieb in jener Zeit der Industrie- und Fünfjahrplanliteratur Skizzen und Berichte über die sozialistische Industrialisierung, arbeitete an zwei – allerdings unvollendet gebliebenen – Romanen, deren einer – *Žizn' pisatelja* (Das Leben eines Schriftstellers) – eine Reihe wertvoller Porträts von Schriftstellern seiner Generation (Kuprin, Gor'kij) enthält. Zusammen mit Gor'kij war er einer der Mitbegründer des sowjetischen Schriftstellerverbandes (Sojuz pisatelej) 1934; eine Zeitlang redigierte er als Herausgeber die literarische Zeitschrift *Oktjabr'* (Oktober).
Bereits hochbetagt ging er im Zweiten Weltkrieg als Kriegsberichterstatter an die Front, neben Korrespondenzen entstand in diesen Jahren eine Reihe von Fronterzählungen. Bis zu seinem Tode im Jahre 1949 war er publizistisch und journalistisch tätig; er widmete sich zuletzt auch besonders der

Ausbildung und Beratung jüngerer Schriftsteller und Literaten. Als einer der Stammväter der sowjetrussischen Literatur nimmt er in der Geschichte der neueren russischen Literatur einen besonderen Platz ein. Seine bedeutendsten Werke haben übernationale Bedeutung. Trotz gewisser stilistischer und kompositorischer Schwächen – sein Prinzip der Kontrastierung verführt zuweilen zu grellem Schematismus und zu deklamatorischer Rhetorik – hat der mitreißende Schwung des *Železnyi potok* in der sowjetischen Literatur der folgenden Jahre und in anderen sozialistischen Nationalliteraturen nachhaltige Wirkungen hervorgerufen.

Teil III
Im Zeichen des sozialistischen Realismus

Kapitel VIII: Von der Romantik zum Realismus: Maksim Gor'kijs erste Schaffensperiode (1892–1906)

Schon bei der Analyse des *Železnyj potok* (Eiserner Strom) von Serafimovič wurde auf romantische Elemente in diesem in seiner Darbietungsweise insgesamt realistischen Roman hingewiesen. Wenn aber Serafimovič ebenso wie die anderen Schriftsteller des Znanie-Kreises aus der Tradition des kritischen Realismus hervorgegangen ist und an dessen künstlerischen Grundprinzipien konsequent festgehalten hat, so kann dies nicht in gleicher Weise von Gor'kij, dem eigentlichen Organisator und führenden Kopf dieser Gemeinschaft zeitgenössischer realistischer Autoren, gesagt werden.
Maksim Gor'kij, der Begründer der russischen Sowjetliteratur, der sowohl künstlerisch als auch theoretisch wesentlich an der Ausarbeitung des sozialistischen Realismus beteiligt ist, begann seine literarische Laufbahn als Romantiker.[1] Seine erste Erzählung *Makar Čudra* (am 12./24. 9. 1892 in der Tifliser Zeitung *Kavkaz* erschienen) führte den staunenden Leser, der an sozialkritisch behandelte Stoffe aus dem Milieu der Mužiki, der verfallenden Herrenhöfe und des städtischen Proletariats gewohnt war, in die Welt der ungebundenen, freien und leidenschaftlichen Zigeuner, wie sie in den ersten Jahrzehnten des Jahrhunderts von Byron, Puškin und Lermontov geschildert worden war. Makar Čudra ist die Geschichte der tragischen Liebe eines prächtigen und verwegenen Zigeunerburschen zu einem ebenso außergewöhnlichen Zigeunermädchen. Obwohl beide einander glühend lieben, hindert sie ihr unbändiger Freiheitsdrang, sich der Kraft ihrer gegenseitigen Gefühle hinzugeben, weil sie wissen, daß ihre Liebe zu gegenseitigen Bindungen führen wird, die ihre individuelle Freiheit unerträglich einschränken werden. Da sie aber andererseits von ihrer Liebesleidenschaft bis ins Innerste überwältigt sind, bleibt ihnen als Ausweg nur der Tod.

Nicht nur die romantische Szenerie des Zigeunerlagers in der mitternächtlichen Steppe, auch die Konstellation der Hauptfiguren weist auf Puškins Versnovelle *Cygany* (Zigeuner, 1824) zurück; der alte Makar Čudra entspricht dem Puškinschen Starik, Aleko tötet seine Geliebte Zemfira ebenso wie Gor'kijs Lojko seine Radda. Bei Puškin ist es Alekos Eifersucht, die ihn verführt, die untreue Zemfira zu töten – Aleko, kein Zigeuner, sondern ein der Zivilisation überdrüssiger Individualist, suchte die bindende und – wie er hoffte – erlösende Kraft der Liebe, während Zemfira ihre Freiheit der Treue nicht zu opfern vermochte. Bei Gor'kij ist es in beiden Liebespartnern die gleiche Gewalt spontanen Strebens nach Freiheit und Unabhängigkeit, die es ihnen unmöglich macht, eine gegenseitige Bindung einzugehen.

Es besteht heute die Gefahr – und die Gor'kij-Forschung ist ihr häufig erlegen –, diese frühen Erzählungen und Novellen aus der Sicht des reifen und späten Werkes Gor'kijs zu interpretieren. Aber das Freiheitspathos des jungen Gor'kij ist individuell und romantisch, allenfalls – und dann schon allegorisch gedeutet – in diesem Zusammenhang auch politisch, aber zunächst ist es der spontane und elementare Protest der großen, starken Persönlichkeit gegen jegliche Bindung und Einschränkung der Freiheit, worunter auch – aber nur unter anderem – die Enge der kleinbürgerlichen und sozial verrotteten Verhältnisse, denen Gor'kij entstammte, fällt.

Aleksej Maksimovič Peškov (Pseudonym: Maksim Gor'kij) wurde am 16. (28.) 3. 1868 in Nižnij Novgorod (heute Gor'kij) an der Wolga als Sohn des armen Tischlers Maksim Savatevič Peškov und dessen Ehefrau Varvara Vasil'evna, der Tochter des Färbereibesitzers Kaširin, geboren. Gor'kijs Kindheit und Jugend sind in jeder Hinsicht ein Leidensweg: mit vier Jahren erkrankt er an der Cholera und infiziert seinen Vater, der an der Seuche stirbt. Dieses Ereignis entfremdet Maksim von seiner Mutter, die in ihm die Ursache für den frühen Tod ihres Mannes sieht; sie schließt eine zweite, unglückliche Ehe mit einem Studenten und stirbt 1879 im Alter von 37 Jahren an Tuberkulose. Maksim wächst bei seinen Großeltern auf. Während ihn sein Großvater nur als zusätzlichen lästigen Esser betrachtet, der möglichst bald zu nützlicher Arbeit »abgerichtet« werden müsse, schließt ihn seine Großmutter Akulina Ivanovna in ihr Herz. Sie ist eine gütige, schlichte, von schweren Erfahrungen und naiv-religiöser, großer Lebensweisheit geprägte Frau, die sich durch all ihre mühsamen Jahre einen wunderbaren Glauben an menschliche Aufrichtigkeit und an das große Glück des Lebens bewahrt hat. Im ersten Band *Detstvo* (Kindheit, 1913) seiner weltberühmten Lebenserinnerungen hat ihr Gor'kij ein unsterbliches Denkmal gesetzt.

Gor'kij genießt lediglich eine dreijährige Elementarschulbildung; schon als Kind muß er verschiedenste schwere körperliche Arbeit verrichten; im Alter von acht Jahren erkrankt er lebensgefährlich an den Pocken. Als Zehnjähriger geht er »unter Menschen« *(V ljudjach,* 1915, so ist der zweite Band seiner Lebenserinnerungen betitelt).

Seine Mutter ist gestorben, sein Vormund und sein Großvater sind wirtschaftlich völlig ruiniert, selbst das Nötigste zum Leben kann nicht mehr aufgetrieben werden; so muß sich Gor'kij seinen Lebensunterhalt selbst verdienen. Er lernt, besser: dient als Schuster, Bäcker, Küchenjunge auf Wolgadampfern, als Lastenträger, Eisenbahn- und Gelegenheitsarbeiter und müht sich nebenher durch ständiges Lesen um seine Weiterbildung. Er kommt mit dem Wandertheater in Berührung, wird Statist und Laienspieler und versucht sich als Zirkusartist.

1884 geht er nach Kazan', um dort zu studieren, dieses Vorhaben mißlingt natürlich; er gerät in die Keller der Vorstadthäuser, ins »Nachtasyl«, unter Hafenarbeiter, Bettler, Diebe, Vagabunden und Bosjaki und in die Kreise von Studenten und Narodniki-Revolutionären, zu denen der belächelte Autodidakt aus dem Volke aber keinen Kontakt findet. Als er 1887 die Nachricht vom Tode seiner Großmutter, des einzigen Menschen, den er geliebt hat, erhält, überkommt ihn tiefe Verzweiflung; er unternimmt einen Selbstmordversuch, kann jedoch im Krankenhaus von Kazan' gerettet werden. Nach seiner Genesung lebt und agitiert er eine Zeitlang mit dem Narodniki-Revolutionär Romas' in dem Wolgadorf Krasnovidovo, bis die beiden von wütenden Bauern vertrieben werden. Gor'kij führt nun ein unstetes Wanderleben, verfaßt erste lyrische Versuche, die Korolenko zurückhaltend beurteilt, so daß er das Schreiben enttäuscht aufgibt. 1889 wird er zum ersten Male als Narodnik verhaftet. Im Frühjahr 1891 zieht er zu Fuß durch Südrußland, wolgaabwärts zum Don, durch die Ukraine zur Donau, von dort an der Küste des Schwarzen Meeres entlang bis in den Kaukasus und nach Tiflis, wo ihn seine unter dem Pseudonym Gor'kij (Der Bittere) erstveröffentlichte Erzählung *Makar Čudra* Erfolg und Bestätigung bringt. Im gleichen Jahre kehrt er nach Nižnij Novgorod zurück, dort und später in Samara kann er sich als Journalist und Schriftsteller mit wachsender Anerkennung eine einigermaßen sichere Existenz gründen. 1896 heiratet er die Korrektorin Ekaterina Pavlovna Volžina, eine intellektuelle und revolutionäre Frau; 1897 wird ihr einziger Sohn Maksim Alekseevič geboren.

Korolenko wird Gor'kijs behutsamer Lehrer und aufrichtiger Freund. In den letzten Jahren vor der Jahrhundertwende dringt sein Ruhm als Schriftsteller durch ganz Rußland und bis ins Ausland. Er hält weiterhin Kontakt zu revolutionären Kreisen, studiert die Schriften von Karl Marx und beginnt schon 1897 an marxistischen Zeitschriften mitzuarbeiten. 1901 wird er wegen Teilhabe an einer illegalen Druckerei nach Arzamas (Städtchen an der oberen Oka) verbannt, seine Wahl zum Ehrenmitglied der Akademie der Wissenschaften 1902 wird auf energisches Eingreifen des Zaren Nikolaj II. widerrufen. Um die Jahrhundertwende schließt er mit Čechov und Tolstoj Freundschaft und wird mit den bedeutendsten traditionsverbundenen realistischen Autoren bekannt, die er auch zur Mitarbeit in seiner Verlagsgesellschaft Znanie gewinnen kann.

An den revolutionären Unruhen 1905 nimmt er aktiv teil und wird deshalb in der Peter-und-Pauls-Festung in Petersburg eingekerkert, infolge weltweiten Protestes jedoch wieder auf freien Fuß gesetzt. Im gleichen Jahre tritt er der Sozialdemokratischen Partei, und zwar der Fraktion der Bol'ševiki, bei und trifft am 27. 9. erstmals mit Lenin zusammen. Anfang 1906 muß er illegal Rußland verlassen; Gor'kij reist mit der ehemaligen Schauspielerin Marija Fedorovna Andreeva, seiner späteren Lebensgefährtin, nach Amerika und Frankreich und tritt dort öffentlich gegen finanzielle Unterstützung der Regierung des Zaren durch die Westmächte auf. Schließlich läßt er sich auf der Insel Capri nieder, wo er – in stetem Kon-

takt zu den emigrierten Sozialdemokraten, unter ihnen Lenin und Plechanov – bis zum Jahre 1913 lebt.
Gor'kij begrüßt die revolutionären Umwälzungen 1917, nimmt jedoch zur bolschewistischen Oktoberrevolution eine ablehnende Haltung ein und stellt sich auf einen Plechanov und den Men'ševiki nahen Standpunkt. Dennoch genießt er großes Ansehen unter den neuen Machthabern und bewahrt in den Wirren der ersten nachrevolutionären Jahre viele neutrale oder zum Bolschewismus oppositionelle Schriftsteller und Dichter vor Verfolgungen. Er versucht, die in ihrer Mehrheit der Oktoberrevolution ablehnende Intelligencija zu kultureller Organisationsarbeit zu gewinnen, gründet neben verschiedenen Bildungs-, Kultur- und Notgemeinschaften für mittellose und enteignete Schriftsteller und Künstler das Verlagsunternehmen Vsemirnaja literatura (Weltliteratur, 1918), das die besten Werke der Weltliteratur in guten Übersetzungen unter der Bevölkerung verbreiten soll. Gor'kij geht mit dem Enthusiasmus des revolutionären Optimisten an diese Aufgabe, er hofft, durch das Pathos menschlicher Arbeit und menschlicher Vernunft den Glauben des Menschen an sich selbst und seine Fähigkeiten wecken und festigen und so durch die menschenformende Kraft der Kunst und Literatur zum »neuen Menschen« der Zukunft erziehen zu können. Er setzt sich für die Wahrung der Tradition und die Grundlegung einer volksverbundenen sozialistischen Massenkultur ein.
Aber seine Arbeit stößt auf große Schwierigkeiten. Linksradikale proletarische Kulturorganisationen bekämpfen Gor'kijs Bemühungen um die Tradition: Gor'kij selbst lehnt den rigorosen Klassenkampf, wie ihn die Bol'ševiki führten, als unhuman ab; er verurteilt Liquidations- und Zwangsmaßnahmen der Regierung und distanziert sich von den Bol'ševiki. Es kommt zu gereizten und prinzipiellen Auseinandersetzungen mit Lenin, der Gor'kij vorwirft, er sehe nur, von erbosten und erschreckten Intellektuellen beeinflußt, die Grimassen der Revolution, ohne ihre Massenbewegung und zukunftweisende Richtung zu erkennen.

»Sie haben sich selbst der Möglichkeit beraubt, zu tun, was einen Künstler befriedigen kann«,

schreibt ihm Lenin und rät ihm, auf Grund seines angegriffenen Gesundheitszustandes – Gor'kij war lungenleidend – ins Ausland zu gehen.[2] Im Oktober 1921 verläßt Gor'kij Sowjetrußland, er lebt zunächst in Deutschland[3] und ab 1924 in Sorrent. Gor'kijs Ausreise aus Rußland bedeutet jedoch keinen prinzipiellen Bruch mit der Politik der Sowjetmacht. Auch vom Ausland aus verfolgt er interessiert die Entwicklung in seiner Heimat und nimmt am literarischen Leben und dessen Diskussionen um die Begründung einer proletarischen oder sozialistischen Literatur teil. Hier setzt sich seine Ansicht von der Traditionsverbundenheit der neuen sozialistischen Literatur durch, diese Linie wird in einer Parteiresolution zu Fragen der Literatur vom Jahre 1925 offiziell bestätigt.[4]

1931 kehrt Gor'kij in die Sowjetunion zurück, wo er triumphal empfangen wird. Er bekleidet hohe Parteiämter und wirkt maßgeblich an der Vorbereitung und Durchführung des 1. Schriftstellerkongresses 1934, dessen Vorsitz er führt, mit. Am 18. 6. 1936 stirbt Gor'kij an einer Lungenentzündung.*

Gor'kijs literarisches Werk ist so eng mit seinem Lebensschicksal verflochten, daß es ohne Kenntnis seiner Biographie gar nicht zureichend gewürdigt werden kann. Fast allen seinen Arbeiten liegen biographische Daten zugrunde. Das gilt in besonderem Maße für eines seiner bedeutendsten Werke, für seine autobiographische Trilogie *Detstvo* (Meine Kindheit, 1913), *V ljudjach* (Unter fremden Menschen, 1915) und *Moi universitety* (Meine Universitäten, 1923).

Im ersten Band *Detstvo* wird das Heranwachsen des Knaben beschrieben, sein kindlicher, trotzig-unreifer und deshalb um so überzeugender Haß auf die verkommene Umwelt der Erwachsenen, in der er leben muß. Von besonderem Wert ist die Schilderung seiner warmherzigen Großmutter, die ihm die Schönheiten der Natur erklärt und eine Fülle von Märchen und Legenden erzählt. Der Autor verzichtet bewußt auf Abstand zu seinem Werk, er übernimmt zuweilen die bildhaft-rhythmische Sprache der russischen Märchen und Legenden und vermag auf diese Weise die Psyche und den Verstehenshorizont seiner Figuren dem Leser überzeugend mitzuteilen. Im zweiten Band *V ljudach* werden die Reifejahre des jungen Peškov gestaltet. Auch dieses Buch ist in engagierter, beteilig-

* Die genauen Umstände seines Todes sind nicht restlos aufgeklärt.

ter Erzählweise geschrieben, die von der direkten Rede getragen wird. Wie im ersten Band reiht sich eine bunte Fülle abenteuerlicher Geschehnisse aneinander, die jedoch niemals die spannende Handlung verabsolutieren. Das Zentralmotiv des biographischen Entwicklungsromans, die Bildung und Formierung der Persönlichkeit des zwölf- bis fünfzehnjährigen Peškov, bestimmt Placierung und Funktion jeder Episode im Verlauf des Romans. Das Heranreifen Peškovs ist für das Verständnis von Gor'kijs literarischem Werk von besonderer Bedeutung. Der wißbegierige Jüngling verschlang mit unstillbarem Lesehunger jedes Buch, dessen er habhaft werden konnte. Besonders packten ihn Balzacs und Flauberts naturalistische Milieuschilderungen der Armut und des Elends, die dem entsprachen, was Gor'kij täglich um sich sah und selbst durchlebte.

Aber andererseits beeindruckten ihn das Pathos der stolzen Persönlichkeit und die Großartigkeit der Naturerlebnisse, wie er sie in Puškins und Lermontovs romantischen Poemen las. Und auch dies deckte sich mit Selbsterlebtem und bildete Gor'kijs Begeisterungsfähigkeit für alles Große und Erhabene im Leben des Menschen wie auch in der elementaren Freiheit der Natur aus. So werden hier die Grunderfahrungen des heranwachsenden zukünftigen Schriftstellers aufgezeigt, die später in seinem Werk als charakteristische Stilzüge hervortreten werden: romantisches Pathos auf der einen und naturalistische Schilderung des Elends der Vergessenen und Entrechteten auf der anderen Seite.

Der dritte Band – *Moi universitety* – zeigt diejenige Kraft auf, die diese gegensätzlichen Haltungen in seinem späteren Werk vereinigen sollte: die in die Zukunft gerichtete Weltanschauung des suchenden Revolutionärs. In krassen Farben wird die soziale Not in der alten Gesellschaftsformation dargestellt und zugleich zum Protest und Kampf dagegen aufgerufen. Als Träger und Held dieses Kampfes formiert sich in angespanntem Suchen nach dem Sinn des Lebens der Revolutionär, der zuletzt – damit wird zwar schon über den Roman selbst hinausgegangen – von der Wahrheit der marxistischen Idee überzeugt, mit romantischem Schwung und Pathos sein Ziel der revolutionären Umgestaltung propagiert und verficht. Der dritte Band der Trilogie – er gehört bereits zur zweiten Schaffensperiode Gor'kijs und damit zur Sowjetliteratur – gestaltet den komplizierten Reifeprozeß des neuen positiven Helden, wie ihn die Theorie des sozialistischen Realismus fordert. Im Prozeß der Formierung dieses positiven Helden, der als Repräsentant des russischen Volkes dessen geistige und politische Wandlungen verkörpern soll, wird die Vorgeschichte und Entstehung der Revolution künstlerisch dargestellt. Das Buch ist distanziert und nachdenklich geschrieben, die Unmittelbarkeit der ersten beiden Bände der Trilogie wird von einer reflektierenden Erzählhaltung abgelöst, die Bericht, Beschreibung und auktorialem Kommentar breiten Raum einräumt.

In Gor'kijs erster Schaffensperiode ist es die *romantische* Grunderfahrung, die sein literarisches Werk bestimmt. In *Makar Čudra* und einer ebenfalls 1892 geschriebenen, aber erst 1917 erschienenen Verserzählung *Devuška i Smert'* (Das Mädchen und der Tod) findet eine rein romantische jugendliche Sehnsucht nach hohen Idealen und heroischen Figuren Ausdruck. Gegenüber der Realität wird eine ideale Welt behauptet, idealer Wille und menschliches Freiheitsstreben haben die Kraft, die Gesetze der Welt des Realen aufzuheben.

Gor'kij gestaltet große heldische Naturen, deren unstillbarer Durst nach Freiheit und Glück zugleich als kämpferischer Protest gegen jede passive, sich mit den Verhältnissen abfindende Psychologie gerichtet ist. Der hervorstechendste Zug der Romantik Gor'kijs ist seine heroische, kämpferische Haltung, wodurch er sich von ebenfalls romantischen Erscheinungen der symbolistischen Literatur unterscheidet. Dort sind es das kontemplative, mystische und irrationale Element des Romantischen, die Sehnsucht der Frühromantiker oder auch die romantische Ironie des skeptisch-distanzierten Autors, die literarisch anregend wirken. Gor'kijs romantisches Pathos hingegen entsteht aus realem Erlebnis. Er bevorzugt die Prosa, und es mangelt seinen frühen Erzählungen nicht an realistischer Detailbeschreibung, vor allem wenn er die niedrigen Wahrheiten der realen Erfahrung, die unbestreitbaren Fakten schildert; ihnen stellt er aber den Zauber der erhebenden Täuschung, der die Seele des Menschen beflügelt und zu einer besseren Zukunft mitreißt, gegenüber. Dem entspricht auch der Stil des jungen Gor'kij, der eine starke emotionale Erregtheit zum Ausdruck bringt. Seine Sprache ist weit gespannt und dynamisch, reich an großartigen Vergleichen und Metaphern, die häufig in Hyperbeln übergehen. Gor'kij verwendet auch allerdings vielfach gesuchte und allegorische durchsichtige Symbole, die oft folkloristischer Herkunft sind. Sein Pathos des Kontrastes – so läßt sich der Stilwille des frühen Gor'kij am treffendsten bezeichnen – wird mit den poetischen Mitteln erreicht, die die russischen Romantiker zu Beginn des 19. Jahrhunderts entwickelt und zur literarischen Tradition kanonisiert hatten. Korolenko hat Gor'kij warnend darauf hingewiesen, daß seine Abhängigkeit von der romantischen Tradition den Ansprüchen der zeitgenössischen Literatur nicht entspräche. Aber zunächst hielt Gor'kij an seiner Entscheidung für die romantische Konzeption fest. In seinen in Form eines Dialogs geschriebenen literaturästhetischen Reflexionen unter dem Titel *Čitatel'* (Der Leser, 1895–1898 entstanden) verwirft er eine Literatur, die die graue Alltagswelt lediglich reproduziere und den Leser »mit dem Schmutz fotografischer Aufnahmen seines ereignisarmen Lebens überlade«. Statt dessen solle die Literatur die Menschen zu »Edlem begeistern«, »mit tiefer Wahrheit durchdringen« und romantische Ideale schaffen, die dem Leser als Leitbild und Ziel eines freien und schönen, erstrebenswerten Lebens dienen sollen. Der Autor wird also als Lehrer seines Publikums oder Führer seines Volkes in eine lichte, ideale Zukunft verstanden – auch das ein vertrauter, traditionell-romantischer Topos!

Es versteht sich, daß der junge Gor'kij folglich keine üblichen, typischen Repräsentanten und Ereignisse seiner Zeit in den Mittelpunkt seiner Erzählungen stellt, sondern außergewöhnliche Schicksale und Ausnahmenaturen. Sein früher literarischer Ruhm gründet auf seinen Erzählungen und Novellen aus der Welt kühner und starker Vagabunden, Strolche, Pseudopropheten und Banditen, jener Asozialen, die die sozialen Umwälzungen auf dem Lande nach den Reformen der sechziger Jahre, die frühkapitalistische Industrialisierung und zuletzt vor allem die Hungerjahre 1892/93, in denen viele bäuerliche und kleinbürgerliche Existenzen zerbrachen, hervorgebracht hatten. Es sind die Vitalsten und Skrupellosesten unter diesen Bosjaki (barfüßige Landstreicher im südlichen Rußland), die sich in Gor'kijs Erzählungen im harten Daseinskampf durch Furchtlosigkeit, Kühnheit, Kraft und eine mitunter zynische Moral des Stärkeren und Überlegenen durchsetzen.

In diesem Zusammenhang wird – besonders in der westlichen Gor'kij-Literatur – viel auf einen möglichen Einfluß Friedrich Nietzsches hingewiesen; die sowjetische Gor'kij-Forschung verhält sich sehr skeptisch zu dieser Frage. Das Problem ist noch nicht endgültig geklärt. Tatsache ist, daß Nietzsches Ideen bereits vor 1900 weite Teile der russischen Intelligencija fasziniert hatten; in den ersten beiden Jahrzehnten des 20. Jahrhunderts genoß Nietzsche im symbolistischen Lager eine besonders hohe Wertschätzung. Das alles ist dem belesenen und an allen Fragen des geistigen Lebens interessierten Gor'kij natürlich nicht verborgen geblieben. Seine vitalen und dem Durchschnittsmenschen moralisch und physisch weit überlegenen Bosjaki stellen – wie Čechov richtig bemerkt hat – eine verächtliche Herausforderung an das Spießertum und seine Moral des Ressentiments dar – zumindest darin ist sich Gor'kij mit Nietzsche einig, von dem ihn freilich der teils ästhetisch, teils rassisch begründete und politisch relevante Gedanke von der Elite des Herrenmenschen, wie ihn Nietzsche gefolgert hatte, trennt.

Gor'kij hat die Bosjaki nicht in die Literatur eingeführt. Schon Korolenko und nach ihm Karonin und Kuprin haben ihn zum Motiv literarischer Gestaltung gemacht. Aber bei ihnen ist er zumeist ein Ausdruck des Elends, der Not und der Verzweiflung, das beklagens- und bemitleidenswerte Produkt einer sozial ungerechten und durch und durch verdorbenen Gesellschaft. Im Gegensatz dazu sind Gor'kijs Vagabunden von dieser Gesellschaft nicht gebrochen, sondern ihr überlegen; sowohl in ihrem menschenverachtenden Anarchismus, den der Autor ablehnt, als auch in ihrem betonten Gefühl stolzer menschlicher Würde, innerer Freiheit und mitunter auch eines hohen moralischen Maximalismus. Diese meistens in der Ich-Form geschriebenen Novellen, die durch diesen Stilzug sowohl das Dokumentarische glaubhaft hervorheben – und schließlich hat Gor'kij während seiner Wanderungen durch den Süden Rußlands lange unter den Vorbildern seiner literarischen Helden gelebt – als auch eine sehr emotionale Gestimmtheit wiedergeben, verdanken ihre poetische Wirkung der spannenden

Handlung und dem abenteuerlichen Milieu ebenso wie der präzisen Schilderung und Charakterisierung der Helden, der lebendigen Dialogführung und nicht zuletzt großartiger, oft mächtiger Naturbilder (bevorzugt ist die Stimmung des sturmgepeitschten Meeres), in die das Geschehen eingebettet ist. Die realistische Wirklichkeitstreue in beschreibenden und erzählenden Partien erhält allerdings nie stilführende Funktion, sie bleibt ein bloßes stilistisches Verfahren, eine Technik des Schreibens; Darbietungsweise und ideelle Aussage dieser Erzählungen sind romantisch. Ihr literarischer Stil besteht aus einer Mischung subjektiver und objektiver Momente, wobei die subjektiven zweifellos die vorherrschenden sind. Aus der Fülle des erzählenden Werkes des frühen Gor'kij können nur einige seiner Arbeiten angeführt werden: *Emel'jan Piljaj* (1893), die Geschichte von dem aus menschlicher Rührung verhinderten Räuber, oder *Moj sputnik* (Mein Reisebegleiter, 1894), wo von einem seltsamen amoralischen Strolch erzählt wird. Ähnliche Gestalten treten in *Deduška Archip i Len'ka* (Großvater Archip und Len'ka, 1893), *Odnaždy osen'ju* (Einst im Herbst, 1895), *Delo s zastëžkami* (Die Sache mit den Kleiderspangen, 1895), *Tovarišči* (Kameraden, 1897), *Prochodimec* (Der Gauner, 1898) und anderen Erzählungen auf. Am bekanntesten wurde unter diesen Vagabundennovellen *Čelkaš* (1895). Čelkaš ist ein verwegener Bosjak, der aus wirtschaftlicher Not sein Heimatdorf verlassen mußte und nun von Räubereien in Schwarzmeerhäfen lebt. Auf einem solchen Raubzug nimmt er Gavrila, einen herumlungernden jungen Bauern, als Gehilfen mit. Gavrilas Furcht vor Gott und seinem Gewissen, seine Angst vor dem offenen Meer und schließlich der Hafenpolizei gefährden das Unternehmen, und nur durch Čelkaš' Mut und Unerschrockenheit kann die Beute noch sicher an Land gebracht werden. Dort teilen sie das Diebesgut, aber Gavrila bittet und bettelt, Čelkaš möge ihm doch auch noch den eigenen Anteil geben, weil er dann eine Summe beisammenhabe, mit der er sich den lange erträumten Hof kaufen und ein gesichertes und ruhiges Dasein ermöglichen könne. Großzügig, aber auch angeekelt schleudert ihm Čelkaš das Geld vor die Füße; er, Čelkaš, der Räuber und Vagabund, verkauft seine Ehre und Selbstachtung nicht für Geld! Gavrila ist von Dankbarkeit überwältigt, wirft sich vor Čelkaš auf die Knie und gesteht ihm, daß er ihn – den überflüssigen Vagabunden – des Geldes wegen habe umbringen wollen, und bittet ihn nun um Verzeihung. Diese schäbige Denkweise empört Čelkaš so sehr, daß er daraufhin von Gavrila alles wieder zurückverlangt. Es kommt zu einer Schlägerei, Gavrila unterliegt. Čelkaš wendet sich zum Gehen, da trifft ihn ein schwerer Stein, blutüberströmt bricht er zusammen. Gavrila – entsetzt über seine unbedachte Bluttat – müht sich um Čelkaš und fleht ihn um Vergebung an. Čelkaš spuckt ihm ins Gesicht, wirft ihm zum zweitenmal das Geld vor die Füße und humpelt mühsam, aber stolz und überlegen davon.

Dem frömmelnden, feigen und schwachen, habgierigen Sklaven Gavrila hat Gor'kij als eindrucksvolle Kontrastfigur den kühnen, freien und souveränen Čelkaš gegenübergestellt. Er charakterisiert seine Helden, ihrer Wesensart und ihrem Milieu entsprechend, durch Metaphern und Vergleiche, die ihre Verwandtschaft mit wilden Tieren unterstreichen: Čelkaš ist »ein alter, gehetzter Wolf« mit einem »scharfgeschnittenen Raubtiergesicht«, »Habichtsaugen«, er »gleicht einer sprungbereiten Katze« usw. – Gavrila dagegen wird mit einem »jungen Kalb« verglichen, das »mit trüben Augen erschrocken stiert«.

Interessant an dieser Novelle ist auch die prologartige Einleitung, die den alten romantischen (slavophilen?) Gegensatz beschwört von der gewaltigen blutlosen Welt der Industrie und Technik, der der armselige und winzige Mensch rettungslos und wie zum Gespött ausgeliefert ist.

Čelkaš ist kein Empörer, kein Revolutionär, er verkörpert – in Gestalt des Vagabunden, das macht seinen »exotischen« Reiz aus – das große, stolze Individuum, das außerhalb der Gesellschaft steht und verächtlich auf deren Alltagssorgen herabblickt. Dies entspricht der Tradition: individualistische Ausnahmenaturen sind die Bosjaki und Vagabunden auch bei Korolenko und Kuprin.

Im Verlauf seiner weiteren ideellen Entwicklung wandelt sich nun jedoch dieser individuelle romantische Protest Gor'kijs in symbolisch verkleidetes politisches Aufbegehren. Zwar hatten auch schon Puškin vom »Rausch im Sturme« (upoenie v buri) und Lermontov von dem »Aufrührerischen Segler, der den Sturm herbeiwünscht« (A on, mjatežnyi, prosit buri), geschrieben, aber dies blieb – angesichts der damaligen Zeitumstände – unbestimmter und war eher ein weltanschaulich-philosophisches als ein politisches Symbol. Als Gor'kij 1901 sein *Lied vom Sturmvogel* (Pesnja o Burevestnike) veröffentlichte, in dem der vom Rausch des Sturmes trunkene Sturmvogel das reinigende Gewitter herbeiruft, konnte kein Zweifel daran bestehen, daß damit die vorgeahnte Revolution gemeint war.[5] Das *Lied vom Sturmvogel* ist eine lyrische Dichtung in rhythmisierter Prosa, die auf beinahe durchgehend regelmäßiger Struktur aufbaut. Ihr liegt ein aus der Verschmelzung zweier Trochäen entstandener Tetrameter (russ.: četyrëchdol'nik) zugrunde:

Над седой равниной моря ветер тучи собирает.

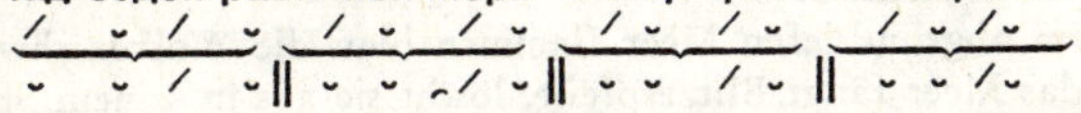

Ist dieses Metrum an sich schon sehr weitschwingend – zwischen den Hebungen stehen immerhin drei Senkungen –, so wird die Amplitude durch die langen Kola noch beträchtlich geweitet. Zu rhythmischen Einheiten schließen sich deutlich spürbar je zwei metrische Einheiten zusammen:

Над седой равниной моря | ветер тучи собирает. |
Мепсду тучами и морем | гордо реет буревестник, |
чёрной молнии подобный. |

Der rhythmische Akzent liegt vorwiegend auf der ersten metrischen Hebung, was dem ganzen Rhythmus bedeutenden Nachdruck verleiht. Dadurch erhalten auch die nachfolgenden Senkungen ein stärkeres Gewicht und müssen, dem langsamen Tempo entsprechend, gefüllt gesprochen werden. Auf diese Weise entsteht ein weiter, strömender Rhythmus. Der Rhythmus ist natürlich nur Teilelement der ganzen poetischen Struktur. Das Klangliche tritt zurück. Dadurch hebt sich der Bedeutungsgehalt der Wörter und Sätze um so eindrucksvoller hervor. »Der strömende Rhythmus ... schafft oder stärkt doch zumindest die sprachlichen Wesenszüge: Großräumigkeit und eine bis zur Erhabenheit steigerungsfähige Würde kennzeichnen das Wort in dieser Sprachschicht.«[6] Gor'kij bedient sich auch eines entsprechend kraftvollen, pathetischen Stils, in dem verlebendigende und versinnlichende Metaphern das Naturschauspiel zu einer Apotheose des zornigen Aufbegehrens und Protestes eines starken, freien Willens machen: der Sturmvogel wird zum »Sturmverkünder«, der einem »schwarzen Blitze gleicht«, zum »stolzen schwarzen Dämon des Sturmes«, am Schluß der Dichtung ist er der »Prophet des Sieges«. Während der Sturmvogel, der Verkünder der Revolution, berauscht vom Gefühl der Freiheit und Siegeszuversicht, den Sturm, den Aufruhr der Elemente herbeiruft und Meer und Wolken sich drohend erheben, verbergen sich erschrocken und feige die sonstigen Wasservögel, Symbole der ängstlichen, schutzbedürftigen und mut- und tatenlosen Menschen im alten vorrevolutionären Rußland.

»Überm abgrundtiefen Meer flammen blau die Wolkenschwärme. Und das Meer fängt Blitzespfeile, löscht sie aus in seinem Strudel. Und wie Feuerschlangen winden sich im Meere und verschwinden Spiegelbilder dieser Blitze.
— Sturmwind! Bald erdröhnt der Sturmwind! —
Seht den stolzen Sturmverkünder! Stolz hinschwebend zwischen Blitzen, überm Zorngebrüll des Meeres, schreit er, ein Prophet des Sieges:
— Immer stärker tobe, Sturmwind!«[7]

Gor'kij ist zu dieser eigentümlichen Gattung der freirhythmischen Dithyrambe noch einige Male zurückgekehrt, ohne jedoch die gleiche Expressivität wie im *Pesnja o Burevestnike* zu erreichen.

Mit den Erzählungen und Novellen seiner ersten Schaffensepoche sind auch Gor'kijs frühe Romane thematisch und ideell verbunden: in ihnen entfaltet sich das zentrale Motiv vom tragischen Kampf des Individuums um sein Recht auf Leben, Anerkennung, Würde und Freiheit. Freilich sind es jetzt nicht mehr einzelne Begebenheiten und Erlebnisse, in denen der Held in für ihn typischem Verhalten gezeigt wird. Sein Schicksal spielt sich auf dem breiten Hintergrund des gesellschaftlichen Milieus um die Jahrhundertwende ab, dessen Klassencharakter in schreienden sozialen Widersprüchen und in der konkreten Darstellung der Interessen der einzelnen Klassen verdeutlicht wird. Die Klasseninteressen pervertieren dabei die individuellen Bestrebungen und Wünsche des einzelnen oder saugen sie auf. Auf Grund dieser Weitung der Problematik und des Übergangs zu einem nüchternen Stil, der sich ärmer an Metaphern, objektivem Bericht nähert und auf realistischer Wirklichkeitstreue gründet, spricht man in der Gor'kij-Forschung üblicherweise von der zweiten Phase seines Schaffens, dem Übergang zum Realismus. Aber einerseits entsteht auch in dieser Periode noch eine Reihe romantischer Werke, und andererseits bestimmt die Idee eines subjektiven Idealismus die frühen Romane Gor'kijs: es ist – etwa im *Foma Gordeev* – der tragische Zusammenstoß eines idealistischen Wahrheitssuchers und Empörers mit der Realität des Nutzens, der Raffgier und der Unmenschlichkeit. So läßt sich also auch hier – freilich abgeschwächt und stärker auf die Wirklichkeit des Milieus und des Alltags gewendet – die Gestaltung einer im Grunde nach romantischen Problematik feststellen. Der Titelheld des Romans *Foma Gordeev* (1899) ist ein Träumer und Sucher, der schon in seiner Kindheit und in seinen Reifejahren den Sinn und die edle Reinheit eines menschenwürdigen Daseins ergründen möchte. Ob diese Neigung zu Reflexion und Grübelei eine Erbanlage seiner depressiven Mutter darstellt und durch den Eindruck der vitalen Persönlichkeit seines Vaters noch gefördert wird, bleibt offen; Foma selbst ist jedenfalls kein Schwächling, aber ihm fehlt eine tiefe sinngebende weltanschauliche Überzeugung.

Nachdem ihm das reiche Erbe seines Vaters zugefallen ist, verwirrt sich sein Leben immer mehr, da er im Gelderwerb und kaufmännischen Gewinnstreben keinen Lebenssinn, sondern im Gegenteil ein unmoralisches Verbrechen an der Gesellschaft sieht. Weil er aber keine Alternative zur Änderung der wirklichen Verhältnisse findet, wandelt sich seine Empörung zum Haß auf seine eigene verdorbene Klasse. Auf der Jungfernfahrt eines Wolgadampfers, auf dem sich die angesehene Kaufmannschaft seiner Heimatstadt versammelt hat, verursacht er einen Skandal, indem er als Antwort auf eine Lobrede seines Patenonkels Majakin auf die zivilisatorischen Leistungen der mächtigen und reichen Kaufleute ihnen die Wahrheit ihres gesellschaftlichen Wirkens, ihre »Verbrechen« und »Mordtaten« ins Gesicht schreit. Daraufhin bemächtigt man sich Fomas, erklärt ihn für geisteskrank und sperrt ihn in ein Irrenhaus, wo er auch tatsächlich dem Wahnsinn verfällt. Fomas natürliche menschliche Gefühle des Mitleids, der Gerechtigkeit und der Menschlichkeit, die er rein verwirklicht sehen möchte, führen zum Bruch mit seiner Klasse, denn um so wie diese als »Herren des Lebens« zu bestehen, müßte er eben diese Gefühle unterdrücken. Diese »Herren des Lebens«, die Vertreter der Kaufmannschaft, sind vitale und harte Männer, die ihre Kraft aber nur zur Vermehrung ihres Reichtums und damit zur Unterdrückung der Menschen benutzen.

Die Komposition des Romans ist einfach, »schablonenhaft«, wie sich Gor'kij selbst kritisch ausdrückte, die Kontrastgestaltung wird bis zur Schwarz-Weiß-Malerei getrieben. Die Handlung rankt sich um die Lebensgeschichte des Helden von der Kindheit bis zum Untergang; es handelt sich also um eine Romanbiographie. Die einzelnen Kapitel, die häufig in sich abgeschlossene Episoden darstellen, sind nur durch die Hauptperson lose und oft recht mühsam miteinander verbunden. Auch von einer Entwicklung Fomas kann nicht gesprochen werden, er ist von Kindheit an ein Wahrheitssucher, der von vornherein nach menschlichen Idealen strebt, für die in der habgierigen Welt der Kaufleute kein Platz ist. So ergibt sich als Zentralmotiv des Romans der Kampf und das Unterliegen dieses reinen Idealisten. Foma selbst vergleicht sich einmal mit einem Vogel, der aus dem Walde nicht herausfindet und sich an den Baumstämmen schließlich zu Tode stößt. So stößt der von einem humanen und schönen Leben träumende Held mit der zynischen, geldgierigen und gewinnsüchtigen Welt des frühen Kapitalismus zusammen und geht daran zugrunde. Der stilistische Grundton des Romans ist realistisch, geradezu nüchtern, doch finden sich viele emotionale und metaphernreiche Passagen, etwa die Wiedergabe von Fomas Träumen und Reflexionen oder die stimmungsstarken Schilderungen der Wolgalandschaft (etwa die Party auf einem Wolgafloß in Kapitel VIII).

Auch in dem kompositorisch undurchsichtigen Roman *Troe* (Drei Menschen, 1900) ist das Zentralmotiv das Scheitern des Individuums an der zynischen Gesellschaft des Kapitals; die Darbietungsweise dieses Werkes erreicht oft grelle naturalistische Farben.

Den Übergang von seiner frühen romantischen Grundposition nicht nur in stilistischer Hinsicht, sondern auch im Hinblick auf die ideelle Aussage seiner Dichtungen zu einem konkreten, auf die gesellschaftliche Wirklichkeit gerichteten kritischen Realismus vollzog Gor'kij aber erst in seinen Dramen, die zwischen 1901 und 1906 entstanden. Čechov und Stanislavskij hatten Gor'kij ermuntert, sich auch als Dramatiker zu versuchen. Seine dramatisch zugespitzten frühen Prosawerke wie etwa *Čelkaš* oder *Foma Gordeev* ließen ja wohl auch konflikt- und kollisionsreiche Schauspiele erwarten. Aber solche Erwartungen wurden von Gor'kijs ersten Dichtungen fürs Theater enttäuscht. Seine »dramatischen Szenen« (so nannte er selbst vorsichtigerweise alle seine Stücke) haben keine romantischen Vorbilder, bedienen sich keines handlungsbetonten und intrigenreichen Stoffes, sie basieren vielmehr auf Čechovs Theater der Atmosphäre im kleinbürgerlichen und landadelig-provinziellen Milieu.

In diese Čechovsche Welt der Langeweile und Untätigkeit einer zugrunde gehenden Gesellschaft dringt in Gor'kijs erstem Drama *Meščane* (Die Kleinbürger, 1902) ein aktiver, kraftvoller Außenseiter ein, der sich als geistiger und politischer Vertreter des erwachenden Proletariats, als der Repräsentant einer neuen Zeit erweist. War das arbeitende Volk bisher immer nur als passive, leidende und unterjochte Masse interpretiert worden, so tritt hier zum erstenmal ein Vertreter des Proletariats in der Literatur auf, der sich nicht nur spontan gegen die Unterdrückung seiner Klasse auflehnt, sondern wohlüberlegt und bewußt sich zu helfen und zu kämpfen weiß.

Das Stück spielt sich im Hause des Malermeisters Bessemenov ab, der – ähnlich wie Gor'kijs Großvater, dessen Vor- und Vatersnamen er auch trägt – seine Familie mit seiner Gesinnung des Besitzstrebens und Eigennutzes, seiner Moral des Geldes, der Bigotterie und der passiven Rechtfertigung der bestehenden Verhältnisse sowie der Forderung nach scheinheiliger Dankbarkeit für großzügig erwiesene Selbstverständlichkeiten tyrannisiert. Seine Kinder widert diese spießige Atmosphäre an, sie protestieren dagegen, so daß es zu fortgesetzten Streitereien kommt, aber die jungen Bessemenovs haben keine klare Vorstellung, wie sie dieser muffigen Welt entkommen und sie durch freiere menschliche Beziehungen ablösen können. So geraten sie am Ende in eine Lage, die voraus-

sehen läßt, daß sie »ausreichend schlecht, gemein und feige«, aber ebenso »genügend gut, ehrbar und tapfer« das gleiche dumpfe Kleinbürgerdasein wie ihre Eltern fortsetzen werden. Lediglich Bessemenovs Adoptivsohn, der Lokomotivführer Nil, besitzt die Entschlossenheit und Härte, sich mit einer für seine Stiefeltern unbegreiflichen Undankbarkeit ungerührt von dieser Welt zu trennen. Der Gegensatz zwischen ihm, und das heißt den Arbeitern und den Kleinbürgern, bildet die dem Stück zugrunde liegende, relativ einfache Konfliktsituation; die Personen der Handlung sind – im Unterschied zu Čechovs individualisierten und nuancenreichen Figuren – beinahe schablonenhaft typisiert.
Hinsichtlich der Komposition erweist sich Gor'kij als Schüler Čechovs: Der Schluß jedes Aktes korrespondiert in der Konstellation der Figuren und Stimmungen mit dem Anfang des folgenden und hält so die einheitliche Atmosphäre der sterbenden Welt der alten kleinbürgerlichen Ordnung aufrecht.

Im Zentrum des Stückes steht Nil; Gor'kij hat ihn, wie die Textgeschichte beweist, durch Kürzungen und Änderungen der Rollen der übrigen Personen der Handlung stärker hervorgehoben, ohne ihm – was seinem Charakter unangemessen gewesen wäre – längere Reden und größere Auftritte zuzugestehen. Auf ihn, den Arbeiter, wird alle Aufmerksamkeit gerichtet, um ihn geht es zumeist, auch wenn er nicht auf der Bühne anwesend ist. Nil wird nicht in seiner Entwicklung dargestellt, er ist bereits von Anfang an von seinen sozialistischen Idealen überzeugt, die er im Laufe des Stückes sowohl im individuell-psychologischen Rahmen – er verliebt sich in das verachtete Hausmädchen Polja und weist die egoistische Liebe der Tatjana Bessemenova zurück – als auch im ideologischen Bereich durch die Begründung seines Bruches mit den Bessemenovs entfaltet. Er ist eine bereits geformte, feste Persönlichkeit, die sich auch charakterlich gegenüber der Furcht vor allem Neuen und Unbekannten und der Skepsis unter den alten und jungen Bessemenovs durch Optimismus, Lebensfreude und einen unerschütterlichen Glauben an die Zukunft der sozialistischen Gesellschaft auszeichnet. Ihn trägt das Pathos des Kampfes und des Sieges, der Glaube an den Menschen und an die Kraft seiner Werke und seiner Arbeit. Darin

unterscheidet er sich von den niedergedrückten und demoralisierten Arbeitern der vorrevolutionären Werke etwa Veresaevs oder Serafimovičs.
Im Gegensatz zu den bisherigen faszinierenden Helden Gor'kijs ist Nil auf den ersten Blick eine ernüchternde, alltägliche Gestalt ohne romantischen Schwung, er ist kein Theaterheld, und alle Stellen, die ihn hätten emporheben oder erhöhen können, hat Gor'kij im Manuskript gestrichen. Trotzdem hat Čechov auf seine »heroische Rolle« hingewiesen. In der Tat liegt in der Konsequenz und Sicherheit der Überzeugung Nils noch ein überhöhter romantischer Schwung, ideologisch vermochte ihm niemand zu folgen. Davon wird auch im Stück nicht gesprochen, und die tatsächliche historische Entwicklung, der Gor'kij schließlich Stoff und Problem seines Stückes entnommen hat, hat dies zuletzt auch deutlich bewiesen: Das russische Proletariat war um die Jahrhundertwende zum geschlossenen politischen Kampf noch nicht reif, die Revolution von 1905 scheiterte.
Eine ähnliche Thematik wie in den *Meščane* hat Gor'kij in einigen weiteren Dramen gestaltet: *Dačniki* (Sommergäste, 1904), *Deti solnca* (Kinder der Sonne, 1905) und *Varvary* (Barbaren, 1906).
Gor'kijs zweites Drama, *Na dne* (Auf dem Grunde, zu ergänzen: des Lebens, vorheriger Titel: *Na dne žizni*), entstand gleichzeitig neben den *Meščane*. Stanislavskijs Uraufführung im Künstlertheater in Moskau am 18./31. 12. 1902 war ein für russische Bühnen beispielloser Erfolg; nicht minder erfolgreich war Max Reinhardts deutsche Erstaufführung in Berlin unter dem Titel *Nachtasyl*, die bereits am 23. 1. 1903 stattfand. In diesem problematischen Stück – dem berühmtesten seiner Bühnendichtungen – bringt Gor'kij das aus seinem Werk vertraute Milieu der Bosjaki, der Gescheiterten und Asozialen auf die Bühne. Dieser Stoff ist nun aber völlig entromantisiert; unter den Asylbewohnern finden sich weder große noch stolze und starke Individuen wie etwa Nil, es sind ausgestoßene, gestrandete und demoralisierte Existenzen. Es bedeutete so etwas wie eine Revolution des russischen Theaters, diese niedersten Schichten, das Asyl des Lumpenproletariats in ungeschminkter Nacktheit auftreten zu lassen. Auch dieses Stück ist kein Handlungsdrama, obwohl es an drama-

tischen Effekten und Kollisionen, zugespitzten Dialogen und Auseinandersetzungen nicht fehlt. Sie sind aber in die Atmosphäre des Elends und der demoralisierten Gleichgültigkeit eingebettet, die Gor'kij mit Čechovschen szenischen Mitteln (genaue Bühnen- und Regieanweisungen, Pausen und Wiederholungen, gleichzeitiges Auftreten einzelner Personen und Gruppen, die unabhängig voneinander agieren, z. B. in II, 1 u. ä.) erzeugt, und sie haben damit eine sekundäre Funktion. Das Hauptthema des Stückes bildet eine allgemein-menschliche, philosophische Frage, eines jener »ewigen« Probleme der Literatur, das Gor'kij auf folgende einfache Formel gebracht hat: Was ist besser für den Menschen: Wahrheit oder Mitleid?

Seiner Gattung nach ist *Na dne* also ein Ideendrama oder, in sowjetischer Terminologie, ein philosophisches Drama. Die Idee von der tröstenden Hoffnung, die das Elend vergessen macht und die Illusion einer Rettung und Erlösung vorspielt, diese Idee eines passiven sentimental-romantischen Traumes, die ein Sichabfinden mit den Verhältnissen gebiert, wird im Stück durch den Strannik Luka an die Asylbewohner herangetragen, Menschen von verschiedenster Lebenskraft und Aktivität, die sich selbst und diesen Gedanken an der Realität überprüfen.

In dem Elendsquartier, das der geldgierige Spießer Kostylev mit seiner egoistischen und brutalen Frau Vasilisa unterhält, vegetieren die Personen der Handlung in dumpfer Resignation dahin: Pepel, ein erblich vorbelasteter Gewohnheitsdieb, Klešč, ein arbeitslos gewordener Schlosser, mit seiner Frau Anna, die er so mißhandelt hat, daß sie stirbt, ohne daß die im Asyl Hausenden menschliche Anteilnahme zeigen; Nastja, eine verträumte Prostituierte, der Hutmacher Bubnov, ein ehemaliger Zuchthäusler, den seine Frau betrogen und um seine Werkstatt gebracht hat, ein namenloser Schauspieler, der dem Alkohol verfallen ist, ein Baron, der sich leichtsinnig ruiniert hat, und eine Reihe weiterer Gestrauchelter und Verzweifelter. Sie alle sind unverwechselbare Individuen, deren Elend sowohl persönliches Mißgeschick als auch die diesen Sturz erst ermöglichenden objektiven gesellschaftlichen Verhältnisse verursacht haben; jeder von ihnen klammert sich an eine vage Hoffnung, dem erniedrigenden und zermürbenden Asyldasein wieder zu entrinnen. Am deutlichsten ist dieser Lebenswille zunächst in Klešč ausgeprägt, der glaubt, durch seiner Hände Arbeit wieder Boden unter die Füße zu bekommen, am wenigsten in dem verkommenen Baron und in dem zum Zynismus abgestumpften Bubnov.

In diesen Kreis tritt nun leise und bescheiden der alte Strannik Luka, seine Herkunft bleibt geheimnisvoll im dunkeln. Er nährt die verzweifelten Hoffnungen der Asylbewohner mit tröstenden Illusionen, getreu seiner Devise: Woran du glaubst, das gibt es auch. Den Schlüssel zum Verständnis seiner allerdings nur tröstenden Güte liefert seine Erzählung von dem betrogenen Sucher, der unerschütterlich an das Land der Gerechten glaubt und es sein Leben lang zu finden hofft, bis ihm ein Gelehrter beweist, daß es ein solches Land nicht gibt; darauf erhängt er sich. Ohne Hoffnung und tröstende Illusionen vermag der Mensch nach Luka sein Unglück nicht zu ertragen, und so hält er für jeden der Elenden eine tröstliche Hoffnung bereit: Der sterbenden Anna verspricht er Ruhe und Erlösung nach dem Tode, dem Schauspieler eine kostenlose Entziehungskur in einer fremden Stadt, Nastja die Erfüllung ihrer Sehnsucht nach Liebe, Pepel ein neues Leben in Sibirien. Lukas Hilfe ist uneigennützig, er bezieht aufrecht und furchtlos Stellung gegen den allmächtigen Kostylev und gegen Vasilisa.

In Lukas Idee steckt eine große psychologische Wahrheit, die tiefer dringt als in nur gesellschaftlich-politische oder philosophische Bezirke. Denn Luka weiß, daß der Wille zu leben und das Streben nach dem Lebensglück von individuellen Hoffnungen und Wünschen abhängen, auf die der Helfende behutsam eingehen und die er zunächst nähren muß, um ihn allenfalls später langsam zur nüchternen Realität hinzuführen. »Die Wahrheit ist nicht immer gut für den Menschen . . ., nicht immer heilst du die Seele mit der Wahrheit . . .«, so rechtfertigt Luka sein Vorgehen. Freilich erweist sich gerade in der Notwendigkeit der Trostlüge auch die ganze Tragik dieses verstehenden und helfenden Humanismus. Denn der tröstliche Glaube an eine einstige Wende weckt nicht nur keine eigenen Kräfte zur Veränderung, sondern lähmt diese noch und führt somit ungewollt zu einer Befestigung der bestehenden Zustände, das heißt des jammervollen Elends. Hätte aber Luka den hilflosen und verzweifelten Insassen des Asyls, die ja von vornherein ohne Kraft und Lebensmut sind, auf andere Weise helfen können?

So unauffällig, wie er gekommen war, verläßt Luka das Asyl wieder und zieht in die Ukraine. Sein unmotiviertes Verschwinden soll das Scheitern seiner Idee symbolisieren. Indirekt bleibt er jedoch anwesend, er hat alle Asylbewohner tief beeindruckt, verwirrt und in Nachdenklichkeit versetzt: Bubnov und der Baron verwerfen die »trügerischen Lügen« des Alten und finden sich mit der unabänderlichen Wirklichkeit durch zynische Befriedigung ihres kreatürlichen Egoismus ab. Klešč gibt alle Versuche, sich aus dem Asyl mit eigener Kraft herauszuarbeiten, auf und überläßt sich der Hoffnung auf die Verheißungen des Evangeliums. Pepel will dem Rat Lukas folgen und in Sibirien zusammen mit Nataša ein neues Leben beginnen; aus Eifersucht verbrüht aber Vasilisa ihre Schwester, und in dem darauffolgenden Handgemenge erschlägt der rasende Pepel ungewollt Kostylev, womit er — wenn auch ohne diese Absicht — eine frühere Anstiftung Vasilisas erfüllt; beide werden festgenommen, Nataša glaubt sich betrogen und verläßt Pepel. Der Schauspieler schließlich, an Lukas Versprechen irre geworden, nimmt sich voller Verzweiflung selbst das Leben. So scheitern also alle, die Luka Glauben geschenkt und seinem Weg zu folgen sich angeschickt haben.

Nur in einem der Asylbewohner, der sich den kräftigsten Lebenswillen unter den Ausgestoßenen bewahrt hat, in Satin, erwächst Luka im letzten Akt ein vollwertiger ideologischer Gegenspieler.[8] An Bubnov und den Baron gewendet, erklärt er, Luka sei kein Scharlatan, sondern habe die Menschen und ihr Los begriffen:

»Der Mensch ist die Wahrheit! Das hat er begriffen, ihr nicht! Ich verstehe den Alten, jawohl! Er hat gelogen, aber — aus Mitleid mit euch, hol euch doch der Teufel! Es gibt viele Menschen, die aus Mitleid mit ihrem Nächsten lügen, ich weiß das...! Es gibt tröstende Lügen, versöhnende Lügen... Lügen, die die Kraft rechtfertigen, die die Hand des Arbeiters zerdrückt und den, der Hungers stirbt, anklagen. Ich kenne die Lüge. Wer ein schwaches Herz hat... und wer von fremden Säften lebt, der braucht die Lüge, den einen hilft sie, den anderen verschleiert sie... Aber wer sein eigener Herr, wer unabhängig ist und nicht seinen Nächsten frißt — was braucht der die Lüge? Die Lüge ist die Religion der Sklaven und der Sklavenhalter ... die Wahrheit ist der Gott des freien Menschen.«[9]

Lukas passiver Philanthropie hält Satin seinen aktiven, kämpferischen Humanismus vom selbständigen, freien und stolzen Menschen entgegen, vom »Čelovek s bol'šoj bukry«, der sich nicht mit unmenschlichen Verhältnissen aussöhnt, sondern bereit ist, diese zu bekämpfen.

»Der Mensch ist frei; er bezahlt für alles selbst: für den Glauben, den Unglauben, die Liebe, den Verstand — der Mensch zahlt für alles selbst, weil er frei ist. Der Mensch — das ist die Wahrheit. Und was ist das — der Mensch? Nicht du, ich, sie — o nein! Das sind du, ich, sie, der Alte, Napoleon, Muhamed ... alle zusammen! [Er zeichnet mit dem Finger in der Luft die Figur eines Menschen.] Verstehst du das? Das ist — etwas Gewaltiges. In ihm sind aller Anfang und alle Enden. Alles ist im Menschen, alles ist für den Menschen! Es gibt nur den Menschen, und alles übrige ist das Werk seiner Hände und seines Hirns! Der Mensch! Etwas Grandioses! So erhaben klingt das: ein Mensch! Man muß den Menschen achten, nicht bemitleiden — ihn nicht mit Mitleid erniedrigen, man muß ihn achten ... Der Mensch ist das Höchste ... Wovor sollte sich der Mensch fürchten?«[10]

Im letzten Akt, in diesen freilich dem Milieu des Asyls und dem Charakter und der Haltung Satins im Schauspiel bis zu diesem Punkt einigermaßen unangemessenen, rhetorischen Passagen schält sich der grundlegende Konflikt des Stückes heraus, die Diskrepanz zwischen der Predigt der Versöhnung und dem Appell an die aktiven, lebensfähigen Kräfte im Menschen, die es verbieten, sich mit den Verhältnissen auszusöhnen, die den Menschen innerlich und äußerlich unterdrücken und erniedrigen.

Gor'kij hat es später bedauert, daß die Gestalt des Luka zu positiv ausgefallen sei; er habe an einen »professionellen« Tröster und Mitleidsprediger gedacht, dessen falsche und schädliche Gedanken er habe entlarven wollen. Die Erfolglosigkeit der Ideen Lukas im großen gesellschaftlichen Rahmen ist im Stück unzweideutig zum Ausdruck gekommen. Die Berechtigung seines Vorgehens im Einzelfall, die individuelle, psychologische Wahrheit seines Handelns ist damit aber nicht aufgehoben. Darin liegt die immer wieder diskutierte positive Seite im Wirken des Luka.

Das Ideendrama *Na dne* stellt kompositorisch eine ausgewogene Einheit dar. Dieser Tatbestand ist von der Forschung merkwürdigerweise häufig bestritten worden. In die niedergedrückte Welt der Asylinsassen tritt Luka, sein Wirken entfaltet seine Idee der tröstenden Täuschung nach verschiedenen Seiten, wo sie sich bewähren muß, nach seinem Fortgang und dem allgemeinen Scheitern seiner Vorstellungen herrscht die gleiche Resignation wie zu Beginn, nur nicht mehr so drükkend und belastend, denn immerhin ist aus diesem Chor der Verzweifelten Satins Appell an den tätigen Menschen erklungen. So läßt sich die Komposition des Stückes mit der einer Sinfonie vergleichen, in der ein Hauptmotiv sich entfaltet und in verschiedenen Variationen abgewandelt wird.

Literarhistorisch bedeutet *Na dne* die künstlerisch bedeutendste Polemik mit Tolstojs Lehre von der Widerstandslosigkeit gegenüber dem Bösen und der passiven Selbstvervollkommnung des Menschen. Tolstoj selbst hat das Stück auch so verstanden und in ihm sogar seine geheimsten religiösen Zweifel erkannt.[11]
Es ist aber zugleich auch eine Wendung gegen das Narodničestvo, wenn gezeigt wird, daß aus dem Volke eben nur passive Dulder wie Luka, aber keine kämpferischen Revolutionäre hervortreten. Und schließlich wendet sich Gor'kij auch gegen seinen großen künstlerischen Antipoden Dostoevskij, der im Raskol'nikov den Stolz des Individuums als Hybris entlarvte; diesem Stolz solle der Mensch in Demut, Reue und Leiden entsagen. Dagegen polemisiert Gor'kij leidenschaftlich, wenn er Satin sagen läßt, daß der Mensch gerade auf die Kräfte in seinem Inneren stolz sein sollte, die ihn befähigen, Taten wie beispielsweise Napoleon zu vollbringen, die auf seiner ethischen Höhe nicht zum Verbrechen wie bei Raskol'nikov, sondern zur Befreiung der Menschheit führen werden.[12]
Marx und Engels haben in verschiedenen Arbeiten darauf hingewiesen, in welche Tiefen das Proletariat hinabsinkt, wenn es in seinem täglichen Existenzkampf bis zur Erschöpfung ausgepowert wird. Dieser »Abgrund« wird in Gor'kijs Schauspiel greifbar, wenn auch seine Bosjaki keine Proletarier verkörpern; aber sie repräsentieren die Opfer einer in-

humanen Gesellschaft. Deshalb mußte Satins Appell an die kämpferische Menschlichkeit wie ein revolutionärer Aufruf wirken: Nicht durch Demut und Duldung, sondern nur durch revolutionären Kampf kann die Voraussetzung für eine neue, gerechte Gesellschaftsordnung geschaffen werden.

Diese Konsequenz, die aus dem Schauspiel *Na dne* zu folgern war, wurde in Gor'kijs Drama *Vragi* (Die Feinde, 1906) auf der Bühne demonstrativ vorgeführt: Im Zusammenstoß mit ihren kapitalistischen Unterdrückern, die sich als überlegene Herrenmenschen fühlen, finden die Arbeiter vom spontanen Aufbegehren zu einer bewußten, organisierten Massenbewegung, die, von den Ideen der Kommunistischen Partei inspiriert, das Bewußtsein der Proletarier ergreift und zur bewegenden und siegreichen Kraft in der Geschichte wird.

Damit hat Gor'kij aber eine entscheidende Wende vollzogen: nicht nur, daß – wie in *Na dne* – an die Stelle romantisch idealistischen Schwunges der wirklichkeitsgetreue realistische Stil trat, sondern auch, daß das literarische Kunstwerk die sozialistische Weltanschauung vermittelt und propagiert. Dies kennzeichnet die Entwicklung von Gor'kijs zweiter Schaffensperiode.

Kapitel IX: Die Begründung des sozialistischen Realismus: Maksim Gor'kijs zweite Schaffensperiode (1906–1936)

Gor'kijs zweite Schaffensperiode setzt in einer Zeit ein, in der sich der Schriftsteller aktiv und sehr entschieden politischer und revolutionärer Tätigkeit widmet. Er war Augenzeuge gewesen, wie am 9. Januar 1905 die von dem Popen Gapon angeführte friedliche Demonstration durch die Soldaten des Zaren vor dem Winterpalais zusammengeschossen worden war, und bezeichnete in einem Aufruf an die russischen Bürger und an die Weltöffentlichkeit dieses Ereignis als Mord, den der Zar zu verantworten habe. Das Manuskript fiel der Polizei in die Hände, und Gor'kij wurde bereits am 11. Januar verhaftet und in der Peter-und-Pauls-Festung eingekerkert. Auf Druck der öffentlichen Meinung in aller Welt wurde Gor'kij im Februar gegen eine hohe Kaution entlassen. Er arbeitete mit Lenin, Lunačarskij und anderen sozialdemokratischen Führern an der kurzlebigen marxistischen Zeitung *Novaja Žizn'* mit, warb durch Reden, Aufsätze und Sammelaktionen für die proletarische Revolution und die RSDRP. Um wiederum drohender Verhaftung zu entgehen, verließ er Anfang 1906 Rußland; seine illegale Ausreise führte über Finnland nach Berlin, wo er mit Bebel, Kautsky und Liebknecht zusammentraf und während der Aufführung seiner Dramen in Max Reinhardts Volksbühne begeistert gefeiert wurde. Nach kurzen Aufenthalten in der Schweiz und in Frankreich reiste er nach New York und begann dort eine wirkungsvolle Agitation gegen die Politik der Westmächte, die die russische Regierung in ihrem Kampf gegen die revolutionären Unruhen mit Krediten unterstützten. Außerdem geißelte er in scharfer Form in verschiedenen publizistischen Arbeiten die sozialen Mißstände und die Ausbeutung des Proletariats, wie er sie in den Ländern des westlichen Kapitalismus wahrnahm. Da infolge dieser Aktivitäten an eine

Rückkehr nach Rußland nicht zu denken war, ließ er sich Ende 1906 in Capri nieder, wo sein Wohnsitz in den nächsten sieben Jahren ein Zentrum der russischen revolutionären Bewegung in der Emigration werden sollte. Seine marxistische Überzeugung, sein Glaube an den Sieg des Sozialismus und an die nahende Weltrevolution war durch die Erfahrungen seiner politischen Betätigung gefestigt worden; dessenungeachtet ist Gor'kij jedoch nicht zum politischen Fanatiker oder Doktrinär geworden. In seinem Hause auf Capri organisierte er gemeinsam mit Anatolij Vasil'evič Lunačarskij (1875 bis 1933) und Aleksandr Bogdanov (Pseudonym für Malinovskij, 1873–1928) eine Parteischule, wo unter anderem auch Fragen des irrationalen, religiösen Bewußtseins der russischen Bauern und Probleme der Gemeinsamkeit und des Wechselverhältnisses von Christentum und Marxismus diskutiert wurden. Lenin hat diese Versuche, »die Sozialdemokratie mit der Predigt des Glaubens und der Religiosität zu verbinden«, energisch bekämpft und eine Mitarbeit an Gor'kijs Parteischule abgelehnt. Auf dem Höhepunkt dieser Auseinandersetzungen veröffentlichte Gor'kij 1908 seine Erzählung *Ispoved'* (Die Beichte), die das innere Ringen eines Menschen zum Gegenstand hat, der Christentum und Marxismus vereinbaren möchte. Erst 1910 konnten die Verstimmungen zwischen Lenin und Gor'kij wieder beigelegt werden.
Die in Italien entstandenen Werke, unter ihnen die Erzählung *Gorodok Okurov* (Das Städtchen Okurov, 1910), das Drama *Vassa Železnova* (1910, Neufassung 1935) und der Roman *Žizn' Matveja Kožemjagina* (Das Leben des Matvej Kožemjagin, 1911), setzen die kritische Darstellung der Verhältnisse in der russischen Provinz, die Abrechnung mit dem stumpfen Leben und der egoistisch-rückständigen Gedankenwelt der Kleinbürger und Philister fort. Außerdem studierte Gor'kij in jenen Jahren eingehend die Werke Dostoevskijs, die im Lager der Modernisten und Symbolisten zu wachsender Wirkung und immer größerem Einfluß gelangten. In seinem Aufsatz O *karamazovščinie* (Über das Unwesen der Karamazovs, 1913) nannte er Dostoevskij zwar einen genialen Dichter, distanzierte sich aber zugleich von dem »bösen, verderblichen Genius Rußlands«, der anstatt dem Menschen einen Ausweg aus seinem elenden Dasein zu zeigen und ihm

Lebensmut und Hoffnung einzuflößen, die verhängnisvollen Folgen und Krankheitserscheinungen der russischen Geschichte ausmale: die Trostlosigkeit und Brutalität nihilistischer Naturen und die – wie Gor'kij meint – bloß scheinbare Läuterung der Verzweifelten in Reue, Demut und Leiden. Gegen Dostoevskij ist auch Gor'kijs Drama *Starik* (Der Alte, 1915) gerichtet. Einem des Mordes verdächtigen Gefangenen ist die Flucht und Rückkehr ins bürgerliche Leben gelungen, wo ihn der »Alte«, ein Mithäftling, der seine Strafe abgebüßt hat, zusammen mit seinem ihm hörigen Mündel stellt und ihn mit Vorwürfen bedrängt, er habe weder gebüßt noch bereut, vor Gott und vor seinem Gewissen bleibe er deshalb ewig schuldig. Von Gewissensqualen und den bösen Einflüsterungen des rächenden Alten gepeinigt, weiß der Held des Stückes schließlich keinen Ausweg mehr aus seinen seelischen Qualen und erschießt sich; der Alte flieht. Das Stück bestreitet Dostoevskijs These, daß der Mensch durch Leid und Buße Erlösung und innere Harmonie finde, der Weg der individuellen Reinigung in Zerknirschung und die schließliche Wende zu einem religiösen Weltverzicht sind für Gor'kij ohne Perspektive, vom ihm so verhaßten krankhaften Individualismus geprägt und führen letztlich zur Katastrophe, zum Tod.

Diese Polemik Gor'kijs mit der so gedeuteten Ausweglosigkeit Dostoevskijs ist zugleich auch eine Ablehnung der an gesellschaftlichen Fragen uninteressierten Kunst der mit immer bedeutenderen Werken hervortretenden modernistischen Strömungen. Gor'kij ließ nur die formalen, d. h. sprachlichen und stilistischen Neuerungen der Symbolisten gelten, ihre individualistische und mystische Geisteswelt lehnte er ab. Ihr hielt er seinen diesseitigen optimistischen Humanismus entgegen, seinen Glauben an die besten Kräfte des russischen Volkes, die sich anschicken, eine neue, gerechte und menschliche Gesellschaftsordnung ohne Klassenunterschiede und soziale Not zu errichten. Es sind dies die bewußten Kämpfer und Führer des Proletariats, die marxistischen Revolutionäre und die sich unter ihrem Einfluß entwickelnde klassenbewußte sozialistische Arbeiterschaft. Auf dieser Grundidee beruht Gor'kijs zweite Schaffensperiode, die mit dem Erscheinen des Romans *Mat'* (Die Mutter, 1906) einsetzt[1], der als die erste und beispielhafte größere Dichtung des sozialistischen Realismus gilt. Er behandelt das Leben des russischen Proletariats aus einer ganz anderen Sicht, als es bisher in der Literatur gestaltet war[2]: nicht die Welt der Arbeit, das bedrückende soziale Elend, die Ausbeutung der Arbeiter und spontaner oder auch sich organisierender Protest dagegen stehen im Zentrum, sondern die ideologische Reife und Entwicklung des Proletariats zur ihm gemäßen Weltanschauung des marxistischen Sozialismus. Dieser Bildungsprozeß wird am Lebenslauf der beiden ersten ideologisch »positiven Helden« (položitel'nye geroi) in der Literatur des sozialistischen Realismus gezeigt, am Schicksal Pavel Vlasovs und seiner Mutter Pelageja Nilovna.

Der von Gor'kij sehr sorgfältig gearbeitete Roman – erst die sechste Fassung befriedigte den Autor – beruht teilweise auf realen Ereignissen, die Gor'kij 1902 in Sormovo, der Arbeitervorstadt von Nižnij Novgorod, selbst erlebt hat: die anschwellende sozialistische Bewegung unter den Arbeitern, die 1902 in einer Maidemonstration kulminierte, welche von dem jungen Sozialdemokraten Petr Zalomov und seiner Mutter angeführt worden war. Sie sind die Vorbilder für Gor'kijs Arbeiterfamilie Vlasov, deren graues Alltagselend den Roman einleitet. Die zunehmende Unzufriedenheit unter den ausgebeuteten Arbeitern äußert sich in unkontrollierten Affekthandlungen, in Rauferei und Trunksucht aus Verzweiflung; so prügelt Michail Vlasov seine geduckte, verängstigte Frau Pelageja ebenso wie seinen Sohn, der sich in gleicher Weise zu entwickeln scheint. Nach des Vaters plötzlichem Tod beginnt er jedoch, sozialistische Literatur zu lesen, schließt sich einem Kreis revolutionärer Agitatoren an, die sich bald regelmäßig in Vlasovs Wohnung treffen, erwirbt sich gründliche theoretische Kenntnisse und wird bald der führende Funktionär dieser Gruppe. Zunächst sind seine Theoreme noch zu abstrakt, um unter den unsicheren und von den Unternehmern eingeschüchterten Arbeitern Wirkung hervorzurufen, ein geplanter Streik mißlingt deshalb. Aber Pavel zieht daraus die Lehre, in der Sprache der Arbeiter zu sprechen und in ihrer Mitte ihre Peiniger zu Rede und Antwort herauszufordern. Natürlich führt das zu seiner Verhaftung, doch kann man die ihm zur Last gelegte Verbreitung von Flugblättern nicht beweisen, weil während seiner Haft seine Mutter die Flugschriften weiterhin verteilt. Als Pavel während einer Maidemonstration wiederum verhaftet wird, nimmt ihm seine Mutter die rote Fahne aus der Hand und trägt sie der zunächst furchtsam zaudernden Menge mutig voran. Pavel wird verurteilt, entwickelt aber in seiner Verteidigungsrede, die zu einer scharfen Anklage gegen die ihn richtende, aber absterbende Klasse wird, die Aufgaben und Ziele der Revolution, das Zarenjoch abzuschütteln und die Gesellschaft des Privateigentums und der Ausbeutung des Proletariats zu liquidieren.

»Sie alle, unsere Herren, sind mehr Sklaven als wir — Sie sind geistig versklavt, wir nur körperlich ... Blicken Sie sich doch um — Sie haben schon keine Leute mehr, die auf Grund einer Idee für Ihre Macht kämpfen könnten, Sie haben alle Argumente verausgabt, die Sie vor dem Ansturm der historischen Gerechtigkeit schützen können, Sie sind unfähig, auf ideellem Gebiet etwas Neues zu schaffen, Sie sind geistig unfruchtbar ... Ihre Energie ist die mechanische Energie des sich mehrenden Geldes ... Unsere Energie ist die lebendige Kraft des stetig wachsenden Bewußtseins der Solidarität aller Arbeiter ... Sie haben den Menschen vom Leben losgerissen und geistig zugrunde gerichtet; der Sozialismus vereinigt die von Ihnen zerstörte Welt zu einem großen, einigen Ganzen — und das wird bald geschehen!«[3]

Pavel verkörpert sozusagen das theoretische Mark des Romans, er ist indirekt immer anwesend, da sowohl seine Mutter als auch seine Freunde und Kumpel stets über ihn und seine Ziele diskutieren. Als literarischer Typus bleibt er jedoch blaß und farblos, er ist weder äußerlich plastisch gezeichnet, noch wird seinem emotionalen oder psychischen Erleben Aufmerksamkeit gewidmet, er ist ein asketischer, ausschließlich prinzipientreuer Revolutionär.

Eine überzeugende Gestalt voller menschlicher Wärme ist dagegen Pavels Mutter. Die demütige und furchtsame, abgestumpfte Frau ist entsetzt und betet für das Seelenheil ihres Sohnes, als sie die gottlosen Reden der Sozialisten hört. Allmählich beginnt sie aber — zunächst unwillkürlich, dann mit wachsender Aufmerksamkeit — zuzuhören, worüber Pavel und seine Freunde diskutieren. Sie stellt Fragen und begreift — aus ihrer christlichen Überzeugung von der Nächstenliebe heraus —, daß auch Arbeiter ein Recht auf ein menschenwür-

diges Dasein haben. Wenn sie nun beginnt, ihrem Sohne zu helfen, Propagandamaterial bereitzustellen, so ist zunächst die Triebfeder ihres Handelns allein ihre mütterliche Liebe zu Pavel, um den sie Angst hat, auf den sie aber auch stolz ist. Mit ihrer eigenen Aktivität wächst und verändert sie sich allmählich aber auch in ihrem Charakter: sie wird selbstbewußter, reflektiert über ihr Tun, lernt wieder lesen, um »noch mehr verstehen zu können«. Man muß sich Zeit nehmen, um Gor'kijs feine Schilderungen dieses langsamen, aber organischen Wachstumsprozesses zu erkennen. So beschreibt der Autor zu Beginn den geduckten, schiefen Gang der Mutter; später, in ihrer »politischen« Tätigkeit für ihren Sohn, geht sie gerade und aufrecht und blickt frei und direkt auf ihren Gesprächspartner. Allmählich verliert sie ihre Furcht vor Gott und der Obrigkeit und wird schließlich eine überzeugte Revolutionärin, bleibt dabei aber bis zuletzt die einfache, furchtsame Frau und über alles liebende Mutter. Es muß auch hierin ein tieferer Sinn erkannt werden, daß es die Liebe der Mutter, das humanste aller menschlichen Gefühle ist, das Pelageja Nilovna zur Dienerin der Revolution gemacht hat. Damit wird die Revolution im echt Gor'kijschen Sinne zur großen Tat der Humanität geadelt.
Während des Prozesses gegen Pavel lauscht die Nilovna den Verteidigungsworten ihres Sohnes; von der Kraft seiner Rede gepackt, setzt sie nach seiner Verurteilung sein Werk fort, reist durch das Land, um sozialistische Literatur zu verbreiten und Pavels Ideen zu verkünden, bis sie schließlich selbst auf einem Bahnhof, von einem Spitzel verraten, verhaftet und mit brutaler Gewalt zum Schweigen gebracht wird.

Der Roman ist in stilistischer Hinsicht ein Musterbeispiel für traditionelle realistische Gestaltung. Gor'kij verwendet den umgangssprachlichen Wortschatz; die bedrückende und kärgliche Atmosphäre der Arbeitervorstadt wird durch eine geradezu endlose Variation von Epitheta des Grauen, Trüben, Dumpfen und Farblosen erzeugt, was – in Verkennung der künstlerischen Absicht des Autors, nämlich die bedrückende Alltäglichkeit des Arbeiterlebens zu reproduzieren – oft fälschlich als langweilig mißdeutet wird. Auch die Vertreter der besitzenden Klasse werden durch leblose, versachlichende

Adjektiva charakterisiert, und als Leitmotiv des Zwanges zur unfreien Arbeit zieht sich das Sirenengeheul der Schichtsignale trübsinnig durch den ganzen Roman. In die Reden der Revolutionäre hat die Sprache der sozialdemokratischen Agitation Eingang gefunden. All dies gibt ein wirklichkeitsgetreues Bild der geschilderten Situation, trägt allerdings nicht zu interessanter Vielgestalt bei, was aber von Thema und Milieu des Romans auch nicht erwartet werden darf. Die demonstrierenden Revolutionäre beschreibt Gor'kij in lebendiger und emotionaler Sprache, doch bleibt er auch hier im umgangssprachlichen Rahmen. Seine Vergleiche umfassen nur sachlich Zusammengehöriges, Metaphern sind selten, sie häufen sich gegen Schluß des Romans, wo sie den wachsenden revolutionären Elan der Nilovna unterstreichen, doch wirken sie – ein Relikt romantischer Vergangenheit – in dieser trüben und ernsten Atmosphäre häufig manieriert. Der Roman ist straff komponiert, besonders gelungen ist seine kunstvolle Perspektivgestaltung: die Mutter ist als Beobachterin oder Trägerin der Handlung direkt oder indirekt zumeist der Mittelpunkt des Geschehens.

Gor'kijs Roman *Mat'* ist noch heute umstritten, nicht nur in der westlichen Kritik. Lenin und Lunačarskij haben ihn als ein hervorragendes Kunstwerk gepriesen, während Plechanov zwar seine »soziologische und politische Bedeutung« anerkannte, wegen seiner »Didaktik und Bekenntnishaftigkeit« ihm aber keinen besonderen künstlerischen Rang zugestand. Berücksichtigt man heute aber die stilistischen Voraussetzungen realistischer Gestaltung angesichts der Tatsache, daß es Gor'kij unternommen hat, das trübe und elende Vorstadtmilieu eines Industrieviertels als Sujet seines sozialen Romans zu verwenden, so wird man seinen künstlerischen Wert schwerlich bestreiten können. Seine entwicklungsgeschichtliche Bedeutung ist außerordentlich: In der Herausbildung der Selbstbehauptung und des Selbstbewußtseins der Arbeiter im sozialen Kampf, in der Überwindung der Entfremdung und der Gewinnung eines neuen Lebenssinnes und -zieles, eben des Sozialismus, hat Gor'kij hier jene Prinzipien literarisch gestaltet, die später zur Grundlage der Theorie des sozialistischen Realismus werden sollten. In der Bewußtseinsentwicklung der Helden dieses Romans spiegelt sich die so-

ziale Entwicklung Rußlands unmittelbar vor der Revolution wider, wie sie sich in den Augen der marxistischen Theoretiker darstellte.
In den Jahren 1930 bis 1932 schrieb Bertolt Brecht sein Lehrstück *Die Mutter. Leben der Revolutionärin Pelagea Wlassowa aus Twer. Nach dem Roman Maxim Gorkis.* Brecht setzte den Entwicklungsprozeß der Mutter und deren erzieherisches Wirken auf ihre Umwelt bis zur Oktoberrevolution im Jahre 1917 fort. Sein Schauspiel ist das erste größere, demonstrative Lehrstück, das sich gegen die »hingebende Einfühlung« des Zuschauers wendet. Als Prototyp des nichtaristotelischen, epischen Theaters will es »ein ganz bestimmtes praktisches, die Änderung der Welt bezweckendes Verhalten lehren«. Dies ist durch parabelartige Zuspitzung und Vereinfachung sowie durch strikte Parteinahme des Autors und Regisseurs zu leisten. Brecht äußert sich dazu folgendermaßen:

»Die kleine Szene zum Beispiel, in der die Wlassowa ihre erste Lektion in der Ökonomie empfängt, ist keineswegs nur ein Ereignis in ihrem eigenen Leben; es ist ein historischer Vorgang; unter dem ungeheuren Druck des Elends beginnen die Ausgebeuteten zu denken. Sie entdecken die Ursache ihres Elends.«[4]

Brecht wollte mit seinem epischen Theater eine »radikale Umfunktionierung« (so Brecht wörtlich) des bürgerlichen, ästhetisch genießenden Theatererlebnisses zu nützlicher Belehrung und Aktivierung des politischen Bewußtseins der Zuschauer herbeiführen. In Ablehnung der bürgerlichen Tradition wollte er eine qualitativ neue, proletarische Klassenliteratur schaffen. Damit bezog er aber eine gegen Gor'kij gerichtete Position. Denn Gor'kij bestand auf der Kontinuität der kulturellen Entwicklung und sah in der bevorstehenden sozialistischen Phase die Kulmination der ihr innewohnenden humanistischen Traditionen.
Gor'kijs Neuerung in der literaturgeschichtlichen Entwicklung liegt also darin, daß er das Dasein des unterdrückten Proletariats nicht nur als moralisch und ethisch verwerflich betrachtet, sondern als den Zustand der Entfremdung auf einem Entwicklungsstand der Geschichte, der im Namen der Humanität zu bekämpfen und zu überwinden ist. Die gei-

stige und physische Befreiung des entfremdeten Menschen wird seiner Auffassung nach die Verwirklichung der Idee des Sozialismus bringen. Es ist kaum nötig, darauf hinzuweisen, daß das Engagement für diesen sozialistischen Humanismus Parteilichkeit des Autors und seines Werkes für die sozialistische Weltanschauung verlangt – ein weiteres Kriterium des sozialistischen Realismus. In seinen »positiven Helden« Pavel Vlasov und Pelageja Nilovna Vlasova, die von der sowjetischen Literaturwissenschaft als die typischen Repräsentanten des revolutionären Proletariats verstanden werden, begründete Gor'kij das sozialistische Menschenbild in der russischen Literatur.

Wenn dieser sozialistische Kämpfer und Revolutionär aber die notwendige Konsequenz des historischen Gesetzes darstellt und kein zufälliger Idealist sein soll, bedarf es nicht nur – wie in *Mat'* gezeigt wurde – seiner aktuellen sozialen Begründung, sondern auch des historischen Beweises der Entwicklung dieses neuen Menschentypus. Auf diesem Gedanken beruhen Gor'kijs wichtigste nachrevolutionäre Werke, unter denen die Romane *Delo Artamonovych* (Das Werk der Artamonovs, 1925) und *Žizn' Klima Samgina* (Das Leben Klim Samgins, 1938 postum und unvollendet) besonders hervorragen.

In ihnen wird nicht nur – wie in den Romanen *Foma Gordeev, Žizn' Matveja Konzemjagina* und *Gorodok Okurov* – der moralische und geistige Verfall der bürgerlich-kapitalistischen Welt und ihrer ideellen und sittlichen Normen vorgeführt, sondern zugleich – und das ist gegenüber den genannten frühen Romanen zur gleichen Thematik das Neue – der gesetzmäßige, notwendige Triumph des Proletariats in der sozialistischen Oktoberrevolution.

Das Thema des moralischen Verfalls der Unternehmerfamilie der Artamonovs ist in dem Roman *Delo Artamonovych* nur die Oberflächenerscheinung der eigentlichen, grundlegenden Problematik vom sozialen Abstieg der ganzen Klasse der Kapitalisten und Privateigentümer. Der Vorwurf dieses Romans beschäftigte Gor'kij seit den neunziger Jahren, er hatte darüber mit Čechov und Lev Tolstoj diskutiert, 1924 nahm er dann die Arbeit auf, innerhalb von zehn Monaten schuf er vier Redaktionen. Die Struktur des Romans bildet die traditionelle und von Gor'kij schon mehrfach verwendete Familienchronik. Der Aufstieg und Niedergang der Artamonovs wird an drei Generationen dargestellt, die gewissermaßen die Etappen der Entwicklung der bürgerlich-kapitalistischen Gesellschaft in Rußland repräsentieren.

Il'ja Artamonov, ein freigelassener, nicht unvermögender Leibeigener, vital und voller Lebenskraft, errichtet gemeinsam mit seinen Söhnen tatkräftig und mit seiner Hände Arbeit in einer russischen Provinzstadt eine Leineweberei, sein »Werk«, das er seinen Kindern und Kindeskindern »auf 300 Jahre« überantworten will. Für ihn sind Werk und Arbeit identisch; in diesem Medium der Arbeit liegt die verbindende Kraft zwischen ihm, dem Herrn und Organisator, und seinen Arbeitern, die, da sie das gleiche wie Il'ja tun, gleichberechtigte Mitarbeiter am im Grunde gemeinsamen Werke sind. Als Il'ja an den Folgen einer Überanstrengung plötzlich stirbt, übernehmen seine Söhne sein »Werk«. In ihnen lebt zwar die Energie des Vaters weiter, doch fehlen ihnen das Erlebnis und der Enthusiasmus der eigenen Arbeit. Damit verlieren sie auch den verstehenden Kontakt zu ihren Arbeitern, sie werden zu moralisch minderwertigen, geldgierigen und skrupellosen »Unternehmern« und Ausbeutern. Die ökonomische Entwicklung – Industrialisierung und Konkurrenzkampf – zwingt sie zuletzt zu einer kapitalistischen Unternehmensführung, die die sozialen und politischen Gegensätze zu der Arbeiterschaft extrem verschärft; auch die Arbeiter verlieren das Gefühl der patriarchalischen Hochachtung, das die vorherige Generation gegenüber Il'ja noch empfunden hatte, und sehen in ihren jetzigen Herren mit Recht nur ihre Feinde und Unterdrücker. Il'ja, der Alleinerbe und Enkel des Gründers des Unternehmens, begreift das Gesetz der Historie: er weigert sich, die Unternehmensführung zu übernehmen, geht – von seinem Vater des Hauses verwiesen – nach Moskau, um dort Philosophie und Geschichte zu studieren, und kehrt 1917 als überzeugter Rotgardist in seine Heimat zurück, um das »Werk« zu erobern und in die Hände der rechtmäßigen Besitzer, der Arbeiter, zu übergeben.

Die Grundidee des Romans bildet der Kampf zwischen dem Kapital und der Arbeit, der mit dem Sieg des Proletariats

über die besitzende Klasse endet. Dabei wendet der Autor seine besondere Aufmerksamkeit auf die Darstellung des gesellschaftlichen Bewußtseins der antagonistischen Kräfte: auf der einen Seite finden wir das hilflose, persönlich tragische Unverständnis des Pëtr Artamonov, der nicht zu begreifen vermag, daß seine Welt des Privateigentums und des Geldes von den siegreichen Kräften einer für ihn widernatürlichen geschichtlichen Entwicklung zerschlagen wird. Warum und mit welchem Recht diese Katastrophe über ihn hereinbricht, ist für ihn, den am Ende Verzweifelten, unerfindlich.
Auf der anderen Seite stehen die in dem Enkel Il'ja Artamonov triumphierenden Kräfte der Revolution, die sich symbolisch in der Entwicklung des Hausmeisters Vjalov vom unterwürfigen Diener der Artamonovs zum freien Menschen widerspiegeln.
Diesem ideellen Schema ist die eigentliche Entfaltung des Sujets untergeordnet; gestaltet wird das Verhalten der Hauptfiguren zu den Problemen und Widersprüchen der gesellschaftlichen Verhältnisse; die zusammenhängende Familiengeschichte, die Entwicklung der Helden des Romans, die Motivierung ihres Verhaltens kommen oft zu kurz und werden nicht aus dem Geschehen heraus begründet, sondern nur von der Idee des Werkes her verständlich. So erfährt der Leser beispielsweise nichts über Einzelheiten und Motive der Wandlung des Enkels Il'ja zum Bolschewisten, eine jener Tatsachen, die häufig zur Kritik an der Komposition des Romans Anlaß gegeben haben.
Auch an Gor'kijs letztem unvollendeten Roman *Žizn' Klima Samgina* (Das Leben des Klim Samgin, der Schriftsteller arbeitete die letzten elf Jahre seines Lebens von 1925 bis 1936 an diesem Werk) bemängelt die westliche Fachliteratur die mißglückte Komposition; es fehle eine straffe und zügige Handlung oder eine interessante und fesselnde Zentralgestalt. Die sowjetische Gor'kij-Forschung betrachtet dagegen diesen Roman als Krönung seines Schaffens, als Gor'kijs größtes und bedeutendstes Werk.
Formal betrachtet handelt es sich auch in diesem gewaltigen vierbändigen und sehr schwierigen Werk um eine Romanchronik, der Gor'kij in Anspielung auf die altrussischen breiten chronikalischen Historiengemälde die Gattungsbezeich-

nung Povest' gegeben hat. Er wollte – so erläuterte er selbst in einer Notiz –

»vierzig Jahre russischen Lebens möglichst in ihrer ganzen Fülle schildern, und zwar von den achtziger Jahren bis zum Jahre 1918. Der Roman soll den Charakter einer Chronik haben, die alle wichtigen Ereignisse dieser Jahre bringt ... Im Mittelpunkt des Romans steht die Gestalt eines ›Revolutionärs wider Willen‹, eines Revolutionärs aus Furcht vor der unvermeidlichen Revolution, die Gestalt eines Menschen, der sich als Opfer der Geschichte fühlt. [Durch das Prisma seiner Lebensauffassung werden die Ereignisse gezeigt.] Diese Gestalt hält der Autor für typisch.«[5]

Aus diesem Plan wurde ein historisch-philosophisches, mehr episches als romanhaftes Werk, das die sowjetische Literaturwissenschaft als »Romanepopöe« bezeichnet.

Der Lebensweg der zentralen Figur des Klim Samgin dient eigentlich nur als der »rote Faden« der Komposition, der das historische und gesellschaftliche Panorama und die fast unübersehbare Anzahl handelnder Figuren miteinander verbindet.[6] Die Stellung Klims zur jeweiligen historischen und gesellschaftlichen Situation bezeichnet die Grundposition[7], aus welcher Sicht das ganze Geschehen abrollt. Gor'kij hat Klim Samgin mit Vorbedacht zu einem »Intellektuellen von durchschnittlichem Wert« (Intelligent srednej stoimosti) bestimmt, weil er zwar einmal fähig sein muß, die historischen und gesellschaftspolitischen Vorgänge begreifen und verstehen zu können, zum anderen darf er aber auch nicht über überdurchschnittliche kritische und kreative Fähigkeiten verfügen, weil er das Sammelbecken der verschiedensten Strömungen und Theorien sein, als Durchschnittstypus der Intelligencija ihren Verfall repräsentieren und die Aufmerksamkeit des Lesers nicht einzig und allein auf sich zentrieren, sondern eher auf die ökonomische und gesellschaftliche Basis ablenken soll. Damit wird zugleich ein weiterer geschichtsphilosophischer Aspekt – worauf Jürgen Rühle hingewiesen hat[8] – deutlich, nämlich die völlige Integration des einzelnen in den historischen Prozeß. Der Mensch ist nicht mehr das frei entscheidende Individuum, das der Geschichte gegenübertritt, die politischen Verhältnisse als sein Betätigungs- und Bewährungsfeld betrachtet und zumindest versucht, lenkend und gestaltend einzugreifen, sondern er ist allenfalls mitwirkender Akteur im gesellschaftlichen Prozeß, das – wie Marx es ausgedrückt hat – »Ensemble der gesellschaftlichen Verhältnisse«. So gesehen ist meines Erachtens der Aufbau des Werkes durchaus konsequent. Aus marxistischer geschichtsphilosophischer Sicht rollen vor dem Leser vierzig Jahre russischen Lebens ab: im ersten Band – anhand der Kindheit und Reifezeit Klim Samgins – sind es die achtziger Jahre mit dem Niedergang der Narodniki-Bewegung und dem daraus gefolgerten gesellschaftlich konkreten Wirken an den »Kleinen Verbesserungen« (malye dela) und das Aufkommen des Marxismus und der Arbeiterbewegung in den neunziger Jahren. Der zweite und dritte Band zeigt die Entstehung und den Verlauf der revolutionären Ereignisse von 1905, die Unruhen in Petersburg und den großen Aufstand in Moskau, seine Niederwerfung, die Reaktion darauf im Lande und die Vorbereitungen des Ersten Weltkrieges. Der vierte unvollendete Band behandelt das Anschwellen der revolutionären Bewegungen während des Krieges, die Februarrevolution, Lenins Eintreffen und die Oktoberrevolution. Unklar ist, ob die siegreiche bolschewistische Revolution oder die Jahre 1918 bis 1920 den Abschluß bilden sollten. Dieser Geschichtsverlauf bestimmt den Lebenslauf des Klim Samgin, er spiegelt sich in Klims Reaktionen und denen der übrigen handelnden Personen.

Milieu und Atmosphäre des elterlichen Hauses üben einen prägenden Einfluß auf den Charakter des heranwachsenden, von vornherein introvertiert veranlagten Knaben aus. Im Hause der vermögenden Samgins begegnet man der Wirklichkeit mit vorgefaßten Meinungen. Klim versteht sehr bald, daß ihn die Erwachsenen lehren, vor manchen Tatsachen der Wirklichkeit die Augen zu verschließen und nur anzuerkennen, was in die vorgefaßte Weltanschauung paßt. Kennzeichnend für seine Entwicklung wird folgende Szene: Beim Schlittschuhlaufen bricht einer von Klims Schulkameraden, sein ihm geistig überlegener Rivale, ein und ertrinkt, weil es Klim unterläßt, ihm zu helfen. Als der Junge trotz intensiver Suche nicht aufgefunden wird, fragt einer der Retter: »Gab es denn überhaupt diesen Jungen?« (Byl li voobšče etot mal'čik?)

Dieser Satz wird zum Leitmotiv von Klims intellektuellem Lebensweg. Die Fragwürdigkeit jeder Realität durch die

Wahrnehmung und Wahrnehmungsbereitschaft des Menschen ist das Grundproblem von Klims individualistischer Einstellung zum Leben. Die Einsicht verleiht ihm anfangs geistige Sicherheit; Klim beeindruckt durch seine Überlegenheit gegenüber der Wirklichkeit sogar viele seiner Partner. Er vermag die Ideologien und Weltanschauungen, denen er begegnet, als Einbildungen, als »Phrasensysteme« zu entlarven. Dabei muß er allerdings fortschreitend erkennen, daß er selbst ja auch keine feste Überzeugung besitzt, von der ausgehend er kritisiert, er ist »eine leere Seele«, wie Gor'kij sagt. Damit beginnt sich aber Klims eigene Persönlichkeit aufzulösen; in einem symbolischen Traum erlebt er sich als eine Vielzahl hilfloser Doppelgänger, in den grotesken Bildern eines Hieronymus Bosch erkennt er seine eigene geistige Hilflosigkeit angesichts einer ihm unbegreiflichen Wirklichkeit. Er verspürt seine Ohnmacht gegenüber der Außenwelt, ohne sie sich eigentlich einzugestehen; die Realität, die Geschichte bricht über ihn, einen innerlich hohlen Menschen, herein. Klim fürchtet sich daher zunehmend vor der Macht der objektiven historischen Entwicklung, die in Gestalt der Revolution und ihrer Massenbewegungen gegen ihn und seinesgleichen vorrückt; sein Tod während einer Massendemonstration – er wird erdrückt – soll in einer sich geistig auflösenden Persönlichkeit den Zusammenbruch des bürgerlichen Individualismus darstellen.

Gor'kij hat Klim viele negative Züge verliehen, er hat ihn u. a. »einen Apparat, der weniger denken als vielmehr bloß reden konnte, der noch nie einen eigenen Gedanken vorgebracht hat«, genannt, trotzdem ist er kein »erbärmlicher Charakter und ganz wertloser Mensch«[9]. Er ist ein Sucher und Grübler, den sein radikaler kritischer Individualismus hindert, die Kraft aufzubringen, sich für eine Weltanschauung oder Ideologie zu entscheiden und dafür mit seiner ganzen Person auch einzustehen. Alle Weltanschauungen, auch der Marxismus, sind für ihn »Phrasensysteme«, Utopien, die an der Wirklichkeit scheitern müssen. Andererseits behält er aber gerade auf Grund seiner analytischen Einsichten einen – objektiv unbegründeten – Glauben an den Wert seiner unabhängigen Persönlichkeit und individuellen Fähigkeiten. Diese Unabhängigkeit, die Klim für sich in Anspruch nimmt, hat keine Grundlage, sie wird allein mit der geistigen und physischen

Existenz der Hauptfigur begründet. Klim ist aber nur ein durchschnittlicher Intellektueller. Individuelle Freiheit – ohne Engagement für ein Ziel, für einen menschlichen Fortschritt – bringt den durchschnittlichen Menschen notwendigerweise in skeptische Isolation, trennt ihn von der Gesellschaft und macht ihn letztlich überflüssig. Berufen sich starke, überdurchschnittliche Naturen auf ihre individuelle Freiheit, auf das mißverstandene Recht der freien Entfaltung ihrer Persönlichkeit, so führt dies zu einem unhumanen Amoralismus. Das ist die ideelle Grundlinie des Romans *Delo Artamonovych* und der nachrevolutionären Dramen Gor'kijs. Die ideelle Bedeutung des Klim Samgin liegt darin, das Problem und die Tragödie des modernen glaubenslosen und skeptischen Menschen sichtbar gemacht zu haben. In Anspielung auf Musils *Mann ohne Eigenschaften* könnte man Klim Samgin als »Eigenschaften ohne Mann« bezeichnen, wobei unter den »Eigenschaften« seine geistigen Fähigkeiten, sein analysierendes und suchendes, prüfendes Verhalten, unter dem »Mann« eine weltanschauliche Überzeugung zu verstehen sind. Gor'kij selbst hat sein unvollendetes Romanwerk als die »Summe seines Schaffens« (roman itogov) bezeichnet[10], weil er darin die ideelle und künstlerische Abrechnung mit dem Geiste des Individualismus vollzog.[11] Dabei ist zu berücksichtigen, daß – ohne vordergründige Parteilichkeit – diese Abrechnung mit dem Individualismus im Geiste des historischen Materialismus geschieht: Gor'kij versteht unter Individualismus die Welthaltung des bürgerlichen (kapitalistischen) Zeitalters, wie sie der auf dem Privateigentum gründenden bourgeoisen Gesellschaft entspricht. In Klim Samgin scheitert diese Idee zusammen mit den ihr zugrunde liegenden gesellschaftlichen Verhältnissen.

So bedarf Struves Feststellung, Gor'kijs nachrevolutionäre Werke seien rückschauender Natur[12], der nicht unwesentlichen Ergänzung, daß in dieser Rückschau die Vergangenheit gewissermaßen marxistisch »aufgearbeitet« wird, und gerade darin liegt die aktuelle ideologische Bedeutung dieser Arbeiten Gor'kijs für die Sowjetliteratur bis zur Gegenwart.

In sprachlicher und stilistischer Hinsicht wandelt Gor'kij auch in diesem Roman ganz in traditionellen realistischen Bahnen. Mit routinierter Sicherheit bedient er sich seiner kernigen und plastischen, zuweilen überdeutlichen Ausdrucksweise.

Dieser episch breite, negative Entwicklungsroman[13] – denn die Entwicklung bezeichnet ja den Verfall der Persönlichkeit des Klim Samgin – wird weder zügig erzählt, noch rollt er in einer sich flott entfaltenden Handlung ab, sondern ereignet sich in einer kaum übersehbaren Fülle von Begegnungen, Ereignissen und Episoden. Sie alle haben den Zweck, Klim in einer anderen Situation zu zeigen, aus einer neuen Perspektive zu beleuchten. Die ihn umgebende Fülle handelnder Figuren läßt sich in drei Gruppen einteilen: in Vertreter der vitalen und teils zynischen »Herren des Lebens«, der Bourgeoisie; in Vertreter der wie Klim innerlich leeren, skeptischen Intellektuellen; und in Vertreter der überzeugten, innerlich sicheren und gefestigten marxistischen Revolutionäre. Der Student Stepan Kutuzov, der wichtigste Repräsentant der letzten Gruppe, ist als Gegenpol zu Klim Samgin der eigentliche »positive Held« des Romanepos, aber er bleibt nur eine im Vergleich zu Samgin undifferenzierte Randfigur. Alle diese vielen Personen der Handlung haben die Aufgabe, Klims Persönlichkeit gewissermaßen zu spiegeln, d. h., was der Hauptheld nicht zu Ende denkt oder spricht, tut oder sagt eine andere, ihn auf diese Weise ergänzende oder kritisierende Figur. Dieses Verfahren, die Hauptgestalt sozusagen von innen, aus sich selbst durch Reflexion, inneren Monolog oder in der Diskussion zu gestalten, zugleich aber auch von außen in seinen Partnern und Opponenten zu reflektieren, ist in verschiedenen Arbeiten über den Klim Samgin als »Spiegelkomposition« bezeichnet worden.[14]

Neben seinem sehr umfangreichen literarischen Werk hat Gor'kij eine Reihe hervorragender Skizzen und Erinnerungen über bedeutende Zeitgenossen, unter ihnen Tolstoj, Čechov, Korolenko, Lenin u. a., veröffentlicht; seiner Feder entstammen literarhistorische und theoretische Schriften; seine organisatorischen Tätigkeiten bestimmten die Art des sowjetischen kulturellen Lebens in den ersten beiden Jahrzehnten nach der Oktoberrevolution. Als im Jahre 1934 der erste Kongreß der sowjetischen Schriftsteller zusammentrat, wurde Gor'kij zum Präsidenten gewählt und erhielt auch den Vorsitz des dort gegründeten sowjetischen Schriftstellerverbandes (Sojuz pisatelej). Nach der Jahrhundertwende erreichte Gor'kijs schriftstellerisches Werk internationale Anerkennung,

u. a. zählten Romain Rolland und Stefan Zweig zu Gor'kijs Bewunderern und persönlichen Freunden. Literarische Anhänger und Kritiker rühmen gleichermaßen die Faszination, die von Gor'kijs Persönlichkeit ausging, seine Uneigennützigkeit, Ehrlichkeit und Lauterkeit, die optimale Verkörperung des Humanismus, den er in seinem Werk verfocht.[15]

Gor'kijs literarische Entwicklung führte ihn vom zwar entwicklungsgeschichtlich verspäteten, aber trotzdem originell erlebten romantischen Schwung zum sachbezogenen, im Detail genauen Realismus. Aber Gor'kij hat den romantischen Enthusiasmus nie völlig aufgegeben, auch in seinen späten Werken finden sich romantische, exaltierte Passagen, besonders dann, wenn Gor'kijs optimistischer Humanismus zum Ausdruck kommt, sein Glaube an die revolutionäre Erneuerung der alten Welt. Stil und Sprache Gor'kijs sind traditionell, in seinen späten realistischen Arbeiten ist das Vorbild von Tolstojs plastischer Sprachkraft, teilweise auch von Čechovs präziser Ausdrucksweise, die Gor'kij so bewunderte, spürbar. Ebenso traditionell ist die Komposition seiner handlungsarmen, an Čechov orientierten Dramen und seiner zumeist chronikalischen Romane. In formalkünstlerischer Hinsicht hat sich Gor'kij wiederholt und prononciert zur Tradition bekannt, er hat die traditionellen künstlerischen Gestaltungsmittel meisterhaft gehandhabt und seiner Sprache und seinem Stil – gerade in ihrer traditionellen Gestalt – den Stempel seiner kraftvollen schöpferischen Persönlichkeit aufgeprägt.

Auch die Themen und Probleme, die Gor'kij in seinen Werken gestaltet, sind zumeist nicht originell. Seine entwicklungsgeschichtliche Bedeutung liegt in der ideellen Klärung der gesellschaftlichen Fragen, die er gestaltete, in der weltanschaulichen Neuorientierung, die er in der russischen traditionellen Literatur vollzog. Er offenbarte die Ausweglosigkeit des kritischen Realismus, der die sozialen Widersprüche und Ungerechtigkeiten aufdeckte, aber eben nur anklagte, nur an das Mitgefühl oder an die Einsicht des Lesers appellierte, aber kein Konzept der Veränderung, der Hilfe für diejenigen entwarf, deren Elend er so erschütternd darzustellen vermochte. Mit dieser bloß passiven Funktion der Literatur vermochte sich der aktive Humanist Gor'kij nicht zufriedenzugeben. Auf der Grundlage der marxistischen Gesellschaftstheorie entwarf

Gor'kij den »positiven Helden«, den unversöhnlichen sozialistischen Revolutionär, der überzeugen soll, daß praktizierte Humanität, Befreiung des Menschen von Ausbeutung und Unterdrückung nur in der radikalen Änderung der gesellschaftlichen Verhältnisse, im Aufbau des Sozialismus möglich sei. Die geistige und seelische Wiedergeburt des entfremdeten Menschen leistet nach Gor'kij allein die Idee des Sozialismus. Gor'kij versuchte in seinen letzten Werken die Gesetzmäßigkeit dieser Entwicklung in literarischen Modellen der Wirklichkeit zu gestalten, im notwendigen Zusammenbruch der auf dem Privateigentum begründeten Besitzverhältnisse und im Bankrott des bürgerlichen Individualismus, der Idee von der Freiheit des unabhängigen, aber wertlosen, weil gesellschaftlich isolierten Individuums.

Sein bedingungsloses Engagement für die Menschlichkeit, sein ehrliches Verständnis für die individuellen Probleme und Nöte aller seiner literarischen Helden, auch derjenigen, die sich als Gegner seiner eigenen Überzeugung profilierten, die Aufrichtigkeit und Ehrlichkeit seiner Dichtungen hebt sie – unbeschadet ihrer politischen Tendenz – über dogmatische Einseitigkeit hinaus und garantiert ihren künstlerischen Wert.

Kapitel X: G. V. Plechanov und das Problem einer marxistischen Theorie der Kunst und Literatur

Schon für den russischen Realismus im 19. Jahrhundert war – seit Turgenev – sein vergleichsweise geringes Interesse an rein ästhetischen und poetischen Fragen bezeichnend gewesen. In dieser Epoche haben philosophische, religiöse und gesellschaftliche Probleme den schöpferischen Willen entbunden. Temperamentvoll wurde die Literatur in diesem Selbstverständnis von der wissenschaftlichen Kritik und Literaturtheorie unterstützt, die sich in V. G. Belinskij (1811–1848) von der Hegelschen spekulativen Ästhetik zu einer gesellschaftsbezogenen, kritischen Theorie gewandelt hatte. Für Belinskij ist Dichtung »Denken in Bildern«, plastische Gestaltung exemplarisch erlebter Erkenntnis. Diese Erkenntnis bezieht sich aber auf das reale Sein des Menschen, zeigt ausgewählte Aspekte des Wirklichen und impliziert in der Auswahl und in der Art der Darstellung ein kritisches Anliegen. Die Literatur soll typische Erscheinungen des menschlichen, das heißt vornehmlich des gesellschaftlichen Lebens gestalten und den Leser zum Nachdenken darüber anregen, wie diese Verhältnisse eigentlich der ihnen innewohnenden Vernunft, dem Zeitgeist gemäß sein sollten. Kunst, Literatur ist nach Belinskij der Ausdruck des gesellschaftlichen Lebens und des philosophischen Denkens aus dem einfachen Grunde, weil sie nichts anderes ausdrücken kann. Daran knüpft N. G. Černyševskijs (1828–1889) auf Feuerbach basierende materialistische Ästhetik an, die der Literatur eine die gesellschaftliche Wirklichkeit reproduzierende und zugleich darüber aufklärende Funktion zuschreibt und eine didaktische und tendenziöse Dichtung fordert, die als Aufklärungs- und Lehrbuch des Lebens dienen soll. Ähnlich hat N. A. Dobroljubov (1835–1861) allein den gesellschaftskritischen und politischen Aspekt der Literatur hervorgehoben, deren Wert in der empfindlichen Reflexion sozialer Strö-

mungen und Bewegungen und in der Anregung und Aufforderung zur politischen Aktion liege. Seine »reale Kritik« will aus dem Spiegel der Wirklichkeit, den das literarische Kunstwerk darstellt, die Propagierung »fortschrittlicher politischer Ideen« herauslösen. D. I. Pisarev (1840–1868) schließlich, um die Phalanx der tonangebenden radikalen Theoretiker abzuschließen, gelangt über eine extrem utilitaristische Kritik zu einer völligen Ablehnung der Ästhetik.
Der wesentliche Wertmesser der realistischen Dichtung war für alle diese Theoretiker die ideelle Aussage und Richtung (idejnost'); die im literarischen Kunstwerk gesuchte und gestaltete »Idee« sollte kein abstraktes, philosophisches Konzept, sondern eine reale gesellschaftliche (humane wie soziale) und politische Vorstellung vermitteln. Mit Einschränkungen gilt diese Überzeugung von der humanen und gesellschaftlichen Funktion der Kunst im weitesten Sinne auch für die großen Repräsentanten des russischen Realismus selbst. Das Selbstverständnis des russischen Realismus ist also in seinem entwicklungsgeschichtlichen Zusammenhang nicht ästhetisch, sondern ideologisch. Mit Recht spricht deshalb die russische und sowjetische literaturwissenschaftliche Forschung von der Periode des »kritischen« Realismus, womit auf die sozial- und gesellschaftskritische Note dieser Literatur hingewiesen werden soll. Dieses Kriterium gilt auch und besonders – wie in den bisherigen Kapiteln dieses Buches exemplarisch nachgewiesen wurde – für die spätrealistische Literatur nach 1880.

Die realistische Literatur in Rußland[1] vollzog ideologisch noch vor der Oktoberrevolution die Wandlung zum Marxismus. Wenn im Werk Čechovs die Welt der Lopachins, d. h. des Kapitals über die Welt des alten adligen und bäuerlichen Rußland triumphiert, so gestalten Veresaev, Serafimovič und Gor'kij bereits den geistigen und moralischen Zusammenbruch des bürgerlichen Rußland und machen Pavel Vlasov, d. h. das triumphierende Proletariat zum literarischen Helden. Mit dem Übergang vom traditionellen zum sozialistischen Realismus vollzog sich in der russischen Literaturgeschichte zugleich auch die Begründung einer marxistischen Theorie der Kunst und Literatur. Die eigentümliche russische »ästhetische« Tradition des 19. Jahrhunderts, die Verquickung von Literatur-

und Gesellschaftskritik, kam ihr dabei ebenso entgegen wie die literarische Praxis der Znanie-Autoren, vor allem natürlich Gor'kijs. Aber auch auf L. Tolstojs Ablehnung der reinen Ästhetik muß in diesem Zusammenhang hingewiesen werden.

Der eigentliche (und zugleich eigenwillige) Begründer der marxistischen Ästhetik ist Georgij Valentinovič Plechanov (1856–1918).[2] Als Student hatte sich der an literarischen und politischen Fragen brennend interessierte junge Plechanov in St. Petersburg den Narodniki angeschlossen und aktiv als Revolutionär und Aufklärer unter dem Bauernvolk gewirkt. Seine praktischen Erfahrungen bedingten seinen Bruch mit dieser Bewegung; im Jahre 1880 mußte er in die Schweiz emigrieren, wo er – in Genf in großer Armut lebend – die erste russische marxistische Gruppe (Osvoboždenie truda – Befreiung der Arbeit) gründete, die im letzten Jahrzehnt des Jahrhunderts langsam zu großer Wirkung unter den russischen oppositionellen Intellektuellen gelangte. In einer Reihe großer philosophischer und ökonomischer Werke schuf Plechanov nicht nur die Grundlagen des russischen Marxismus, sondern beteiligte sich auch an der internationalen sozialistischen Diskussion; er nahm als russischer Vertreter an den Kongressen der Zweiten Internationalen Arbeiterassoziation teil und genoß als glänzender Theoretiker und Agitator des Marxismus großes Ansehen, u. a. auch von seiten Friedrich Engels'. Mit Lenin, der zunächst Plechanovs vorbehaltloser Schüler war, geriet er nach 1900 in sich zuspitzende organisatorische und ideologische Differenzen, da er geschichtsphilosophisch eine orthodox-marxistische Haltung vertrat und sich innerhalb der RSDRP für demokratische Strukturen einsetzte. Ohne formell den Men'ševiki zuzugehören, unterstützte er diese Fraktion seit der Spaltung 1903. Nach der Februarrevolution kehrte er 1917 nach Rußland zurück, hat dort aber – wohl weil er sich für die Fortsetzung des Krieges aussprach – keine führende politische Rolle mehr gespielt. Nach der Oktoberrevolution verhielt er sich den Bol'ševiki gegenüber ablehnend, er wurde in den Wirren der Revolutionsmonate sogar politisch verfolgt und ist im Jahre 1918 in Terioki in Finnland an einem alten Lungenleiden gestorben.
Obwohl Plechanov von der sowjetischen Literaturwissen-

schaft häufig als Autorität zitiert wurde, hat eine eingehende wissenschaftliche Erforschung seiner Auffassungen zur Ästhetik und Literaturtheorie erst in den letzten Jahren eingesetzt.[3]
Plechanov hat nicht nur in seinen großen philosophischen Abhandlungen *K voprosu o razvitii monističeskogo vzgljada na istoriju* (Zur Frage der monistischen Geschichtsauffassung, 1895) und *Istorija russkoj obščestvennoj mysli* (Geschichte des russischen gesellschaftlichen Denkens, posthum 1922 ff., unvollendet) Fragen der Kunst und Literatur eingehend erörtert, sondern eine Reihe von speziellen Arbeiten zur Theorie der Kunst und Literatur aus marxistischer Sicht verfaßt. In diesen Schriften bemüht er sich als erster um die systematische Darlegung einer marxistischen Ästhetik.[4]
Ihre über die russische Literatur- und Geistesgeschichte hinausreichende Bedeutung liegt darin, daß Marx und Engels selbst keine prinzipiellen Studien zu ästhetischen und literarischen Fragen geschrieben haben und ihre verstreuten und oft zufälligen Ausführungen zu diesem Bereich seinerzeit weder bekannt, geschweige denn systematisch durchgearbeitet waren. Auch heute kann – trotz verschiedener Versuche der Rekonstruktion eines geschlossenen ästhetischen Systems – auf Grund des mangelhaften Materials nur der Grundriß einer Theorie der Kunst und speziell der Literatur von Karl Marx und Friedrich Engels erschlossen werden, die Anspruch auf Authentizität erheben könnte.[5]
Für Marx und Engels stellt die Kunst und speziell die Literatur eine der Aneignungsweisen der Wirklichkeit durch den Menschen dar. Der Mensch ist hierbei a priori gesellschaftlich begriffen, unter Aneignungsweise ist das erkennende und zugleich verändernde Verhalten des Menschen zur Außenwelt zu verstehen, wie es sich für Marx primär und wesentlich in der Arbeit erweist.[6] Die Arbeit ist ein dialektischer Prozeß: mit der verändernden Umgestaltung der Außenwelt entfaltet der Mensch zugleich seine gesamten Fähigkeiten, bildet seine geistigen Kräfte aus, wozu auch das künstlerische Schaffen zählt.

»Die ästhetische Aneignung der Welt hat ihren Ursprung in der materiell-produktiven Tätigkeit des Menschen. Zusammen mit der Entwicklung dieser Tätigkeit bilden sich die Sinne des Menschen heraus, indem sie sich von der tierischen, instinktiven Form frei machen. So entstehen spezifisch menschliche, nämlich ästhetische Bedürfnisse, die ihrerseits eine bestimmte Rückwirkung auf den Produktionsprozeß ausüben. Die endgültige Formierung des ästhetischen Gefühls vollzieht sich im Zusammenhang mit der Arbeitsteilung, das heißt, wenn die Kunst sich von den anderen Arten der gesellschaftlichen Tätigkeit des Menschen absondert und verselbständigt.«[7]

Das »ästhetische Gefühl« ist dem Menschen also nicht angeboren, sondern eine sich historisch entwickelnde Form des gegenständlich-praktischen Verhaltens zur Wirklichkeit. Als solches ist es nur eine besondere Form der Erkenntnistätigkeit des Menschen; diese wird von der marxistischen Erkenntnistheorie grundsätzlich als Widerspiegelung der Wirklichkeit verstanden; die eigentümliche »Widerspiegelungsweise« der Kunst liegt in ihrem mimetisch-plastischen, exemplarischen und typischen Charakter. Infolgedessen werden Wahrhaftigkeit und Vollständigkeit der Widerspiegelung die wichtigsten Wertmesser für Kunst und Literatur, hinter denen formalkünstlerische und technische Perfektion nur sekundären Rang haben. Als bevorzugte »Methode« künstlerischer, speziell literarischer Gestaltung wird Realismus gefordert. Engels definiert Realismus als: »außer der Treue des Details die getreue Wiedergabe typischer Charaktere unter typischen Umständen«[8]. Unter typisch wird dabei die organische Vereinigung von Individuellem und sozial Allgemeinem, Konkretem, aber Geschichtlichem (Vergänglichem) und historisch Gesetzmäßigem verstanden.

Typisch ist also besonders im Hinblick auf das letztgenannte Argument die Präfiguration (Vorwegnahme) der geschichtlich notwendigen Lösung gesellschaftlicher Probleme. Von hier leitet sich ein weiteres, historisch-gesellschaftliches Bewertungskriterium von Literatur und Kunst ab. Dies ergibt sich zusätzlich aus der Tatsache, daß das künstlerische Schaffen eine gesellschaftliche Tätigkeit des Menschen ist, die Literatur (auf die hier besonderes Augenmerk zu richten ist, doch gelten die angeführten Aussagen prinzipiell für die Kunst) ein gesellschaftliches Phänomen darstellt, für die es folglich keine immanente selbständige Entwicklung geben kann, sondern alle literarischen Wandlungen und Veränderungen, Eigenarten von Form und Genre können nach Marx und Engels nur aus den gesetzmäßigen Vorgängen im gesellschaftlichen Sein erklärt werden. Zwischen der ökonomischen Basis und dem ideologischen Überbau, zu dem Literatur und Kunst zählen, besteht jedoch kein geradliniger Determinismus, wie Engels nachdrücklich ausgeführt hat:

»Die politische, rechtliche, philosophische, religiöse, literarische, künstlerische etc. Entwicklung beruht auf der ökonomischen. Aber sie alle reagieren auch aufeinander und auf die ökonomische Basis. Es ist nicht, daß die ökonomische Lage Ursache, allein aktiv ist und alles andere nur passive Wirkung. Sondern es ist Wechselwirkung auf Grundlage der in letzter Instanz stets sich durchsetzenden ökonomischen Notwendigkeit ... Es ist also nicht, wie man sich hier und da bequemerweise vorstellen will, eine automatische Wirkung der ökonomischen Lage.«[9]

Damit behält also nach Engels der Dichter und Künstler eine relative schöpferische Freiheit. Das gestattet aber auch Verständnis für Disproportionen zwischen dem Aufblühen von Kunst und Literatur und der ökonomischen und gesellschaftlichen Entwicklung (beispielsweise der Blüte der Kunst im klassischen Griechenland, das ökonomisch noch wenig entfaltet war, und dem Niedergang der Kunst und Literatur im kunstfeindlichen, aber wirtschaftlich hochentwickelten Kapitalismus).

Auch für Plechanov ist die Kunst aus dem praktisch nützlichen Arbeitsprozeß des Menschen entstanden, doch begnügt er sich nicht – wie Marx und Engels – mit dieser systemimmanenten Feststellung, sondern gibt eine eingehende, auf anthropologische und ethnische Studien gestützte Begründung: Aus dem Arbeitsvorgang lösen sich im ursprünglichen Zustand bestimmte rhythmisch bedingte Handlungen, die zweckfrei außerhalb des Arbeitens vom primitiven Menschen geübt werden: der Arbeitsrhythmus liegt dem Tanzrhythmus zugrunde, Rhythmus selbst ist eine physiologische und psychologische Veranlagung des Menschen (wie auch hochentwickelter Tiere), die mythische und spielerische Übung der Tanzkunst ist eine spätere, sekundäre Folge; das Spiel kommt für den Ursprung der Kunst nicht in Frage, da es nur in der biologischen Entwicklung des Individuums als Einübung der späteren zweckbestimmten Arbeit vorausgeht, in der gesellschaftlichen Genese aber erst der den gesellschaftlichen Menschen produzierenden Arbeit folgt. Neben dem rhythmischen Ursprung hat die Kunst eine weitere kommunikative Herkunft, indem optische und akustische Zeichen zur Mitteilung verselbständigt werden.

Daraus folgt zweierlei: 1. Kunst ist eine sekundäre Erscheinung der primären Wesensäußerung des Menschen, der Arbeit, und 2. Kunst ist ein gesellschaftliches Phänomen.

Ihrer Entstehung nach ist Kunst eine Tätigkeit des Menschen, die ihren ursprünglich utilitaristischen Charakter aufgegeben hat.

Es stellt sich nun aber die Frage nach den Bedingungen für die Möglichkeit von Kunst, denn in dem streng determinierten marxistischen System können solch wesentliche und dauerhafte Erscheinungen wie die Kunst nicht zufälliger oder grundloser Natur sein. Gegenüber Marx, aber auch gegenüber Kant, wie noch zu zeigen ist, fragt Plechanov: Warum entwickeln sich Kunst und Kunstbedürfnis, welches sind die Bedingungen hierfür? Bei der Lösung dieses Problems verläßt Plechanov die bisherige dialektische und historische Argumentation; infolgedessen wird er von der marxistischen Ästhetik in diesem Zusammenhang scharf angegriffen, obwohl er sich zumindest auf den frühen Marx sehr wohl stützen kann. Plechanov erklärt nämlich – in Übereinstimmung mit Kant und Darwin –, daß der menschlichen Natur als ursprüngliches, wesentliches Vermögen ein ästhetisches Gefühl oder ein ästhetischer Instinkt eingeboren sei, der sich – unreflektiert – in Geschmacksurteilen, die nicht vom Utilitarismus bestimmt sind, äußere. Das ästhetische Gefühl perzipiert nicht nach rationalen Prinzipien, die inhaltlich vom Nutzen, von der Verwendbarkeit bestimmt werden, sondern es ist ein rein kontemplatives Vermögen, das frei von jeder dazwischentretenden Absicht und von jedem Begehren den Gegenstand unmittelbar anschaut. Kant nennt dieses Vermögen *ästhetische Urteilskraft.* Nur, wenn ein solches Vermögen im Menschen vorausgesetzt wird, kann sich eine künstlerische Tätigkeit entfalten. Künstlerische Tätigkeit ist Nachahmung (Mimesis), die dem Menschen Genuß bereitet. Dies ist die *anthropologische Bedingung* für die Kunst. Sie muß jedoch ergänzt werden durch ihre *soziale, gesellschaftliche Bedingung,* da Kunst ja ein sowohl anthropologisches als auch gesellschaftliches Phänomen darstellt. Dabei ist fol-

gendes zu beachten: Die anthropologische Bedingung für die Kunst, das ästhetische Gefühl, stellt nur eine Möglichkeit (Potentialität) dar, die erst in der konkreten, ökonomisch-gesellschaftlichen Lage entbunden werden kann. Die Natur des Menschen bedingt, daß dieser ästhetische Vorstellungen und künstlerische Tätigkeiten entfalten kann, die ihn umgebenden gesellschaftlichen Verhältnisse begründen die Verwirklichung dieser bloßen Möglichkeit (ihre Aktualität oder Realisierung) und erklären, weshalb eine bestimmte Gesellschaft ein ganz bestimmtes, konkretes ästhetisches System entwickelt und kein anderes. (Peter Demetz hat auf das scholastische Muster dieses Denkens aufmerksam gemacht.)
Von ihrem gesellschaftlichen Aspekt her ist Kunst also eine radikal historische Erscheinung, deren Formen und Inhalte von der jeweiligen ökonomischen und sozialen Entwicklungsphase mittelbar bestimmt werden. Dieser Sachverhalt erklärt einen eigentümlichen Dualismus in Plechanovs Argumentation, der ihm oft als Widersprüchlichkeit zum Vorwurf gemacht wird. Auf der einen Seite wird nämlich das Kunstwerk *objektiv* beurteilt durch das ästhetische Gefühl, auf der anderen Seite wird das Kunstwerk als *konkretes Einzelnes* in seiner historischen und sozialen Bedingtheit betrachtet. Daraus ergibt sich für die Beurteilung eines Kunstwerkes für Plechanov ein gedoppeltes Verfahren: seiner objektiven Bestimmung nach wird das Kunstwerk *bewertet* (qualitativ), seiner konkreten historischen Bestimmung nach wird es *erklärt*. Die Analyse eines Kunstwerkes erfordert also Wertung und Deutung (oder Erklärung).

Einer Beurteilung (Analyse) der Kunst muß die Bestimmung ihres Wesens vorausgehen. Kunst ist von nützlichen Erwägungen freie Produktion, d. h. Einsatz der physischen und psychischen Kräfte des Menschen nicht zum Erwerb der materiellen Existenz, sondern zu einem selbstlosen Zweck, ohne sich auf irgendwelche Vorteile zu richten. Seinem Inhalt nach ist ein Kunstwerk *schön* (verstanden als Kriterium der Wahrnehmung durch das ästhetische Gefühl). Schönheit definiert Plechanov traditionell – wieder nach Kant, aber auch nach Hegel und Belinskij – als Übereinstimmung von Form und Inhalt. Es ist wiederum die objektive Bestimmung der Schönheit; eine absolute Definition für Schönheit kann es nicht geben. Denn das Ideal der Schönheit, das zu bestimmten Zeiten in einer bestimmten Gesellschaft oder in bestimmten Klassen herrscht, wurzelt seiner konkreten (inhaltlichen) Erscheinung nach in den historischen Bedingungen des Entstehens und Bestehens dieser jeweiligen Gesellschaft oder Klasse, nur seine objektive Bestimmung liegt in den anthropologischen Bedingungen des Menschengeschlechts.

Da die Analyse nicht spekulativ oder aus einem bloß eingebildeten Ideal deduzierend ansetzen kann, sondern an einem konkreten Kunstwerk einzusetzen hat, ist für Plechanov in letzter Instanz der Inhalt das Bestimmende. Unter Inhalt ist die der jeweiligen Kunstart entsprechende Gestaltung des Stoffes zu verstehen; der Stoff entstammt in jedem Falle der realen, seinsautonomen Wirklichkeit, insofern ist also auch das die Kunst produzierende und perzipierende ästhetische Gefühl wie jede menschliche Aneignungsweise (sein Weltverhalten) *reproduzierend* oder *widerspiegelnd*. So sehr aber in der Kunst das Inhaltliche das Bestimmende ist, so falsch wäre es jedoch, nur dem Inhaltlichen Aufmerksamkeit zuzuwenden und die Form für ein Problem zweiten Ranges zu halten. Kunst ist für Plechanov Formgebung, und nur die Form, die künstlerische Gestaltung, macht ein Produkt zum Kunstwerk. Die Transformation des neutralen Stoffes zum Inhalt eines Kunstwerkes geschieht durch den Künstler perspektivisch, d. h., er gestaltet den Stoff bewußt oder unbewußt aus seiner bestimmten Weltsicht und Weltanschauung, die – wie bereits ausgeführt – sozial und historisch bedingt sind. Diesen Vorgang nennt Plechanov idejnost', Ideenhaftigkeit des Kunstwerkes, er sagt dazu folgendes:

»Es kann kein Kunstwerk geben, das ohne ideellen Gehalt wäre. Sogar jene Werke, deren Verfasser nur auf die Form Wert legen und sich nicht um den Inhalt kümmern, bringen so oder so eine bestimmte Idee zum Ausdruck.«[10]

Unter »Idee« ist der Gedanken- und Empfindungsreichtum des Menschen in der Geschichte auf dem Niveau seiner Zeit zu verstehen, im erkenntnistheoretischen Sinne die Art und Weise der Widerspiegelung der Wirklichkeit. Dabei stützt sich Plechanov auf Hegel, Belinskij und Černyševskij, wenn er dartut, daß Wissenschaft und Philosophie in rationaler und abstrakter Weise entweder die Wirklichkeit nach ideellen Entwürfen untersuchen und erforschen oder auf gleiche Weise Ideensysteme selbst analysieren, während in der Kunst die Idee als Bild plastisch erscheint und demonstriert gezeigt wird.

Plechanov hat sich mit den Bedingungen der Möglichkeit und der Wesensbestimmung der Kunst auseinandergesetzt, nicht aber mit den einzelnen Kunstarten. Über Malerei und bildende Kunst spricht er nur gelegentlich, die Musik erwähnt er nicht. Eine deskriptive (synchronische) Darstellung der Ästhetik hat er nicht gegeben. Da er dem Ideengehalt der Kunst eine konstitutive Bedeutung zugewiesen hat, steht für ihn die *Literatur* im Mittelpunkt des Interesses. Sie ist auf ideellen Gehalt angewiesen; jedes literarische Kunstwerk trifft eine inhaltliche Aussage, die nicht ignoriert werden kann. Zugleich ist Literatur (wie bei Hegel und Belinskij) die wichtigste (am höchsten entwickelte) Kunstart, sie entsteht erst, wenn die unmittelbare Abhängigkeit von der Technik und der Produktionsweise bei den zivilisierten Völkern verschwunden ist; ihr Ideengehalt spiegelt umfassend die nationale Geistesart eines Volkes wider, welche ihrerseits von der Ökonomie und Gesellschaftsorganisation abhängig ist. Allein im sprachlichen Kunstwerk kann also die Idee eine sowohl plastische als auch kausale und auch in zeitlicher Abfolge entfaltete Gestaltung, also ihre vollkommenste exemplarische oder typische Verwirklichung erfahren.

Dem Einwand, daß mit der historisch bedingten idejnost' (Ideenhaftigkeit) der Dichtung ihr rein anschaulicher Charakter wieder aufgegeben wird, begegnet Plechanov mit dem Hinweis, daß die konkreten Ideen zwar dem historischen und sozialen Entwicklungsstand entspringen, ihrem objektiven Wesen nach aber die reine, interesse- und zwecklose Wahrheit zum Inhalt haben. Wahrheit ist auch für Plechanov Übereinstimmung von Seiendem und Sein, was aber nicht als ein Absolutes existiert. Auch Wahrheit ist nur eine allgemeingültige, *objektive* Bestimmung, die konkrete Realisierung der Wahrheit, jede konkrete Idee ist historisch und gesellschaftlich bedingt und damit begrenzt. Zwischen *objektiver* Bestimmung und *konkreter* Realisierung besteht ein stets zu berücksichtigender dialektischer Zusammenhang. Jede historische Epoche gebiert neue Einsichten und Konzepte in der wissenschaftlichen Theorie, die der Dichter in Bildern vorführt. Der Zweck beider ist die von Utilitarismus und Anwendbarkeit unbeeinflußte Erkenntnis. Ihrer objektiven Bestimmung nach sind folglich Wissenschaft wie Kunst gleichermaßen Selbstzweck.

Deshalb lehnt Plechanovs »materialistische Kritik« konsequent Tendenz und Parteilichkeit ab, sie verzerren die objektive Untersuchung, beeinträchtigen damit die Erkenntnis und stellen folglich einen schweren Verstoß gegen Kunst und Wissenschaft dar. Der Kritiker soll verstehen, nicht parteilich Stellung nehmen, er soll erklären, nicht propagieren.

Plechanov weiß und zieht nie in Zweifel, daß nach marxistischer Auffassung Ideen Ausdruck der Widerspiegelung der seinsautonomen Wirklichkeit durch das gesellschaftliche Bewußtsein darstellen. Er beruft sich ausdrücklich auf die marxistische Grundannahme, wonach das gesellschaftliche Sein das gesellschaftliche Bewußtsein bestimmt. Dieser Satz hat axiomatische Bedeutung, von ihm ist auszugehen. Jedes Ideensystem (jede Ideologie), auch die Literatur, drückt die Bestrebungen und die Verfassung einer gegebenen Gesellschaft oder Gesellschaftsklasse aus. Die wissenschaftliche Untersuchung hat diese Annahme zu bestätigen und ihre konkrete Erscheinung zu zeigen; unkritische, wenn auch moralisch und politisch achtbare parteiliche Propagierung ist unwissenschaftlich.

Aber die wissenschaftliche Interpretation darf bei der bloßen Darlegung dieses Sachverhaltes, der Erklärung der Bedingungen für die Ideen nicht stehenbleiben, das wäre »Objektivismus«, ein bloßes Registrieren der verschiedensten ideellen Konzepte. Vielmehr sind weiterhin diese selbst kritisch zu untersuchen, sowohl auf ihre innere Schlüssigkeit als auch auf die Konsequenzen, die sich aus ihnen ergeben.

Der erste Akt der Interpretation besteht also darin, die in der Dichtung gestaltete Idee zu ermitteln und daraufhin zu überprüfen, ob sie die Einstellung des Autors und seiner Epoche ausdrückt und welche gesellschaftlichen Bedingungen ihr zugrunde liegen. Dann ist weiter nach ihrer »Richtigkeit« zu fragen, die nicht nur in ihrer inneren Logik, sondern auch in ihrer moralischen und politischen Funktion beruht, womit Plechanov allerdings seinem Postulat der strikten Unparteilichkeit widerspricht. Die »Richtigkeit« der Idee bemißt sich daran, inwieweit in ihr humane und fortschrittliche Ziele zum Ausdruck kommen. Nicht jede Idee kann in der Kunst gestaltet werden, der Individualismus als Idee ist z. B. unhuman, weil er gegen Gesellschaft und Gemeinsinn gerichtet ist; damit ist er letztlich unkünstlerisch (darin liegt trotz formaler Meisterschaft für Plechanov auch der entscheidende Mangel von Ibsens Dichtungen oder Hamsuns Drama *An des Reiches Pforten*). Ein anderes Beispiel: Ein lyrisches Gedicht kann die Trauer eines Mädchens über ihre verlorene Liebe besingen, nicht aber den Schmerz des Geizigen über sein verlorenes Geld.

Die Idee entscheidet also als erstes Kriterium über den Wert der Dichtung: sie ist künstlerisch schwach, wenn ihre Idee unhuman oder reaktionär (bzw. konservativ) ist. Das bringt nun auch wieder das zunächst abgewehrte Kriterium des Utilitarismus herein. Plechanov sieht dies wohl, meint aber, daß vom historischen und gesellschaftlichen Standpunkt aus das Kriterium der Nützlichkeit nicht auszuschließen ist, aber es geht gewissermaßen auf der Basis der eigentlichen Bewertung der Dichtung voraus und beurteilt nur die ideelle Voraussetzung für Kunst, nicht aber die Kunst selbst.

Plechanov will mit seiner Methode der Interpretation die von der idealistischen Hegelschen Schule (Belinskij) betriebene philosophische Analyse ablösen, die die Idee des sprachlichen Kunstwerks aus der Sprache der Bilder in die Sprache der Logik übersetzte. Er bezeichnet sein Verfahren als »soziologische« oder gesellschaftliche Methode, die die Idee des Kunstwerks aus der Sprache der Bilder in die Sprache der Soziologie[11] übertrage. Den hier dargestellten ersten Akt der Interpretation nennt Plechanov das Ermitteln des gesellschaftlichen oder *soziologischen Äquivalents* einer gegebenen literarischen Erscheinung. Er scheidet ideell minderwertige Werke als unkünstlerisch aus.

Was seiner Prüfung standhält, erfüllt die Voraussetzung der idejnost' für die Kunst, ist *qualitativ* aber noch nicht als Kunst ausgewiesen. Dies geschieht erst in der ästhetischen Bewertung, die die Formgebung und Gestaltung der Idee beurteilt. Den zweiten Akt der Interpretation bezeichnet Plechanov als *Analyse der künstlerischen Werte*. Hier bietet er keine neuen Gesichtspunkte, sondern fordert eine strenge und anspruchsvolle Analyse des literarischen Stils. Von der künstlerischen Sprache verlangt er Anschaulichkeit und Plastizität, was er als Originalität bezeichnet. Rhetorik (falsches Pathos) und Prosaismen, also auf bloße Kommunikation abgestellte Passagen, sind mit literarisch-künstlerischer Sprache unvereinbar. Einen schweren Verstoß gegen die Literatur als Kunst stellen Tendenz, Räsonnement und Versuche, zu begründen und zu beweisen, dar; die Kunst hat zu schildern, darzustellen und zu zeigen. In der Personengestaltung legt Plechanov auf eine überzeugende gesellschaftliche und individuelle Psychologie der Charaktere Wert, ferner auf klare Motivierung und ausgewogene Komposition einer Dichtung. Obwohl er auf Grund der Wirklichkeitstreue für die zeitgenössische Literatur Realismus fordert, erkennt er ebenso romantische Kunst wie auch das l'art pour l'art ausdrücklich an. Er erklärt, daß jede normative Poetik als unkünstlerische Methode abzulehnen ist, der Kunst darf nichts vorgeschrieben werden, denn die formalen Besonderheiten des künstlerischen Schaffens einer Epoche werden von den eigentümlichen gesellschaftlichen Verhältnissen hervorgerufen und durch sie erklärt.

»Die Neigung der Kunst für die Kunst entsteht dort, wo ein hoffnungsloser Zwiespalt zwischen den Künstlern und dem sie umgebenden gesellschaftlichen Milieu vorhanden ist.«[12]

So ist Puškins künstlerisches Konzept ebenso gerechtfertigt wie das l'art pour l'art eines Théophile Gautier, der die ihn umgebende Welt des kapitalistischen Schachers ablehnte und in der Kunst ein Refugium suchte. Flucht in die Geschichte, in gesellschaftsferne und nicht aktuelle Themen ist dort gerechtfertigt, wo auf Grund der allgemeinen historischen Entwicklung der Klassenkampf noch aussichtslos ist. Neigt sich aber die Herrschaft der führenden Klasse ihrem Ende entgegen, bedeutet l'art pour l'art, wie es zu Plechanovs Zeit Nietzsche und der ihm folgende Symbolismus predigten, eine die bestehenden Verhältnisse letztlich stützende Passivität. In Inhalt und Thematik, in ihrer idejnost' hat sich dann die Literatur dem politischen Geschehen zu stellen, ohne allerdings – um es mit Engels zu sagen – »ostensibel Partei zu ergreifen«. Gor'kijs Roman *Mat'* hält für Plechanov beispielsweise dem ersten Akt der wissenschaftlichen Interpretation, der Ermittlung und Würdigung seines Ideengehaltes (Feststellen des soziologischen Äquivalents), in geradezu vorbildlicher Weise stand, aber er weist in der ästhetischen Bewertung gravierende Mängel auf, da Tendenz und Didaktik überwiegen. Der Dichter eignet sich nicht für die Rolle eines Propagandisten, der vorzugsweise die Sprache der Logik spricht, während der Künstler die Sprache der Bilder sprechen soll.

Die Literatur als die am wenigsten an ein sinnliches Material gebundene, höchstentwickelte Kunstart (Hegel) befindet sich nicht in einer direkten Determination durch die ökonomische Basis. Insofern ist auf sie auch nicht der einfache erkenntnistheoretische Realismus der marxistischen Widerspiegelungstheorie anwendbar. Zwischen der ökonomischen Basis und dem literarischen Prozeß bestehen eine Reihe von *Zwischeninstanzen*, die auf die Literatur wirken, auf die umgekehrt bis hinunter zur Basis aber ihrerseits auch die Literatur zurückwirkt. Da hierzu neben den historischen Formen des ideologischen Überbaus wie Religion, Recht, Moral, Philosophie, Politik auch die Literatur selbst, u. a. auch bestimmte Faktoren außerhalb der Historie wie Klima und geographisches Milieu zählen, erhalten sowohl die Literatur als auch die schöpferische Individualität des Dichters einen großen schöpferischen Freiraum.

In der Literatur spiegelt sich also das ganze gesellschaftliche Leben, das Gesamt der Zwischeninstanzen in seiner ganzen Vielgestalt und Gegensätzlichkeit wider. Der Kampf der gesellschaftlichen Widersprüche beeinflußt auch den Gang der literarischen Entwicklung. Die wissenschaftliche Interpretation setzt deshalb ein gründliches Studium der gesamtgesellschaftlichen und geistesgeschichtlichen Tatbestände voraus. Eine bloß dogmatische Anwendung der Grundprinzipien des Marxismus, etwa der Basis-Überbau-Relation auf die Deutung der literaturgeschichtlichen Entwicklung, ist nicht wissenschaftlich, sondern »vulgär-soziologisch« und entwertet den Marxismus zum sterilen Schema. Der Marxismus soll nach Plechanov *als Methode* auf das Studium der Literatur angewendet werden.

Die französische klassizistische Tragödie ist beispielsweise

keine einfache Reflexerscheinung der ökonomischen und gesellschaftlichen Tatbestände des absolutistischen Frankreich im 17. und 18. Jahrhundert, sondern sie spiegelt mehr oder weniger die verschiedenen gesellschaftlichen Erscheinungen und Entwicklungen dieser Zeit (Zwischeninstanzen) wider. Sie ist eine Kunst des höfischen Adels, dessen höheres Niveau als gesellschaftlich führende Schicht sich nicht mehr mit den naiven szenischen Albernheiten der mittelalterlichen volkstümlichen Posse begnügte. Die Aristokratie verlangte das hohe gesellschaftliche Milieu sowie Größe und Erhabenheit in der Tragödie als Spiegel ihrer eigenen gesellschaftlichen Stellung. Standesgemäße Begriffe prägten ihren künstlerischen Geschmack, der standesgemäße Anstand wird folglich auch zum Kriterium der Bewertung einer Dichtung und erklärt die strenge Regelpoetik der drei Einheiten.
Das Aufkommen der bürgerlichen Comédie larmoyante ist der Ausdruck der im 18. Jahrhundert aufsteigenden, zunächst aber bloß oppositionellen Bourgeoisie, die auf Grund ihrer politisch schwachen Situation anfangs nur an die Menschlichkeit appellieren und um Verständnis und Unterstützung werben kann, die Ungleichheit der Menschen durch die Gleichheit der Herzen zu überwinden. Beaumarchais als talentierter Vertreter des Rührdramas bringt nicht bloß Menschen des dritten Standes in ihrem Unglück und in ihrer Ungerechtigkeit auf die Bühne, sondern er protestiert auch gegen die Vorherrschaft der Aristokratie. Zugleich übernimmt die Comédie larmoyante die Moralpredigt ihrer englischen Vorbilder, denn die fortgeschrittenere englische Bourgeoisie bekämpfte die niedergehende, sittlich verwahrloste Aristokratie auf dieser ihrer schwächsten Seite im Namen eines anständigen christlichen Lebens.

»Im bürgerlichen Drama stellte der französische Angehörige des III. Standes seine häuslichen Tugenden der tiefen Verderbtheit der Aristokratie gegenüber. Aber jener gesellschaftliche Widerspruch, den das damalige Frankreich zu lösen hatte, konnte mit Hilfe der Moralpredigt nicht gelöst werden. Es handelte sich damals nicht um die Beseitigung der aristokratischen *Laster,* sondern um die Beseitigung *der Aristokratie selbst* ... Hier konnte der ehrbare père de famille ... nicht als Muster des unermüdlichen und unerschrockenen Kämpfers dienen. Das literarische Porträt der Bourgeoisie flößte kein Heldentum ein.«[13]

Die bloße Widerspiegelung des bürgerlichen Milieus und seiner moralischen Anständigkeit erwies sich stofflich als untauglich, die republikanischen Ideale (Ideen) des sich emanzipierenden Bürgertums in angemessener künstlerischer Form zu gestalten. Es bestand ein Bedürfnis nach Heldentum als Vorbild einer staatsbürgerlichen Tugend des dritten Standes. Man fand es dort, wo man auch früher die Vorbilder des literarischen Geschmacks gesucht hatte: in der antiken Welt, aber in deren republikanischen Traditionen. Es war jetzt nicht mehr das monarchische Zeitalter des Augustus, das den bürgerlichen Autoren den Stoff lieferte, sondern die revolutionären (republikanischen) Helden des Plutarch.
So läßt sich also mit Hilfe der soziologischen und ideengeschichtlichen Zwischeninstanzen die für viele Forscher rätselhafte Tatsache erklären, daß die Bahnbrecher und führenden Männer der Französischen Revolution auf dem Gebiete der Literatur konservativ blieben und die Herrschaft des Klassizismus noch relativ lange fortdauerte. In Wirklichkeit war der literarische Konservatismus dieser Zeit rein äußerlicher Natur. Wenn sich die Tragödie nicht als Form änderte, so doch im Sinne des Inhalts.
Plechanov bleibt allerdings die Antwort darauf schuldig, wieso diese prinzipiell so verschiedenen ideellen Inhalte in der gleichen (klassizistischen) Form angemessene Gestaltung finden können. Dies ist um so erstaunlicher, da er an anderer Stelle ja davon ausgeht, daß jeder Inhalt die ihm entsprechende formale Gestaltung bedinge. Plechanov läßt – entgegen seinem Konzept – leider die ästhetische Bewertung unberücksichtigt. Er schreibt lediglich:

»Die comédie larmoyante wurde durch die oppositionelle Einstellung der französischen Bourgeoisie ins Leben gerufen, eignete sich aber nicht mehr zum Ausdruck ihrer revolutionären Bestrebungen.«[14]

Nachdem die Bourgeoisie in der Revolution 1789 ihr Ziel erreicht und als gesellschaftlich führende Klasse triumphiert hatte, verliert die klassizistische (republikanische) Tragödie für das Bürgertum jeglichen Reiz. Das Bürgerdrama kehrt als Ausdruck konservierender Ideen zurück und geht entsprechend der kapitalistischen gesamtgesellschaftlichen Entwicklung zur protestierenden romantischen Tragödie über.

Der Satz: Literatur (Kunst) ist die Widerspiegelung des Lebens, ist zwar richtig, aber viel zu unbestimmt und allgemein. Um zu begreifen, auf welche Weise die Literatur das Leben widerspiegelt, muß man die wirkenden Zwischeninstanzen, den inneren Prozeß des gesellschaftlichen Lebens kennen. In der modernen Gesellschaft ist die wichtigste Triebfeder dieses Prozesses der Klassenkampf.

Selbstverständlich findet sich in der Literatur, am sichtbarsten in ihrem ideellen Gehalt, auch die Klassenstruktur der jeweiligen Gesellschaft wieder. Wie jedes Volk hat auch jede Klasse eine durch Idee und Inhalt bestimmte eigene Literatur.

Im Anschluß an Taines Milieutheorie bestimmt Plechanov den Autor und sein Werk zum Repräsentanten bzw. Produkt seines gesellschaftlichen Milieus, das seinerseits jedoch von der ökonomischen Basis hervorgebracht wird. Die Wirksamkeit der Zwischeninstanzen und der jeweiligen historischen Situation macht aber eine eindeutige Zuordnung bestimmter literarischer Haltungen unmöglich; derartige Versuche, etwa das l'art pour l'art immer als Ausdruck der herrschenden, den Realismus dagegen als Ausdruck der fortschrittlichen Klasse aufzufassen, führen zu einem vergewaltigenden Schematismus. Die Klassenlage schafft nur Dispositionen für ein bestimmtes künstlerisches Bewußtsein, aber auch das Empfinden des Zwiespalts mit der bestehenden gesellschaftlichen Situation kann sowohl zu einer protestierenden, kämpferischen und damit utilitaristischen Literatur wie auch zum l'art pour l'art führen. Die utilitaristische Kunstbetrachtung verträgt sich ebensogut mit der konservativen wie mit der revolutionären Haltung, alle Regierungen sind an einer utilitaristischen Literatur interessiert, um sie in ihren Dienst zu nehmen und sich ideologisch von ihr unterstützen zu lassen. Aber die Dichtung verliert an Wert, wenn sie erklärtermaßen in den Dienst einer Herrschaft oder politischen Bewegung, auch einer historisch gerechtfertigten revolutionären Klasse tritt.

Der Dichter in der kapitalistischen Klassengesellschaft muß nicht auf dem Standpunkt des Proletariats stehen. Aber wie der Apfelbaum Äpfel tragen muß, so müssen die Künstler, die auf dem Standpunkt der Bourgeoisie stehen, die sozialistische Bewegung ablehnen. In Zeiten des Verfalls und Untergangs einer herrschenden Klasse verfällt auch deren Ideologie, sie verliert den (im Sinne der marxistischen erkenntnistheoretischen Widerspiegelung) richtigen Bezug zur Wirklichkeit. Das wirkt sich selbstverständlich nachteilig auf die Kunst aus. Wer sein Werk dagegen von den großen Ideen der Freiheit und des Fortschritts durchdringen läßt, gewinnt unendlich an Qualität.

Die Klassengebundenheit einer Dichtung besteht nicht darin, daß in ihr eine bestimmte klassengemäße Tendenz gestaltet wird – das wäre ein künstlerischer Verlust –, sondern darin, daß in ihr aus anderer (und neuer) Sicht andere (und neue) Probleme der Kunst erschlossen werden. Der Klassenbezug einer Dichtung liegt darin, inwieweit in ihr die Psychologie der betreffenden Klasse künstlerisch gestaltet ist.

Victor Hugo beklagt in einem Gedicht den Tod seines Kindes in großem, individuellem Schmerz, er denkt an sein Kind zurück und trauert; Nekrasovs »Starucha«, die den Tod ihres Sohnes beweint, klagt:

»Wer wird mir, wenn der warme Pelz durchgescheuert ist, Hasen für einen neuen schießen?«

Die Gefühle des Schmerzes und der Trauer sind in beiden Fällen die gleichen, aber die Assoziation der Vorstellungen, von der sie begleitet und durch die sie ausgedrückt sind, sind grundverschieden. Der Unterschied erklärt sich aus der Klassenlage: Hugo, der Dichter des materiell gesicherten Bürgertums, verbindet seine Klage nicht mit der Frage nach den Existenzmitteln wie Nekrasovs alte Frau. Sie denkt an die Hasen und an die zerfallende Hütte – nicht etwa, weil ihr die Befriedigung ihrer materiellen Bedürfnisse mehr gilt als die Liebe des Sohnes, die ihr auf der Welt sicherlich am teuersten war, sondern weil sich die Liebe des Sohnes darin offenbarte, daß er ständig um die Befriedigung der materiellen Bedürfnisse der Mutter besorgt war. Wer Nekrasovs Gedicht als geschmacklos und roh ablehnt, versteht seinen ideellen und ästhetischen Wert nicht: ohne Tendenz oder Parteinahme drückt sich in ihm die Psychologie der Klasse der besitzlosen Bauernschaft aus.

Der Held des bürgerlichen Dramas ist Individualist, er repräsentiert die von der bürgerlichen Ideologie gepredigte

Rolle der Persönlichkeit in der Geschichte, was dem Konzept des Liberalismus in der kapitalistischen Gesellschaft entspricht. Auf einer bestimmten Stufe der Entwicklung, wenn es die vom einzelnen unabhängigen historischen Umstände erfordern, ist diese Haltung berechtigt. Indem Tell Geßler tötet, erweist er dem ganzen Schweizer Volk einen Dienst, aber er fragt nicht danach, wie es im gegebenen Augenblick um die Freiheitsbewegung steht, sondern tötet den Tyrannen allein, aus persönlichem Motiv. Tell repräsentiert den klassenbedingten bürgerlichen Individualismus:

Der Starke ist am mächtigsten allein.

Mit seiner Antithese

— Verbunden werden auch die Schwachen mächtig —

hat ihm Schiller allerdings im Stauffacher den Repräsentanten der Massenbewegung entgegengestellt, der gegenüber dem individuellen Einsatz Tells die bewußte Planung und Opferbereitschaft für die gemeinsame Sache vertritt.

»Tells Tat dient Schiller nur als Anlaß zur Revolution, die die Schweiz des Mittelalters von der österreichischen Bedrückung befreite. Ihre Durchführung wurde durch die agitatorische und organisatorische Tätigkeit von Männern wie Stauffacher vorbereitet. Die Kraft jener Starken, die ›am mächtigsten allein sind‹, gehört nur mittelbar zu den bewegenden Kräften der Geschichte.«[15]

Die Psychologie des Proletariats, wie sie in Gor'kijs Drama *Vragi* (Die Feinde) zum Ausdruck kommt, ist dem Denken Stauffachers verwandt. Der Klassenkampf des Proletariats gegen die Bourgeoisie ist eine Massenbewegung, Gor'kijs Arbeiter bringen das naiv — ihrem Niveau angemessen —, aber klar zum Ausdruck. Sie lehnen Terrorakte ab, weil sie die historischen Ursachen der Ausbeutung nicht beseitigen. Der proletarische Held ist im Grunde die Volksmasse. Der bürgerliche Held fasziniert durch seine individuelle Tat, durch die *er* sich als *besser* als die anderen erweist. In Gor'kijs *Vragi* opfert sich hingegen der Arbeiter Rjabcov aus gegenteiligem Grunde, weil er weiß, daß seine Genossen, die führenden Repräsentanten seiner Klasse, besser und notwendiger sind als er selbst und im Interesse des Klassenkampfes die Besten erhalten bleiben müssen.

Rjabcovs Selbstopfer ist nicht als eine individuelle Heldentat, sondern als ein von der Situation gebotener, notwendiger und vernünftiger Akt zu verstehen. Aus bürgerlicher Sicht ist das individuelle Opfer das Wesentliche, das folglich im Zentrum des Stückes stehen sollte. Aber diese individualistische Ethik entspricht nicht mehr der konkreten historischen Situation, in der Massenbewegungen entscheiden. Sie gebären ein neues Verständnis des Menschen. Für den proletarischen Helden ist der Erfolg oder das Mißlingen der Sache, der er sich verschrieben hat, das Entscheidende. Indem Gor'kij nicht das Einzelschicksal (wie im Tell), sondern den politischen Kampf der Masse (Stauffachers Prinzip) zum Thema seines Dramas macht, erweist er sich auf der ideellen Höhe seiner Zeit. Die Psychologie der Arbeiterbewegung hat in seinem Drama ihre angemessene künstlerische Gestaltung gefunden. Die neue konkrete gesellschaftliche Idee (des proletarischen Klassenkampfes) erhielt ihre ästhetische Realisierung.

Aus dem Gesagten folgt, daß sich Literaturgeschichte innerhalb der gesamtgesellschaftlichen historischen Entwicklung, die von der ökonomischen Basis bestimmt wird, abspielt, jedoch in der Regel nicht von den ökonomischen und politischen Ereignissen direkt determiniert wird. Eine wissenschaftliche Erklärung der Literaturgeschichte hat auch *die* gesellschaftlichen Bedingungen, durch die diese Geschichte bestimmt wurde, darzustellen. Das soziologische Äquivalent stellt den gesellschaftlichen Bezug des ideellen Gehalts der Dichtung dar; die Epochen und Entwicklungsphasen der Literaturgeschichte korrespondieren mit dem gesamten historischen Prozeß, sind jedoch mit dessen Periodisierung nicht identisch, da die Formgebung, die Art und Weise der literarischen Gestaltung zu berücksichtigen ist. Die Inhalte und Themen der Literatur stammen immer aus der konkreten gesellschaftlichen Lage, sie bedingen auf einer früheren Entwicklungsstufe die Gestaltung. Mit der Zeit entsteht so ein Reservoir an poetischen Mitteln, deren Tradierung die Literaturgeschichtsbeschreibung beachten muß.

Die dialektische Doppelgestalt des literarischen Kunstwerks erklärt die merkwürdige Erscheinung, daß wechselweise die Bewertung der konkreten historischen (ideellen) oder der objektiven (ästhetischen) Seite in der allgemeinen Einstellung zur Kunst überwiegt. In Zeiten historischer Umwälzungen, in denen der Klassenkampf verschärfte und entscheidende Formen angenommen hat, pflegt gewöhnlich die erstgenannte, utilitaristische Kunstbetrachtung zu überwiegen, in Zeiten politischer Ruhe, des Aufstiegs und der Konsolidierung einer siegreichen Klasse herrscht die Neigung zur reinen Kunst, zum l'art pour l'art vor.

Als soziologisches Äquivalent der Romantik erscheint der bürgerliche Individualismus. Aber das große Individuum (bei Byron oder Puškin) tritt als Idealisierung der Verneinung der bürgerlichen Lebensweise auf, Romantik ist der Protest gegen den Geist des Kapitalismus aus Enttäuschung, daß das an die Macht gekommene Bürgertum den Verheißungen seines revolutionären Ursprungs widersprach. Puškins Aleko *(Cygany)* will diese bürgerliche Zivilisation ebenso angeekelt verlassen wie Lermontovs *Geroj našego vremeni.* Indem aber der Romantiker jede Bindung ablehnt und damit gegen die bürgerliche Welt opponiert, isoliert er sich und erkennt unbewußt das bürgerliche Prinzip des freien Marktes, des schrankenlosen Liberalismus an, da er die gesellschaftliche Seite der menschlichen Existenz außer acht läßt (das ist die Inkonsequenz seiner ideellen Basis, die grundsätzliche künstlerische Mängel romantischer Dichtungen bedingt).

Die Einsicht in diesen Sachverhalt, gekoppelt an eine Überprüfung der formalpoetischen Gestaltungsweise, führt zu einer kritischen Umorientierung im Verhältnis zur realen gesellschaftlichen Wirklichkeit, die – zumindest ab 1848 selbst in Bewegung und Verunsicherung geraten – in ihrer Gesamtheit kritisch betrachtet und reproduziert wird: an die Stelle des unabhängigen Individuums tritt der Mensch in seinem gesellschaftlichen Bezug. Im *Realismus* erscheint das private Schicksal auch noch im Mittelpunkt, doch wird es milieu- und gesellschaftsbedingt gesehen. Die *proletarische* Literatur (von Gor'kij repräsentiert) rückt in richtiger Entsprechung der sozialen Entwicklung an die Stelle des Einzelschicksals das der Masse.

Symbolismus und modernistische Strömungen sind bürgerliche Verfallserscheinungen der Kunst, weil sie von ideell inkonsequenten Konzepten (Individualismus und Solipsismus, religiösen Illusionen usw.) getragen werden.

Soweit aus Plechanovs literaturtheoretischen Arbeiten Prinzipien der Literaturgeschichtsschreibung herausgelöst werden können, ergibt es sich also, daß der historische Prozeß sich ausschließlich im ideellen Bereich abspielt; die ästhetische Bewertung ist konsequenterweise das (statische) Kriterium der wissenschaftlichen Literaturkritik.

Plechanovs unvollständiges System der Ästhetik und Poetik trägt dem Eigenwesen der Kunst und Literatur Rechnung und versucht zugleich, dieses in den monistischen marxistischen Materialismus einzugliedern. Für Plechanov ist dies auf Grund der Dialektik von *objektiver* Bestimmung und *konkreter* Erscheinung möglich. Auf diese Weise kann der Kunst und Literatur Selbständigkeit zugestanden werden, ihre Abhängigkeit von der allgemeinen historischen Entwicklung ist zu erklären, nicht aber zu fordern und am wenigsten zum Kriterium ihres Wertes zu machen. Ihre objektive ästhetische Bestimmung ist apriorisch, diese kann jedoch nur Kunst als solche feststellen und qualitativ bewerten; in ihrer konkreten Erscheinung ist Kunst, vor allem Literatur, historisch und gesellschaftlich bedingt und den Gesetzmäßigkeiten des allgemeinen historischen Prozesses unterworfen.

Plechanovs kunst- und literaturtheoretisches Konzept hat eine große, allerdings nicht gerade weithin sichtbare Wirkung ausgestrahlt. Sein deutscher Zeitgenosse Franz Mehring hat unabhängig von Plechanov ähnliche Vorstellungen entwickelt. Anatolij Lunačarskij, Leon Trockij und auch Maksim Gor'kij sind – wenn auch mit Einschränkungen – in ihren literaturtheoretischen Auffassungen (zeitweilig) stark von Plechanov beeinflußt worden. Pavel Sakulins soziologische Methode der russischen Literaturwissenschaft in den zwanziger Jahren hat sich (allerdings zu Unrecht) auf Plechanov berufen.

Einer der bedeutendsten frühen sowjetischen Literaturtheoretiker und -kritiker, A. K. Voronskij, hat in den zwanziger Jahren die Theorien Plechanovs gegen die militante Literaturdoktrin der Anhänger einer parteilichen proletarischen Literatur verfochten und in seiner Zeitschrift *Krasnaja nov'* (Rotes Neuland, 1921–1942) versucht, alle zeitgenössischen russischen Schriftsteller – auch Nichtkommunisten, Skeptiker und zur bolschewistischen Neuordnung ablehnend eingestellte Autoren – zusammenzufassen, wobei er zum Wertmesser der publizierten Werke noch vor ihrem Ideengehalt die ästhetische (poetische) Qualität erklärt hatte. Auch die theoretisch von Voronskij inspirierte Gruppe Pereval (Gebirgspaß, 1924 bis 1932) basiert auf Plechanovs Ästhetik. Die von Valerian Pereverzev bis 1929 geführte literaturwissenschaftliche Richtung berief sich ebenfalls zum Teil auf Plechanov. Mit der Festlegung der sowjetischen Literatur auf die allein gültige »Methode« des sozialistischen Realismus auf dem 1. Schriftstellerkongreß 1934 wurde das Erbe Plechanovs theoretisch verbannt und ausgeschaltet. Erst während des »Tauwetters« in der Sowjetliteratur wurden Plechanovs Auffassungen wieder diskutiert; Ilja Erenburgs gleichnamiger Roman *(Ottepel'*, 1956) behandelt im Grunde in künstlerischer Gestaltung Plechanovs Problem von der Stellung einer nicht reglementierten Kunst im sozialistischen Gesellschaftssystem. 1958 erschien dann eine große fünfbändige Ausgabe der philosophischen Werke Plechanovs[16]; seither werden seine ökonomischen und philosophischen Arbeiten wieder wissenschaftlich erforscht.

Bedeutsam sind auch die Anregungen und Einwirkungen Plechanovs für die Entwicklung der marxistischen Ästhetik außerhalb der Sowjetunion. Sie finden sich im Spätwerk Georg Lukács' und prägen die Ästhetik Ernst Fischers.

Kapitel XI: Literatur im Dienste der Partei: V. I. Lenin zu Fragen der Kunst und Literatur

Wie Marx, Engels und Plechanov war auch Vladimir Il'ič Lenin (Uljanov, 1870–1924) ein ernsthafter Kenner der Kunst und besonders der Literatur[1], doch hat er sich auch nicht vergleichsweise so intensiv mit Fragen der Ästhetik und Literaturtheorie wie sein großer ideologischer Rivale Plechanov befaßt. Und mehr noch als Marx und Engels hat Lenin die Entwicklung und Eigenständigkeit der Literatur seinem pragmatischen, auf die politische Praxis ausgerichteten ideologischen Konzept untergeordnet. Lenin hat Plechanovs philosophischen Arbeiten zwar hohe Anerkennung gezollt, aber er hat auch nachdrücklich dessen »falschen wissenschaftlichen Objektivismus« kritisiert, der Plechanov dazu verführt habe, zuweilen in eine bloße Apologie der Tatsachen verfallen zu sein. Dies bezieht sich auf Plechanovs Kategorie des Objektiven.

Einer Betrachtung der Leninschen Äußerungen über Kunst und Literatur muß ein Hinweis auf den zentralen Begriff des Leninschen philosophischen Denkens, die Widerspiegelung, vorausgehen. Lenin verwendet diesen Begriff sowohl in erkenntnistheoretischem wie auch in metaphysischem (oder ontologischem) Sinne. Materialismus heißt für Lenin einmal, die Materie als das ursprünglich Gegebene, Primäre anzunehmen; Ideen, Bewußtsein, Empfindungen als aus der Materie abgeleitet, als hochentwickelte Seins- und Erscheinungsformen der Materie selbst zu deuten (metaphysischer Materialismus). Materialismus heißt aber auch Anerkennung der Objektivität außerhalb des Bewußtseins, Erkenntnis, Ideen und Empfindungen sind Kopien oder Abbilder (Widerspiegelungen) dieser Objektivität (erkenntnistheoretischer Realismus).[2] Dabei ist Materie selbst ihrem inneren Wesen nach keine beständige, unwandelbare Realität, sondern sie wandelt und entfaltet sich in dialektischen Widersprüchen. Am sichtbarsten wird dieser Sachverhalt im Auftreten und Wirken des Menschen, der auf die Außenwelt einwirkt, diese – indem er sie sich aneignet – verändert und umgestaltet. Folglich kann es keine unveränderlichen objektiven Kriterien der menschlichen Erkenntnis geben, das Kantsche »Ding an sich« widerlegt nach Engels die einfache Tatsache der menschlichen Produktion: In einer Sache, die ich zu meinen Zwecken und zu meinem Gebrauch produziere, kann sich kein »mystischer«, unerkennbarer Wesensgrund verbergen. Die Wahrnehmungs- und Beurteilungskriterien der Außenwelt durch den Menschen sind also aus der sich wandelnden Außenwelt (Materie) abgeleitet und wandeln sich mit ihr. Das Schöne (als Kriterium für Kunstempfinden und Kunstgegenstand) existiert folglich in der Wirklichkeit außerhalb unseres Bewußtseins und unabhängig vom erkennenden Subjekt, die Schönheit ist den Erscheinungen der realen Wirklichkeit objektiv eigen, das »ästhetische Gefühl« des Menschen entsteht auf einer bestimmten Entwicklungsstufe der Menschheit, es ist dem Menschen weder angeboren, noch urteilt es nach objektiven, formal stets gültigen Kriterien. Die Unterscheidung nach Form und Inhalt des Kunstgegenstandes vollzieht sich erst als Resultat eines bereits langen Entwicklungsprozesses, das von Plechanov angenommene ästhetische Vermögen der Beurteilung der Form ist dem Menschen *nicht* eingeboren, sondern erworben. Außerdem existiert keine Form ohne Inhalt, jede Beurteilung der Form impliziert ein Urteil über ihren Inhalt (mag letzteres auch völlig negativer Natur sein). Rhythmus beispielsweise als urtümliche Kunstform war zunächst Inhalt und Form zugleich, erst die Vervollkommnung der ökonomischen und gesellschaftlichen Verhältnisse verlangte eine Aufspaltung in Takt, Melodie, Wort, um die Differenzierung der menschlichen Verhältnisse angemessen widerspiegeln zu können. Erst diese Aufspaltung bedingte nun wiederum den *getrennten* Blick für Phänomene von Form und Inhalt.

Man sieht, diese Betrachtung durchwaltet ein eindeutigerer Determinismus als Plechanovs System. Für Plechanov ist Marxismus die Methode zur Erklärung von Erscheinungen des Daseins, hier der Kunst, die er als nichtutilitaristische Aneignungsweise des Menschen festgestellt hatte. Deshalb mußten die Bedingungen der Möglichkeit einer so verstandenen Kunst erörtert werden.

Für die Leninsche Betrachtung ist Marxismus das Abbild der inneren Notwendigkeit des Seins, das allein richtige Gesetz des Seins. Kunst ist nicht eine zur Entfaltung gekommene Möglichkeit (potentialitas) des menschlichen Daseins, sondern sie *muß* als eine bestimmte Form der Widerspiegelung der Wirklichkeit in einer bestimmten Entwicklungsphase auftreten, sie ist auch keine bloß kontemplative Erscheinung ohne jeden Nutzen, sondern ihre Widerspiegelung muß zugleich Aspekte der Veränderung der abgebildeten Wirklichkeit enthalten. Das Wesensgesetz des Seins, der dialektische Materialismus, besagt, daß sich die (materiell einheitliche) Wirklichkeit in dialektischen Sprüngen (Widersprüchen) zu immer höheren Daseinsformen (neuen Qualitäten) entfaltet (analog dem Selbstentfaltungsprozeß des Hegelschen Weltgeistes). Gilt dieses Gesetz absolut, dann hat nur all das Bestand und Existenzberechtigung, was dem universalen Fortschritt dient, was ihn hemmt oder hindert, verfällt der Vernichtung. Im historischen Materialismus auf die Geschichte angewandt, ergibt dies den ständigen (dialektischen) Kampf zwischen den vorwärtsschreitenden, progressiven und den beharrenden, rückgewandten Kräften, zwischen Fortschritt und Reaktion, wobei sich notwendig die fortschrittlichen Kräfte durchsetzen. Unter diesem Aspekt fallen wissenschaftliche Erklärung und Bewertung eines Phänomens zusammen, ihre von Plechanov geübte Trennung ist ein »objektivistischer Fehler«. Konsequenterweise fordert Lenin als wissenschaftstheoretisches Problem Parteilichkeit.

Unsere Erkenntnis ist nach übereinstimmender marxistischer Auffassung also Widerspiegelung der Wirklichkeit. Nach Lenin vollzieht sich der Erkenntnisprozeß in dialektischem Dreischritt: Vom lebendigen, unreflektierten Anschauen wendet sich die Erkenntnis zum abstrakten, analysierenden Denken und von diesem dann zur seins- und gesellschaftsverändernden *Praxis*, in der sich die Richtigkeit der Erkenntnis (in ihrer Anwendbarkeit und in ihrem Erfolg) erweist. Dies ist der dialektische Weg der Erkenntnis der Wahrheit; Kriterium der Kontrolle der Erkenntnis ist die Praxis.

Nach leninistischer Auffassung ist Kunst eine Spielart der Erkenntnis, sie ist im Sinne Belinskijs und Plechanovs anschauliche, plastisch gestaltete Erkenntnis. Ihr Sinn ist die treue und wahre, d. h. richtige Darstellung des Ganzen der Wirklichkeit. Eine vom Boden der jeweiligen historischen Situation her gesehen »richtige« künstlerische Widerspiegelung der Wirklichkeit wird als *realistisch* bezeichnet. »Die Leninsche Widerspiegelungstheorie schließt die philosophische Begründung der realistischen Schaffensmethode in sich.«[3] Realismus in diesem Sinne ist also keine spezifische Epochen- oder Stilbezeichnung, sondern das Wesensmerkmal sozusagen »richtig widerspiegelnder« Kunst und Literatur, das im Sinne des Ausgeführten auch als »fortschrittlich« bezeichnet werden kann. Realismus ist nicht die fotografisch getreue Wiedergabe bloß der Oberfläche oder Außenwelt, ihrer zufälligen, momentanen oder eventuellen Erscheinungen, Realismus darf nicht mit dem abzulehnenden Naturalismus verwechselt werden. Die Wirklichkeit hat verschiedene Erscheinungsformen, die nie wiederkehrende, flüchtige Wirklichkeit der Oberfläche, die Augenblicklichkeit und die tieferen, gesetzmäßigen, obwohl mit den sich verändernden Umständen wechselnden wesenhaften Tendenzen und Gründe der Wirklichkeit. Wirkliche realistische Kunst tendiert auf Tiefe und Sichtbarmachung dieser wesentlichen Kräfte, der Gesetzmäßigkeit des gesellschaftlichen und historischen Seins. Dies erreicht die Literatur in der Gestaltung von *typischen* Erscheinungen, die – historisch gesehen – Präfigurationen der marxistisch-leninistisch notwendigen Gesetzmäßigkeit der Entwicklung darstellen. Lenin hat in seinen Aufsätzen über L. Tolstoj ausgeführt, daß z. B. in dem Roman *Anna Karenina*, der »ein wunderbar plastisches Abbild« der Epoche 1861 bis 1905 sei, in der Rußland sich vom patriarchalischen Agrarstaat zum kapitalistischen Gesellschaftssystem wandelte, Levins Überlegungen über Ernteverteilung, Einstellung von Arbeitern usw. zum Kern der Dinge vorstoßen.

»›Bei uns ist alles das jetzt umgekrempelt und alles gewinnt eben erst Gestalt‹ – man kann sich kaum eine treffendere Charakteristik der Periode von 1861 bis 1905 denken. Was ›umgekrempelt worden ist‹, ist gut bekannt oder zumindest einem jeden Russen durchaus vertraut. Es ist die Leibeigenschaft und das ganze ihr entsprechende ›alte Regime‹. Das, ›was eben erst Gestalt gewinnt‹, ist der breitesten Masse der Bevölkerung völlig unbekannt, fremd, unverständlich. Tolstoj schwebte diese ›eben erst Gestalt gewinnende‹ bürgerliche Gesellschaftsordnung undeutlich in Gestalt eines Schreckgespenstes vor — England.«[4]

Tolstojs künstlerisches Verdienst liegt nach Lenin darin, daß er in »seinen genialen belletristischen Werken« die »ökonomischen und gesellschaftlichen Besonderheiten Rußlands im 19. Jahrhundert« historisch angemessen widerspiegelt.

Lenin setzt also die Literatur — Marx und Engels haben in ihrer gemeinsamen Besprechung des Romans von Eugène Sue *Mystères de Paris* das gleiche getan — in einen direkten Bezug zur außer ihr bestehenden Wirklichkeit und bewertet sie in dem Maße, wie sie mit der Wirklichkeit übereinstimmt. So verstandene Literatur soll in der Gestaltung der Erscheinungen des Lebens einen hohen Grad wissenschaftlicher Genauigkeit erzielen, der eigene, selbständige Wirklichkeitsanspruch der Literatur, ihre fiktionale Wirklichkeit, die für Plechanov noch gültig war, wird konsequent verworfen, der Inhalt der Literatur hat eindeutigen Vorrang vor der poetischen Form, mit der sich Lenin auch nirgends befaßt hat.
Lenin sieht mit Engels sehr wohl, daß Erkenntnis als Widerspiegelung »kein einfacher, unmittelbarer, spiegelartig toter, sondern ein komplizierter, zickzackartiger Akt ist, der die Möglichkeit in sich schließt, daß die Phantasie dem Leben entschwebt«[5].
Da in dieser Überbausphäre der »Zwischeninstanzen« die verschiedensten Gruppen- und Klasseninteressen in ständiger Auseinandersetzung liegen, ist Plechanovs grundsätzlich richtige Feststellung, daß die ökonomische Entwicklung letztendlich als Resultante dieses Prozesses seine allgemeine Richtung bestimmt, nicht ausreichend. Denn es genügt nicht, »die Welt zu interpretieren, es kommt darauf an, sie zu verändern« (Marx). Die Widerspiegelung erweist ihre Richtigkeit nur durch ihre Verwirklichung, durch die Praxis. Die gewonnene Erkenntnis verlangt ihre Realisierung, d. h. Engagement des Menschen für die einmal als richtig erkannte Sache.
Wissenschaft, Philosophie und Literatur sind ihrer Natur

nach *parteilich* und sollen dies auch offen eingestehen. Das ist die Quintessenz von Lenins bekanntem Aufsatz Partijnaja organizacija i partijnaja literatura (Parteiorganisation und Parteiliteratur, 1905). Zweifellos behandelt der Aufsatz zunächst ein organisatorisches Problem: Nach den revolutionären Ereignissen des Jahres 1905 war den Marxisten am Ende des Jahres die legale Publikation in Rußland ermöglicht worden, und Lenin forderte alle Marxisten auf, die verschlüsselte, äsopische Sprache ihrer bisherigen Agitation aufzugeben und in der von ihm redigierten Zeitung *Novaja Žizn'* (Neues Leben) offen und klar den Parteistandpunkt zu propagieren. Doch gehen seine Intentionen über diese bloß organisatorische Fragestellung hinaus, und in der Folgezeit ist der Begriff Partijnost' von der leninistischen Ästhetik zu einer zentralen ästhetischen Kategorie erweitert worden.

Lenin geht von der marxistischen These der vollständigen Klassengebundenheit jeder Ideologie, jeder Kunst und Literatur aus. Hier gibt es keine Klassenneutralität, versteckt oder offen, bewußt oder unbewußt bringt jedes Kunstwerk den Klassencharakter seiner Zeit zum Ausdruck, und zwar nicht nur, wie Plechanov meinte, in der gesellschaftlichen Psychologie der betreffenden Klasse, sondern in der Widerspiegelung ihrer gesamten ökonomischen und gesellschaftlichen Situation. Klassencharakter der Literatur und Kunst ist aber noch nicht Partijnost'. Partijnost' ist erst das Resultat und der Ausdruck hochentwickelter Klassengegensätze, ist erst die Begleiterscheinung und das Ergebnis des voll entfalteten modernen Klassenkampfes. Deshalb ist Partijnost' erst der Ausdruck des sozialistischen Bewußtseins, d. h. der Ausdruck des in der Sozialdemokratischen (bolschewistischen) Partei als Massenbewegung zusammengeschlossenen Proletariats. Auf dem Niveau des modernen Klassenkampfes, in dem sich die Fronten zwischen Ausbeutern und Ausgebeuteten, zwischen Bourgeoisie und Proletariat erkennbar abgesteckt haben, in dem auf Grund der Entwicklung der marxistischen Gesellschaftsanalyse und Propaganda die Einsicht in den »richtigen« Entwicklungsgang des ökonomischen und politischen Kampfes allen möglich und zugänglich ist, kann es keine »Überparteilichkeit« oder verwischenden Kompromisse geben. Wenn bürgerliche Autoren – meint Lenin –

ihre Parteinahme für die Bourgeoisie in ihrem Werk nicht erkennen oder erkennen wollen, so kann das nur Verschleierung oder Ausdruck ihres wenig entwickelten gesellschaftlichen Bewußtseins sein. Aber auch als »Werkzeuge« ihrer Klasse drücken sie deren Interessen aus. Eine – etwa anklägerische – Wendung gegen die Bourgeoisie und ihre Gesellschaftsordnung verrät zwar ein reifes politisches Bewußtsein, aber es hat noch nicht die Einsicht in die Notwendigkeit des historischen Prozesses, das sozialistische (marxistische) Verständnis erreicht. Nach dem bereits Ausgeführten fehlt der kritisch-bürgerlichen Literatur also die Tiefe, in den Bereich des Wesentlichen vorgestoßen zu sein. Dies vermag erst die sozialistische proletarische Klassenliteratur, die eo ipso parteilich ist.

Der Leninsche Begriff der Partijnost' als ästhetische Kategorie ist also nicht so eng zu fassen, daß er sozusagen die literarische oder künstlerische Illustration von parteipolitischen Zielen oder Beschlüssen wäre. Dies war erst eine – inzwischen wieder überwundene – stalinistische Einschränkung. Partijnost' ist das bewußte Streben des Autors, die marxistisch-leninistische Weltanschauung, von der er selbst überzeugt ist, literarisch zu gestalten, in einem lebendigen, überzeugenden plastischen Obraz (Bild, Gestalt) darzustellen. Diese Weltanschauung soll der sozialistische Autor gegen das bürgerliche Klassenbewußtsein frei und unreglementiert mit allen individuellen Nuancen vertreten. Auf dem Boden der marxistisch-leninistischen Weltanschauung basiert aber auch die Kritik, die mit der Beurteilung eines Werkes eben zugleich auch die darin vertretene Weltanschauung trifft, die als identisch mit der des Autors angesehen wird und sich damit zugleich an diesen als Person richtet. Eine Unterscheidung zwischen Werk und Autor wird für undurchführbar gehalten, der Autor trägt die volle Verantwortung für sein Werk und die Einstellung und Handlung seiner literarischen Helden. Es ist die Konsequenz des parteilichen Klassenbewußtseins, daß es sich nicht selbst widersprechen und unbeteiligt Themen und Probleme gestalten kann, ohne sein Engagement sichtbar werden zu lassen. Die Identifizierung von Werk und Autor ist sachlogisch innerhalb der Partijnost' ebenso konsequent wie die Partijnost' selbst innerhalb der ganz auf Veränderung der gesellschaftlichen Verhältnisse und Verifikation durch die Praxis ausgerichteten Leninschen revolutionären Ideologie.

Engagierte Kunst als Ausdruck eines parteilichen gesellschaftlichen Bewußtseins kann natürlich kein Selbstzweck sein. Literatur und Kunst im Dienste der Sache des Proletariats haben bestimmte Aufgaben zu erfüllen und werden danach bewertet, wie sie diese erfüllen. Als Spiegel der Wirklichkeit *informieren* sie den Leser und sind daran zu messen, wie umfassend und wie genau und im marxistisch-leninistischen Sinne tiefgreifend sie unterrichten. Ihr Wert wächst in dem Maße, in dem sie die dialektisch-materialistischen Entwicklungsgesetze exemplarisch und überzeugend vorführen.

»Durch das Studium der künstlerischen Werke Lev Tolstojs wird die russische Arbeiterklasse ihre Feinde besser kennenlernen«[6], sagt Lenin.

Mit der Information hat die parteiliche kommunistische Literatur die Funktion der *Propaganda* der leninistischen Weltanschauung zu erfüllen. Lenin nennt Eugène Pottier, den Dichter der »Internationale«, »einen der größten Propagandisten mittels des Liedes«[7].

Je vollständiger und zugleich auch eindeutiger, der Wirklichkeit entsprechender der Inhalt von Kunst und Literatur ist, um so überzeugender wird auch ihre Aussage sein. Das bedeutet kein Plädoyer für eine faktographische Literatur, entsprechende Versuche des Proletkults hat Lenin abgelehnt. Das literarische Kunstwerk behält seinen exemplarischen oder modellhaften Charakter, aber es muß seine Richtigkeit an der Wirklichkeit, d. h. an der kommunistischen Realisierungsmöglichkeit (Praxis) überprüfen lassen. Der Inhalt einer zeitgenössischen Dichtung wird als Faktum betrachtet und daraufhin kontrolliert, inwieweit in ihm die Überlegenheit der kommunistischen Ideologie und der Verfall der bürgerlichen Gesellschaftsordnung zum Ausdruck kommen. Dies leitet zur dritten Aufgabe der parteilichen proletarischen Literatur und Kunst über, ihrer erzieherischen Funktion. Sie ergibt sich aus dem Widerspiegelungscharakter und dem exemplarischen Wesen von Kunst und Literatur, das »richtige« Beispiel ist zugleich auch Vorbild. Es hat den *notwendigen* Verfall der kapitalistischen Gesellschaft und ihre Folgen zu zeigen, etwa die Enthumanisierung des gesellschaftlichen Lebens in der Verdinglichung der zwischenmenschlichen Beziehungen, bedingt von der Entfremdung der menschlich, ganzheitlich anzueignenden Wirklichkeit zum Tauschwert, zur bloßen Ware, die Verkümmerung des totalen gesellschaftlichen Menschen zum menschenfeindlichen Individualisten, den unausweichlichen Untergang der untätigen Ausgebeuteten und Mitläufer der Herrschenden und die geistige und seelische Verarmung der Besitzenden. Dies ist mit allen Mitteln des künstlerischen Ausdrucks in der Absicht zu gestalten, Ablehnung und Abscheu gegenüber dieser Welt, über die die Geschichte bereits ihr Urteil gefällt hat, zu erwecken. Dagegen soll die ideelle Kraft und Überlegenheit des neuen proletarischen kollektiven Menschen, des klassenbewußten Kämpfers gestaltet werden, der vom Enthusiasmus und von der Leidenschaft des Kampfes für den Sozialismus erfüllt ist und ein Beispiel gibt im persönlichen Einsatz für das Ziel der klassenlosen kommunistischen Gesellschaft. Sie ist Ziel und Ideal des »positiven Helden«, der als Mensch und überzeugter Kämpfer zur Nachahmung anregen soll. Auch hier hat deutlich zu werden, daß die freie Totalität des Menschen erst in der klassenlosen Gesellschaft, dem Ziel des Marxismus-Leninismus, erreicht werden wird. Literatur und Kunst sollen anspornen, alle Kräfte für dieses Ziel zu mobilisieren. Welche beherrschende Rolle Information, Propaganda und Erziehung als Kriterien der marxistisch-leninistischen Ästhetik spielen, mag nur das Beispiel von Nikolaj Ostrovskijs Roman *Kak zakaljalas' stal'* (Wie der Stahl gehärtet wurde, 1932–1934) illustrieren, dem es an formalpoetischen Qualitäten in auffallendem Maße gebricht und der den Enthusiasmus des sozialistischen Helden mit ähnlichen künstlerischen Mitteln gestaltet wie Karl May den naiven christlichen Humanismus seines Old Shatterhand und Winnetou. Unbeschadet oder sogar trotz seiner formalen Mängel zählt der Roman zu den maßgeblichen Werken der frühen Sowjetliteratur, weil er im Geiste der Parteilichkeit informiert, propagiert und zur Nachfolge erzieht.[8]

Die Normen der bewußten kommunistischen Partijnost', der umfassenden Information im Sinne der historischen und politischen Notwendigkeit, der Propaganda und Erziehung zum kommunistischen Menschentum und Gesellschaftssystem, sind natürlich nur auf die zeitgenössische moderne sozialistische Literatur anwendbar, die auf der Höhe des kommunistischen Bewußtseins als eine gegenüber der gesamten literarhistorischen Tradition neue, qualitativ höhere Kunst und Literatur gilt, für die in den dreißiger Jahren der Begriff »sozialistischer Realismus« geprägt worden ist.[9]

Bei der Beurteilung von literarischen Kunstwerken der Vergangenheit und von »bürgerlicher« Literatur können diese Kriterien nur bedingt angewendet werden. Nach Lenin gilt es hier zunächst einmal, das Kunstwerk aus den historischen und gesellschaftlichen Bedingungen heraus, in denen es entstanden ist, zu erklären und seinen Bezug dazu herzustellen. Das entspricht Plechanovs »Feststellung des soziologischen Äquivalents«. Tolstojs Werk spiegelt für Lenin nicht nur die historischen und gesellschaftlichen Verhältnisse Rußlands nach der Bauernreform, das Eindringen des Kapitalismus nach Rußland getreu wider, sondern es bringt zugleich das Denken und Empfinden der patriarchalisch eingestellten Bauernschaft zum Ausdruck, das Tolstoj in dieser Zeit des Umbruchs der alten Grundfesten des dörflichen Rußland selbst angenommen hatte.

»Seiner Geburt und seiner Erziehung nach zum höchsten Feudaladel Rußlands gehörend, brach Tolstoj mit allen gewohnten Ansichten dieses Milieus und fiel in seinen letzten Werken mit leidenschaftlicher Kritik über alle heutigen staatlichen, kirchlichen, sozialen, wirtschaftlichen Zustände her, die auf der Unterjochung der Massen, auf ihrem Elend, auf dem Ruin der Bauern und der Kleinbesitzer überhaupt ... beruhen ...

Tolstoj steht auf dem Standpunkt des patriarchalischen, naiven Bauern, dessen Denkart er in seine Kritik, in seine Lehre hineinträgt ... Diese Kritik spiegelt wirklich den Umschwung in den Ansichten von Millionen Bauern wider, die eben erst aus der Leibeigenschaft zur Freiheit gelangt sind ... Der Protest von Millionen Bauern und ihre Verzweiflung – das ist in Tolstojs Lehre zusammengeflossen.«[10]

Zum anderen gilt es, das literarische Kunstwerk aus der Sicht der Gegenwart zu beleuchten, um zu sehen, ob und wo die Dichtung historisch begrenzt ist und wo sie über ihre Zeit hinausragt. In Kenntnis des gesellschaftlichen und geschichtlichen Entwicklungsverlaufs hat der marxistisch-leninistische Literarhistoriker also zu zeigen, wie – offen oder verschlüsselt – die historische Notwendigkeit im gegebenen Text erscheint und wie sie auch gegebenenfalls durch Analogiebildung für die Gegenwart relevant gemacht werden kann, d. h., es sind die »fortschrittlichen Qualitäten« einer Dichtung herauszuarbeiten. Lenin hat dies – wiederum in seinen Aufsätzen über Tolstoj – expliziert. Er schreibt, das Proletariat

»wird den werktätigen und ausgebeuteten Massen die Bedeutung der Tolstojschen Kritik an Staat, Kirche und privatem Grundeigentum auseinandersetzen – nicht damit die Massen sich auf Selbstvervollkommnung und Wehklagen über ein ›gottgefälliges Leben‹ beschränken, sondern damit sie sich erheben, um einen neuen Schlag gegen die Zarenmonarchie und den Grundbesitz der Gutsherren zu führen.«[11]

So soll das literarische Kunstwerk dem Leser erläutert werden, um daraus Anleitungen zur politischen Einsicht und zum politischen Handeln abzuleiten.

»Deshalb ist eine richtige Würdigung Tolstojs nur vom Standpunkt der Klasse aus möglich, die durch ihre politische Rolle und ihren Kampf ... ihre Berufung bewiesen hat, Führerin zu sein im Kampf für die Freiheit des Volkes«.[12]

Dies ist die Begründung für die bekannte Forderung Lenins, das literarische Erbe zu wahren und zu studieren: es soll für den ideologischen und politischen Kampf des Proletariats ausgewertet und nutzbar gemacht werden.

In jeder Epoche finden sich Kunstwerke von anerkanntem Rang, die diesem Anliegen in vorbildlicher Weise entsprechen. Die Achtung vor der Tradition wird also von Lenin theoretisch begründet und ist nicht, wie manchmal naiv behauptet wird, eine Frucht seines in künstlerischen Dingen zweifellos konservativen Geschmacks.[13] Zugleich liegt hier auch der Grund dafür, warum Lenin Versuche von futuristischen Dichtern und radikalen Theoretikern und Autoren des Proletkults, eine voraussetzungslose proletarische Literatur und Kunst zu schaffen, die auf Verbindungen zu dem ihrer Meinung nach überholten und ideologisch gefährlichen kulturellen Erbe verzichten sollte, energisch abwehrte.

Lenin war der Auffassung, daß das Studium der Tradition zu einer Aufteilung in überwiegend progressive (»fortschrittliche«) und überwiegend konservative (»reaktionäre«) Dichtungen und Autoren führe, und dies in jeder Epoche. Im Unterschied zu Engels und Plechanov glaubte er, so eine direktere

Widerspiegelung des Klassenkampfes im literatur- und kulturhistorischen Prozeß aufweisen zu können. Daraus wurde die Leninsche Lehre von den zwei Kulturen abgeleitet: Jede Nationalkultur ist in zwei antagonistische Klassenkulturen aufgespalten, die eine drückt die reaktionären, beharrenden Ideen und Interessen aus, die andere den gesellschaftlichen Fortschritt.*

Lenins ganzes kunsthistorisches Konzept erwähnt nirgends das eigentliche ästhetische Problem: die Frage der Form. Er wußte dies selbst, wiederholt hat er seine Nichtkompetenz auf diesem Gebiet unterstrichen. Aber er hat auch keinen Zweifel daran gelassen, daß er die künstlerische Form nur für ein sekundäres, mehr technisches Problem hielt, wofür, wie in allen anderen Bereichen der Kultur und Wissenschaft, Spezialisten zuständig seien – wesentlich und über die Zuständigkeit des engen Fachgebietes hinausgehend sind für Lenin eben inhaltliche und ideologische Aussagen der Literatur und Kunst, die in die Kompetenz der Partei fallen. Als praktisches Beispiel hierfür sei wieder auf Lenins Ablehnung der Bestrebungen des Proletkults hingewiesen, der selbständig und unabhängig von der Partei eine proletarische Kultur aufbauen wollte. Lenin fürchtete, daß die Proletkult-Studios zur ideologischen und organisatorischen Basis einer Fraktionsbildung werden und die einheitliche bolschewistische Ideologie aufspalten könnten.

Die sowjetische Literaturwissenschaft und -kritik hat aus Lenins ästhetischen und literaturtheoretischen Arbeiten den konsequenten Schluß gezogen, daß im Geiste seiner Lehre der inhaltlich-ideellen Seite eines Kunstwerks primäre, der formalen Seite sekundäre Bedeutung zukomme.

Indem die leninistische Ästhetik objektive Kriterien bei der Bewertung von Kunst und Literatur aufgab und die Form ausschließlich vom Inhalt abhängig machte, integrierte sie die Kunst und Literatur vollständig in den historischen ideologischen Prozeß. Die schöpferische Freiheit, die der Autor im Widerspiel der »Zwischeninstanzen« noch hat, ist für den proletarischen Klassenautor weitgehend eingeschränkt; aller-

* Selbstverständlich gilt dies nicht für die klassenlose sowjetische Kultur.

dings ist diese von uns hier getroffene wertende Feststellung nicht systemimmanent.

Nach leninistischer Auffassung ist die erwähnte schöpferische Freiheit eine liberale Schein- oder Pseudofreiheit desjenigen, dem die Einsicht in die historische Notwendigkeit fehlt. Da diese Einsicht der proletarische Klassenautor besitzt, erkennt er auch die Logik des historischen Fortschritts und stellt sich freiwillig in den Dienst des Proletariats und verwirklicht damit eine qualitätiv höhere Freiheit, nämlich seine Befreiung aus den Manipulationen des liberalen Interessendschungels, in dem sich als Resultante der unhumane, verdinglichende Warencharakter des Kapitalismus letztlich durchsetzt. Da Kapitalismus und proletarisches Klassenbewußtsein zwei unterschiedene Qualitäten sind, ist ein adäquater Vergleich nicht möglich, gleiche Begriffe bezeichnen nicht mehr das gleiche, Zeichen und Bezeichnetes klaffen auseinander. Was zuletzt entscheidet, ist die Praxis, die Verwirklichung oder der politische Erfolg.

Für Kunst und Literatur auf der Höhe des modernen proletarischen Klassenbewußtseins sind Realismus als getreue und »richtige« Widerspiegelung der Wirklichkeit, der direkte Bezug des literarischen Textes zur Praxis, umfassende Tiefe im Sinne des Typischen und parteilich-ideelles Engagement für die historisch allein gerechtfertigte, fortschrittliche proletarische Massenbewegung, repräsentiert und geführt durch ihre Partei, nicht nur Kriterien der Beurteilung und Bewertung, sondern Normen, an denen sich das künstlerische Schaffen freiwillig orientiert.

Plechanovs *objektiver* marxistischer Ästhetik steht die *normative* leninistische Ästhetik gegenüber.

Dieser Abschluß der Entwicklung auf kunst- und literaturtheoretischem Gebiet erscheint ebenso konsequent wie die Vollendung der spätrealistischen russischen Literatur im sozialistischen Realismus, den die späten Werke Veresaevs, Serafimovičs und Gor'kijs einleiten.

Der Vorrang des ideellen Gehalts der Dichtung, der seit Belinskij die russische realistische Theorie beherrschte, begünstigte die Konzeption einer normativen Poetik, zumindest seit dic Idee des literarischen Kunstwerks mit moralischen und politischen Zielen verknüpft, äußerstenfalls sogar identifiziert wurde. Gegen eine nur utilitaristische Kunstbetrachtung wehrte sich Plechanov, indem er eindringlich auf das Problem der Form hinwies, erst der transformatorische Akt der Formgebung eröffne den Bereich der Kunst. Zwar schränkte er die Bedeutung der Form durch die selektierende Funktion, die er dem ideellen (oder ideologischen) Gehalt der Dichtung zuschrieb, ein, doch schloß er mit dem Kriterium der objektiven formalen Bewertung des Kunstwerks Vorschriften an das künstlerische Schaffen aus. Übernimmt man nun die Auffassung, daß der ideelle Gehalt seine formale Gestaltung bedinge, und verlangt man zugleich von der Literatur, den ideellen Gehalt auf effektivste Weise zu propagieren und den Leser in seinem Sinne zu beeinflussen und zu erziehen, ist es nur logisch, daraus methodische Anleitungen, ein System von wenngleich nicht eindeutigen und pedantischen Regeln, so doch bestimmten, weiter gefaßten Normen abzuleiten. Hinzu kommt die Festlegung auf realistische Gestaltung, die – sozusagen als grundlegende Norm – einen eindeutigen Bezug zur außerliterarischen Wirklichkeit verlangt.

Schlußbetrachtung: Der sozialistische Realismus als Theorie und Methode der Sowjetliteratur

Innerhalb der marxistischen Weltanschauung haben sich zwei ästhetische Konzeptionen als möglich erwiesen: Plechanovs objektive Ästhetik und Lenins pragmatisch bestimmtes Normensystem. Die weitere Entwicklung der kunst- und literaturtheoretischen Diskussion in Sowjetrußland wird von der Auseinandersetzung dieser beiden konkurrierenden Positionen gekennzeichnet. Sie sei zum Abschluß kurz skizziert.[1]

Obwohl die von Aleksandr A. Bogdanov (A. Malinovskij, 1873 bis 1928) begründete und geführte Bewegung des Proletkults (proletarskaja kul'tura) vom Klassencharakter und der sozialpädagogischen Funktion der Literatur und Kultur ausging, widersetzte sie sich der Kontrolle durch die Partei. Bogdanov modifizierte nämlich Marx' Theorie, mit der er zwar darin übereinstimmt, daß die geistige Welt, das Bewußtsein aus der ökonomischen und sozialen Basis hervorgeht, er nimmt dann aber für diese Welt des Geistes eine selbständige, das Bewußtsein organisierende Gesetzlichkeit an. Diese Auffassung läßt keine Leitung und Kontrolle durch die Partei zu, deren führende Rolle im wirtschaftlichen und politischen, nicht aber im geistigen und künstlerischen Bereich liege. Die Proletkultbewegung, deren größte – auch internationale – Wirksamkeit sich auf die Jahre 1918 bis 1921 erstreckt, in denen der Versuch unternommen wurde, eine neue, möglichst traditionsfreie proletarische Literatur und Kultur zu errichten, wurde von der Kommunistischen Partei (Bol'ševiki) kritisiert und wegen linker Abweichung abgelehnt, sie zerfiel ab 1923. Die z. T. aus ihr hervorgegangene Gruppe Oktjabr' (Oktober, 1922 in Moskau gegründet, ab 1924 gleichnamige Zeitschrift) pflegte zwar weiterhin das Anliegen einer proletarischen Literatur, lehnte sich aber eng an die Partei an und verlangte von ihr Lenkung und Führung.

Die *avantgardistischen* Gruppen, Fortsetzer des *Modernismus* (Levyj front iskusstva – Linke Front der Kunst 1922–1929, Konstruktivisten 1923–1930, Imaginisten 1919–1927 und einige weitere kleine, unbedeutendere Gruppen), erhoben künstlerisch einen radikalen Antitraditionalismus zum Prinzip und verfochten Elemente des Futurismus wie Zeitlosigkeit, Originalität und Begeisterung für Technik und Ratio. Auf der anderen Seite wollten sie sich aber erklärtermaßen an die Partei und den Staat binden, bezeichneten die Literatur als einen rationalen Produktionsprozeß auf ideologischem Gebiet und wollten ihren »sozialen Auftrag« erfüllen, das rückständige Proletariat und die noch weiter zurückgebliebene Bauernschaft auf ein der zeitgenössischen Technik entsprechendes intellektuelles Niveau zu heben. Der russische Avantgardismus wirkte aber auf eine Dekanonisation der tradierten Formen und Inhalte hin, er schuf eine dokumentarische und abstrakte Literatur, die den angesprochenen Konsumenten nicht erreichte. An ihrem inneren Widerspruch zwischen dem irrationalen, freien schöpferischen Akt und dem ausgesprochenen Willen, sich den Normen der parteilichen Kunst zu unterwerfen, sind all diese avantgardistischen Gruppen zerbrochen.

Die bedeutsamen Theoretiker des *Formalismus,* die das Wesen der künstlerischen Literatur allein aus der Formgebung bestimmen wollten und vom Inhalt und von der ideellen Aussage der künstlerischen Sprache absahen, mußten ebenso dem politischen Druck gegen den »bürgerlichen Modernismus« weichen wie einige andere weniger bedeutende kunsttheoretische Gruppen. Da Proletkult und Avantgardismus ihr Streben auf eine formal wie inhaltlich *neue,* von der Tradition völlig unterschiedene Kunst und Literatur richteten – jedenfalls haben sie die leninistische These von der qualitativen, bewußtseinskritischen Unterschiedenheit der kulturellen Epochen des Kapitalismus und Sozialismus bei *fortlaufender Tradition* so mißverstanden –, mußten sie mit einer normativen Ästhetik in Konflikt geraten. Letztlich sind sie an diesem Konflikt auch gescheitert.

Lenin, Trockij u. a. waren sich darin einig, daß 1918 und in den folgenden Jahren im russischen Proletariat und in der Bauernschaft überhaupt noch keine Voraussetzungen zur Schaffung einer eigenen proletarisch-bolschewistischen Kultur vorhanden waren. Durch Lernen und Aneignen der besten Werte der Tradition mußten diese erst einmal gelegt werden. Diese Einsicht bestimmte Aleksandr Konstantinovič Voronskijs (1884–1943) kunstpolitisches Vorgehen. Er ging davon aus, daß das Proletariat erst ökonomisch und politisch triumphiert haben müsse, ehe es an die Errichtung einer eigenen Kultur denken könne. In der gegenwärtigen Übergangsphase seien deshalb alle talentierten literarischen Kräfte zu ermuntern, zu fördern, und von ihnen sei auch in formalkünstlerischer Hinsicht zu lernen. Voronskij stützte sich auf Plechanov, wenn er von der Klassengebundenheit der Kunst und Literatur ausging, die in jedem Kunstwerk sichtbar werde und durch die wissenschaftliche Kritik eindeutig erläutert werden müsse, so daß es überflüssig und sogar schädlich sei, auf die schöpferischen Künstler politischen oder ideologischen Druck auszuüben. Kriterien ihres Werkes seien der ideelle Gehalt und die künstlerische Form; der Literatur und Kunst als einer eigentümlichen (plastischen) Weise der Erkenntnis (der Widerspiegelung) dürften keine Regeln und Vorschriften gemacht werden, weil dies ihrer Erkenntnisfunktion im Wege stünde. In seinen Zeitschriften *Krasnaja nov'* (Rotes Neuland) und *Prožektor* (Projektor) schuf Voronskij Publikationsorgane, in denen vor allem parteilose, unentschiedene, auch skeptische Autoren, die sogenannten »Mitläufer« (poputčiki, so hatte sie Trockij genannt), ihre oft sehr bedeutsamen und niveauhohen Werke publizierten. Zunächst – im Jahre 1924 – akzeptierte die Partei diesen Standpunkt, gegen den Avantgardisten und Proletkult polemisierten. Ein Jahr später erklärte sie jedoch in einer Resolution, daß nun der politischen Herrschaft des Proletariats auch die Führung im ideologischen und literarischen Bereich entsprechen müsse, sie ließ jedoch im Interesse des Niveaus ein breites Maß an individueller Freiheit.

Die Auffassung von der reglementierenden Funktion der proletarischen Schriftstellervereinigungen verfocht schon lange eine radikale Gruppe um die Zeitschrift *Na postu* (1923 bis 1925), die in enger Beziehung zum Oktjabr' stand. Sie erlangte auf die Schriftstellerorganisation der VAPP (Vserossijskaja associacija proletarskich pisatelej – Gesamtrussische Assoziation der proletarischen Schriftsteller – 1920 noch als Organisation des Proletkults gegründet) Einfluß, gab 1926–1932 eine neue Zeitschrift *Na literaturnom postu* (Auf literarischem Posten) heraus und bestimmte unter ihrem Führer Leopold L. Averbach (1903–1939) ab 1928 in der in Sowjetrußland tonangebenden *russischen* proletarischen Autorenvereinigung RAPP (Rossijskaja associacija proletarskich pisatelej) das politische und theoretische Konzept. RAPP war der Ansicht, daß der Widerspiegelungscharakter der Literatur einen strengen Realismus erfordere, der im Zeichen der ökonomischen und politischen Wandlungen den psychologischen Umformungsprozeß zum neuen sozialistischen Menschen fördern solle. Dies könne nur der proletarische Schriftsteller leisten, der von der Überzeugung des Marxismus-Leninismus durchdrungen sei. In der Phase der Diktatur des Proletariats sei eine strenge ideologische Leitung und Kontrolle durch die Partei erforderlich, deren Vorschriften sich der Autor zu unterwerfen habe. Ohne Rücksicht auf Form und Niveau sei – zumindest in dieser Aufbauphase – allein der politische Inhalt für die Dichtung entscheidend. Aleksandr Fadeev hat dieses Konzept auf einer Konferenz Leningrader proletarischer Schriftsteller in klare Normen übertragen, die besagen:

1. der proletarische Schriftsteller muß dialektischer Materialist sein;
2. Kunst, Literatur muß die objektive Wirklichkeit getreu widerspiegeln und in ihrer Entwicklung gemäß den Interessen des Proletariats interpretieren;
3. alle Gattungen und Genres müssen sich in der Gemeinsamkeit *einer einheitlichen Ausdrucksweise* (einer Gestaltungsmethode) im Sinne des dialektischen Materialismus zusammenfinden.

Diese Thesen stellen eine erste Formulierung der Theorie des sozialistischen Realismus dar.

Von Schwankungen abgesehen hielt die Entwicklung von RAPP Schritt mit der politischen und ökonomischen Zentralisierung des Sowjetstaates unter Stalin. So schickte RAPP bereits 1931 seine Mitglieder in Fabriken und Kolchosen, um dort den Aufbau des Sozialismus genauestens zu studieren, um ihn dann getreu und in seinen ganzen positiven Dimensionen abzubilden.

Wenngleich das radikale theoretische Konzept der RAPP den Zielen der Partei keineswegs widersprach, so erwies es sich kunstpolitisch doch zunehmend als untauglich. Der enge, bürokratische Doktrinarismus bremste jede schöpferische Eigeninitiative der Mitglieder der RAPP und drückte das Niveau herab, die intolerante und arrogante ideologische Haltung der RAPP schloß alle Mitglieder und gemäßigten Autoren nicht nur aus, sondern erklärte sie zu politischen Feinden und Klassengegnern. Daran aber war der Partei nicht gelegen, sie wollte vielmehr, auch im Interesse der künstlerischen Qualität der neuen sozialistischen Kultur, alle literarischen und kulturellen Kräfte auf einer theoretisch verbindlichen Basis und in einer kontrollierbaren Vereinigung zusammenschließen. Deshalb wurden durch Beschluß des ZK der KP vom 23. 4. 1932 alle proletarischen und sonstigen Schriftstellervereinigungen aufgelöst mit der Auflage, statt dessen einen einheitlichen Schriftstellerverband mit kommunistischer Fraktion darin zu bilden.

Nach zweijähriger Vorbereitungszeit tagte dieser Kongreß unter Gor'kijs Vorsitz vom 17. 8. bis 1. 9. 1934. Er diskutierte und bestimmte die Normen des sozialistischen Realismus. Eine führende Rolle spielte bei ihrer Formulierung Andrej Aleksandrovič Ždanov (1896–1948), der Sprecher der Partei in kulturellen und literarischen Dingen.

Die Normen des sozialistischen Realismus sind nicht neu, sie fassen zusammen, was sich im letzten Kapitel in Lenins ästhetischen Vorstellungen bereits abzeichnete: zunächst im Sinne der Leninschen Widerspiegelungstheorie Wirklichkeitstreue, die nicht objektivistisch sein darf, sondern in Auswahl und Darstellung der abgebildeten Wirklichkeit die historische Notwendigkeit, die nun mit dem Aufbau des Sozialismus in der Sowjetunion identifiziert wird, ausdrücken soll; sodann ein unbedingtes persönliches Engagement des Autors an der Sache des Sozialismus, die in seinem Werk zum Ausdruck kommen soll, der sozialistische Realismus fordert Prinzipientreue (prinzipial'nost') und Konsequenz in der Verfolgung der Idee des Sozialismus (idejnost'); schließlich hat er Lenins Forderung, die künstlerische Literatur müsse als ideologisches Erziehungsgut konsequent den Klassenstandpunkt vertreten und uneingeschränkt Partei für die Sache des Proletariats ergreifen (partijnost' – Parteilichkeit), übernommen. Der Künstler habe eine wahrheitsgetreue, historisch-konkrete Darstellung der gesellschaftlichen Wirklichkeit in ihrer revolutionärcn Entwicklung zu geben.

Ždanov sagte auf diesem Kongreß:

»Genosse Stalin hat unsere Schriftsteller Ingenieure der menschlichen Seele genannt ... Das heißt erstens, das Leben zu kennen, um es in den künstlerischen Werken wahrheitsgetreu darstellen zu können, nicht scholastisch, nicht tot, nicht einfach als ›objektive Wirklichkeit‹, sondern als die Wirklichkeit in ihrer revolutionären Entwicklung. Dabei muß die wahrheitsgetreue und historisch konkrete künstlerische Darstellung mit der Aufgabe verbunden werden, die werktätigen Menschen im Geiste des Sozialismus ideologisch umzuformen und zu erziehen. Das ist die Methode, die wir in der schönen Literatur und in der Literaturkritik als die Methode des sozialistischen Realismus bezeichnen. Unsere Sowjetliteratur fürchtet sich nicht vor dem Vorwurf, tendenziös zu sein. Jawohl, die Sowjetliteratur ist tendenziös, weil es in der Epoche des Klassenkampfes keine über den Klassen stehende tendenzlose, angeblich unpolitische Literatur gibt und auch nicht geben kann ... Wir sagen, daß der sozialistische Realismus die grundlegende Methode der sowjetischen schönen Literatur und der Literaturkritik ist; aber das setzt voraus, daß die revolutionäre Romantik als integrierender Bestandteil in das literarische Schaffen eingeht, denn das ganze Leben unserer Partei, das ganze Leben der Arbeiterklasse und ihr Kampf, besteht in der Verbindung der härtesten, nüchternsten praktischen Arbeit mit dem höchsten Heroismus und mit grandiosen Perspektiven ... Die Sowjetliteratur muß verstehen, unseren Helden zu gestalten, sie muß verstehen, einen Blick in unsere Zukunft zu werfen. Das wird keine Utopie sein, denn unsere Zukunft wird durch planmäßige bewußte Arbeit schon heute vorbereitet ...
Wie auch auf anderen Gebieten der materiellen und geistigen Kultur ist das Proletariat der alleinige Erbe des Besten, was die Schatzkammer der Weltliteratur enthält ...«[2]

In prägnanter Form sind hier die Regulative des sozialistischen Realismus zusammengefaßt. Sie wurden aus den Grundsätzen und Postulaten der Äußerungen Lenins zur Ästhetik entwickelt, dessen Konzept sich damit gegenüber den Anhängern einer objektiven Ästhetik und Literaturtheorie im Sinne Plechanovs durchgesetzt hatte. Eine der wesentlichsten und wichtigsten Aufgaben der sozialistisch-realistischen Literatur ist die Herausbildung eines neuen kommunistischen Menschenbildes, literarisch typisiert in der Gestalt des *positiven Helden* als Ideal des Sowjetmenschen. Die Funktion der Literatur ist eine dreifache: erkenntnisvermittelnd, propagandistisch-erzieherisch und prognostisch.
Um die Entwicklungen und Erscheinungen der sowjetischen

Literatur, ihre Rätsel und ihre Tragödien zu verstehen, bedarf es der Kenntnis der Grundlagen und Prinzipien des sozialistischen Realismus. Dabei gilt es zu bedenken, daß nach dieser Theorie Literatur und Kunst nicht in einem esoterischen oder gesellschaftlich unverbindlichen Freiraum gedeihen. Als Widerspiegelung der typischen Erscheinungen der gesellschaftlichen Wirklichkeit und Antizipation ihrer zukünftigen Gestalt enthalten Kunstwerke eo ipso wissenschaftliche, politische und ideologische, ethische und moralische Aussagen. Neben und vor einer Analyse der künstlerischen Form bestimmen diese Momente Aufnahme und Wertung eines Kunstwerkes durch die sowjetische Kritik, ihr Urteil über das Werk und seinen dafür verantwortlichen Autor.

Anmerkungen

Einleitung:

[1] Erschienen in der Zeitschrift *Vestnik Evropy* (Europäischer Bote), 1892, No. 9.

[2] Vgl. Johannes Holthusen: *Russische Gegenwartsliteratur I.* Bern 1963, S. 10 f. Rolf-Dieter Kluge: *Westeuropa und Rußland im Weltbild Aleksandr Bloks.* München 1967, S. 10 f.

[3] Der Begriff »Modernismus« wird hier in diesem Sinne erstmals als Epochenbezeichnung verwendet. Deshalb muß auf den *vorläufigen* Charakter dieser Bezeichnung hingewiesen werden. Die Diskussion über diese Frage ist erst in jüngster Zeit aufgenommen worden. Vor allem ist auf die Arbeiten des Zagreber Slavisten Aleksandar Flaker zu verweisen. Unsere Epochenbezeichnung deckt sich den inhaltlichen Kriterien nach im wesentlichen mit dem von Flaker vorgeschlagenen Begriff »Avantgarde«, den Flaker allerdings — und mehr im Hinblick auch auf andere slavische Literaturen, besonders auf die kroatische — zeitlich auf die zwanziger bis vierziger Jahre beschränken möchte. Vgl. hierzu besonders Aleksandar Flaker: Je li nam pojam »Avangarda« potreban? In: *Umjetnost riječi.* Zagreb, XV, 2 (1971), S. 155—160, mit weiteren Literaturverweisen.

[4] Alexander Eliasberg: *Russische Literaturgeschichte in Einzelporträts.* München 1922, und Arthur Luther: *Geschichte der russischen Literatur.* Leipzig 1924, gönnen den Spätrealisten nur wenige summierende Seiten, auf denen vom Verfall des Realismus die Rede ist. Interessanter sind die Versuche Johannes von Guenther (vgl. seine *Literatur Rußlands.* Stuttgart 1964, überarbeitete Neuauflage unter dem Titel *Von Rußland will ich erzählen.* München 1968), der den Realismus entwicklungsgeschichtlich als *eine* dem Modernismus vorausgehende Epoche betrachtet, der er u. a. Čechov, Korolenko und Gor'kij eingliedert, während er die späteren Realisten entweder dem sich in der Emigration fortsetzenden Neurealismus oder der Sowjetliteratur einfügt.

[5] Adolf Stender-Petersen: *Geschichte der russischen Literatur* (Den russiske litteraturs historie). München 1957. Das dritte Kapitel im

zweiten Band heißt »Die modernistische Periode« und behandelt u. a. das Narodničestvo, Garšin, Leskov (!), Korolenko, Čechov, Gor'kij, den Znanie-Kreis und schließlich den Symbolismus. Stender-Petersen schließt seine Literaturgeschichte mit dem Jahre 1917.

6 Wilhelm Lettenbauer: *Russische Literaturgeschichte*. 2., vermehrte und verbesserte Auflage. Wiesbaden 1958.

Ettore Lo Gatto: *Storia della letteratura Russa contemporanea*. Milano 1958. Dieses Buch enthält die beste und vollständigste Bibliographie zur modernen russischen Literatur.

7 Johannes Holthusen: *Russische Gegenwartsliteratur I*. 1890 bis 1940. Bern 1963 (Dalp TB Nr. 386 D).

Johannes Holthusen: *Russische Gegenwartsliteratur II*. 1941 bis 1967. Bern 1968 (Dalp TB Nr. 369 D).

8 Dmitrij S. Mirskij: *Geschichte der russischen Literatur* (D. S. Mirsky: A History of Russian Literature 1881—1925. New York 1926), München 1964, S. 346.

9 Vgl. dazu ausführlich Kapitel X: Die Begründung der marxistischen Literaturtheorie in Rußland.

10 Im Ansatz läßt sich diese Betrachtungsweise schon in einigen vorrevolutionären Arbeiten beobachten, etwa *Istorija russkoj literatury XIX veka pod redakciej D. N. Ovsjaniko-Kulikovskogo*. Tom V. Moskva 1911 (Slavistic Printings and Reprintings, edited by C. H. van Schooneveld, volume 153/5. The Hague. Paris 1969). In den zwanziger Jahren rechtfertigten mit dieser Realismustheorie einige Forscher den vollständigen Verzicht auf eine Betrachtung der künstlerischen Form, so z. B. L. Voitolovskij: *Očerki istorii russkoj literatury XIX i XX vekov. Čast' vtoraja: Rešetnikov — Gor'kij*. Moskva. Leningrad 1928.

11 *Istorija russkoj literatury*. Tom X. Literatura 1890—1917 godov. AN SSSR Moskva-Leningrad 1954.

12 N. Burlakov. G. Pelisov. I. Uchanov: *Russkaja literatura XX veka. Dooktjabr'skij period*. Moskva 1961. A. A. Volkov: *Russkaja literatura XX veka. Dooktjabr'skij period*. Moskva ^{4}1966.

Russkaja literatura XX veka. Dorevoljucionnyj period. Chrestomatija. Sostavil N. A. Trifonov. Moskva 1962, 2., erweiterte Auflage 1966.

13 Diese Betrachtung ist bereits in der *Istorija russkoj literatury v trech tomax*. Glavnyj redaktor D. D. Blagoj. Tom III. Literatura vtoroj poloviny XIX — načala XX vekov. Moskva 1964 angelegt; sie wird jetzt ausführlich erläutert und begründet in der vom Gor'kij-Institut für Weltliteratur herausgebrachten Monografie *Russkaja literatura konca XIX — načala XX veka*. Devjanostye gody. Redakcionnaja kollegija B. A. Bjalik, E. V. Tager, R. V.

Ščerbina. Moskva 1968. S. 41. Bd. 2: 1901—1907. Moskva 1971. Bd. 3: 1908—1917. Moskva 1972.

[14] *Geschichte der russischen Literatur.* Berlin 1952—1954, Bd. 2: *Von den dreißiger bis zu den neunziger Jahren des 19. Jahrhunderts* (Russkaja literatura. Učebnik dlja IX klassa srednej školy pod redakciej Prof. N. L. Brodskogo. Moskva [9]1950). Berlin 1954. *Bd. 3: Geschichte der Sowjetliteratur* (L. I. Timofeev: Russkaja sovetskaja literatura. Moskva [6]1951). Berlin 1953.

Istorija russkoj sovetskoj literatury v trech tomach. AN SSSR Moskva 1958—1961. 2., ergänzte und erweiterte Auflage in vier Bänden. Moskva 1967—1971.

Istorija russkoj sovetskoj literatury. Moskva. Tom 1, 1958; tom 2, 1963.

Istorija russkoj sovetskoj literatury pod redakciej prof. P. S. Vychodceva. Moskva 1970.

Marc Slonim: *Die Sowjetliteratur,* Stuttgart 1972.

Die noch immer — auch im Vergleich mit den sowjetischen Arbeiten — vollständigste und ausführlichste Geschichte der sowjetischen Literaturepoche ist Gleb Struve: *Geschichte der Sowjetliteratur* (Soviet Russian Literature 1917—1950). München (1957). Goldmann TB Nr. 1395—97.

[15] Dmitrij Tschižewskij: *Vergleichende Geschichte der slavischen Literaturen.* Berlin *(Sammlung Göschen Nr. 1223)* 1968, Bd. 2, S. 51.

Dmitrij Tschižewskij: *Russische Literaturgeschichte des 19. Jh.s. II. Der Realismus.* München 1967, S. 41.

[16] Vgl. W. Shirmunski (Žirmunskij): Die Entstehung des Realismus in der Weltliteratur und der klassische Realismus des 19. Jh.s. In: *Probleme des Realismus in der Weltliteratur.* Berlin 1962, S. 405: Der Schriftsteller tritt als Historiker und Kritiker der gesellschaftlichen Wirklichkeit seiner Zeit auf als »Doktor der Sozialwissenschaften« oder, sagen wir es noch genauer, »der sozialen Chirurgie«.

Kapitel I

[1] K. P. Pobedonoscev: *Sammlung Moskowitischer Studien* (Moskovskij Sbornik). Dresden und Leipzig 1902. Über Pobedonoscev vgl. R. F. Byrnes: *Pobedonostsev: his Life and Thought.* Bloomington, Ind., London 1968.

[2] Dmitrij Tschižewskij: *Russische Geistesgeschichte II.* Reinbek bei Hamburg 1961 (rde Nr. 122, S. 103 f.).

[3] Adolf Stender-Petersen: *Geschichte der russischen Literatur. Band II,* München 1957, S. 422.

[4] Über die Bewegung des Narodničestvo vgl. B. S. Itenberg: *Dviženie revoljucionnogo narodničestva.* Narodničeskie kružki i

»choždenie v narod« v 70-ch godach XIX veka. Moskva 1965.
L. Kulczycki: *Geschichte der russischen Revolution.* 3 Bände, Gotha 1910, 1911, 1914 (besonders Band 2).
N. Bel'čikov: *Narodničestvo v literature i kritike.* Moskva 1934.
K. Nötzel: *Die soziale Bewegung in Rußland.* Leipzig, Stuttgart, Berlin 1923.
E. Oberländer: *Tolstoj und die revolutionäre Bewegung.* München und Salzburg 1963.
R. Pipes: Narodnichestvo: A Semantic Inquiry. In: *Slavic Review.* Vol. XXIII, 1964, S. 441—458.
P. Scheibert: *Von Bakunin zu Lenin. Geschichte der russischen revolutionären Ideologien 1840—1895. Bd. 1: Die Formung des radikalen Denkens in der Auseinandersetzung mit deutschem Idealismus und französischem Bürgertum.* Leiden 1956.
F. Venturi: *Il populismo russo.* 2 Bde. (Torino) 1952.
R. Wortmann: *The Crisis of Russian Populism.* Cambridge 1967.
P. A. Kropotkin: *Ideale und Wirklichkeit in der russischen Literatur* (Idealy i dejstvitel'nost' v russkoj literature). Leipzig 1906.
H. Granjard: Du romantisme politique: slavophiles et populistes. In: *Revue des études slaves,* 34, 1957, S. 73—80.
Janko Lavrin: Populists and Slavophiles. In: *The Russian Review.* Vol. XXI, 1962, No. 4, S. 307 ff.
N. J. Sokolov: *Russkaja Literatura i harodničestro.* Leningrad 1963.
G. Rhode: *Die russischen revolutionären Bewegungen im 19. Jh. Seminarprotokolle.* Manuskriptveröffentlichung. Mainz (Institut für Osteuropakunde) *1969.*
M. Gorjačkina: Chudožest vennaja proza narodničestva. Moskva 1970.

5 Nur einige dieser Attentate seien erwähnt: 1866 versuchte der Narodnik Karakozov, der der Untergrundorganisation Ad (Die Hölle) angehörte, den Zaren zu töten; 1878 verübte Vera Zasulič einen Anschlag auf den Petersburger Polizeichef Trepov; 1879 unternahmen der ehemalige Lehrer A. K. Solov'ev, 1880 der Bauer Stepan Chalturin Attentate auf den Zaren; 1880 versuchte der Student Ippolit Mlodeckij den Innenminister Loris-Melikov zu töten; von 1877—1878 führten die Narodniki fünf Attentate auf Persönlichkeiten des öffentlichen Lebens aus; 1881 tötete T. M. Rysakov Alexander II. durch einen Bombenanschlag; 1887 schlug ein Attentat auf Alexander III., an dem Lenins Bruder beteiligt war, fehl.

6 Im März 1898 wurde in Minsk die Vereinigung verschiedener marxistischer Gruppen zur Russischen Sozialdemokratischen Arbeiterpartei (Rossijskaja Socialdemokratičeskaja rabočaja partija) beschlossen, auf dem 2. Parteikongreß in Brüssel und London 1903

teilte sich die Partei in zwei Fraktionen: die Men'ševiki (Minderheitsgruppe, von Martov geführt) und die von Lenin geführten Bol'ševiki (Mehrheitsgruppe).
Die ESERY (Sozialrevolutionäre, russ.: Socialisty-Revoljucionery) schlossen sich aus verschiedenen Narodniki-Gruppen 1902 zur Partei zusammen, ihr erster Kongreß fand 1905/06 in Finnland statt. Nach dem Bürgerkrieg wurde die Partei 1921 liquidiert, ein Teil ihrer Führer emigrierte, ein anderer trat zu den Bol'ševiki über. Die Konstitutionell-Demokratische Partei (Kadetten, Konstitucionno-Demokratičeskaja partija) wurde 1905 gegründet. Im Dezember 1917 wurde die Partei verboten, ihre Anhänger bekämpften während des Bürgerkrieges im Untergrund die bolschewistische Regierung.

[7] Überblick über die Rolle und Bedeutung der »dicken Zeitschriften« in Rußland vermitteln *Istorija russkoj literatury. Tom X: Literatura 1890—1917 godov. AN SSSR*, Moskva-Leningrad 1954, S. 58—108, und *Istorija russkoj kritiki*. Tom II. Moskva 1958, S. 1—42.

[8] *Očerk* ist eine besondere russische Gattungsbezeichnung, eine kürzere Prosaform, die auf der Grenze zur Publizistik und Journalistik angesiedelt ist und im Deutschen mit Skizze (das ist die wörtliche Übersetzung), Aufzeichnung oder Etüde wiedergegeben werden könnte. Der Očerk schließt auch essayistische und populärwissenschaftliche Elemente ein. Kompositorisches Zentrum des Očerk ist zumeist der Autor, der einen Erlebnisbericht abgibt oder Betrachtungen anstellt. Dem Očerk fehlt eine voll entwickelte Fabel, Hauptsache ist die ihm zugrunde liegende Idee oder Überzeugung, sein Ziel ist, zu informieren und aufzuklären. Man kann den Očerk in zwei Gruppen gliedern, einmal der »dokumentarische Očerk«, der einen Tatsachenbericht mit Erläuterung und Deutung durch den Autor darstellt (also dem publizistischen Artikel oder der Reportage ganz nahe kommt), und zum anderen der »künstlerische [literarische] Očerk«, der Charakter und Schicksal der auftretenden Personen hervorhebt und auch poetisch verallgemeinert. Statische Zustandsschilderungen, Milieu- und Detailbeschreibungen, Ausmalen der Umwelt sichern ihm größeren ästhetischen Wert. Insgesamt ist der Očerk der dokumentarischen Prosa zuzuzählen. In den vierziger Jahren des 19. Jh.s. war der Očerk in der russischen Literatur sehr beliebt; Nekrasov brachte 1844 einen Sammelband *Fiziologija Peterburga* (Die Physiologie von Petersburg) heraus. Der Titel ist bezeichnend, denn er weist sowohl auf das Dokumentarische als auch auf den wissenschaftlich-informativen Charakter dieser Literatur hin. Seit den sechziger Jahren haben die Narodniki diese Gattung fast ausschließlich verwendet,

da ihr bevorzugtes Thema das Leben und Leiden der Bauern war, spricht man von der »Bauernskizze« (Krest'janskij očerk). Vgl. weitergehend *Ob očerke. Sbornik statej.* Moskva 1958.
M. Ščeglov: *Literaturno-kritičeskie stat'i.* Moskva 1965, darin: Očerk i ego osobennosti.

[9] N. N. Zlatovratskij: *Sobranie sočinenij.* Tom 1—8. St. Petersburg 1912—1913. N. N. Zlatovratskij: *Izbrannye proizvedenija.* Moskva 1947. N. N. Zlatovratskij: *Ustoi.* Moskva 1951. *Istorija russkoj literatury XIX veka.* T. IV. Moskva 1904, S. 160—168 (monograph. Aufsatz von C. Vetrinskij = Češichin). L. A. Suchostavskaja: Krets'janstvo v romane N. Zlatovratskogo 'Ustoi'. In: *Naukovi zapiski.* Kiivs'kij ped. institut im. Gor'kogo. 1959, t. 31.

[10] Gleb I. Uspenskij: *Polnoe sobrnie sočinenij.* Tom 1—4. Moskva-Leningrad 1940—1954. Gleb Uspenskij: *Ausgewählte Werke in Einzelausgaben.* Berlin 1952. W. Busch: Gl. Uspenskij. Zur Geschichte der Textgestalt seiner Werke. In: *ZfslPh.* 5 (1928), S. 63—95. N. I. Pruckov: *Tvorčeskij put' Gleba Uspenskogo.* Moskva. Leningrad 1958. *G. I. Uspenskij v russkoj kritike.* Moskva. Leningrad 1961. Jean Lothe: *G. I. Uspenskij et le populisme Russe.* Leiden 1963.

[11] D. N. Mamin-Sibirjak: *Polnoe sobranie sočinenij.* Petrograd 1915—1917. D. N. Mamin-Sibirjak: *Sobranie sočinenij.* Tom 1—10. Moskva 1958. D. N. Mamin-Sibirjak: *Werke.* Berlin 1953 ff.; Dmitrij Mamin-Sibirjak: *Korn* (Chleb). Düsseldorf o. J.; D. N. Mamin-Sibirjak: *Geschichten aus dem Urwald.* München 1959 (Goldmann TB Nr. 513).
A. Gruzdev: *D. N. Mamin-Sibirjak. Kritiko-biografičeskij očerk.* Moskva 1958.

[12] Vgl. hierzu besonders die unter 4 genannten Arbeiten von Bel'čikov und Kropotkin.

[13] Zitat nach *Istorija russkoj kritiki.* Tom II. Moskva-Leningrad 1958, S. 34.

Kapitel II

[1] V. G. Korolenko: *Polnoe sobranie sočinenij.* Char'kov 1922—1929 (nicht abgeschlossen). V. G. Korolenko: *Sobranie sočinenij v desjati tomach.* Moskva 1953—1956. V. G. Korolenko: *Sobranie sočinenij.* Tom 1—5. Moskva 1960—1961. V. G. Korolenko: *Pis'ma.* Tom 1—3. Moskva 1932—1936. V. G. Korolenko: *Erzählungen.* Berlin 1952. V. G. Korolenko: *Wasja und die dunklen Gestalten.* Stuttgart 1961. Wladimir Korolenko: *Die Geschichte meines Zeitgenossen.* Berlin 1947.
F. D. Batjuškov: *V. G. Korolenko kak čelovek i pisatel'.* Moskva 1922. A. B. Derman: *W. G. Korolenkos Leben* (Žizn' V. G. Koro-

lenko). Berlin 1947. G. A. Bjalyj: *V. G. Korolenko.* Moskva-Leningrad 1949. A. K. Kotov: *V. G. Korolenko.* Moskva 1957. G. M. Mironov: *V. G. Korolenko.* Moskva 1962.
E. Häusler: *Vladimir Korolenko und sein Werk.* Königsberg 1930. *Žizn' i literaturnoe tvorčestvo V. G. Korolenko.* Petrograd 1919 (mit Bibliographie). Rosa Luxemburg: *Einleitung zu: W. Korolenko: Die Geschichte meines Zeitgenossen* (Istorija moego sovremennika). Berlin 1947. A. M. Ladyženskij: Die Weltanschauung V. G. Korolenkos. In: *Jahrbücher für Kultur und Geschichte der Slaven.* Neue Folge. Breslau. Oppeln. Nr. 7 (1931), S. 351—364. N. Rostov: *V. G. Korolenko.* Moskva 1965. L. S. Kulik: *Sibirskie rasskazy V. G. Korolenko.* Kiev 1961. M. Wegner: Literatur und Revolution. Rosa Luxemburgs Einleitung zu V. Korolenkos Istorija moego sovremennika. In: *Slavistische Beiträge aus der Deutschen Demokratischen Republik.* Berlin 1967, S. 7—36.

[2] Zitiert nach A. B. Derman: *W. G. Korolenko,* S. 97.

[3] Zitiert nach A. B. Derman: *W. G. Korolenkos Leben,* S. 66.

[4] Angabe nach dem Aufsatz über die Istorija moego sovremennika in *Kindlers Literatur Lexikon III,* Sp. 2733.

[5] V. G. Korolenko. *Sobranie sočinenij v desjati tomach,* tom I, S. 17. Zitiert nach der Übersetzung von Johannes von Guenther: W. Korolenko: Die Absonderliche. In: *Russische Erzähler von 1800 bis zur Gegenwart.* Stuttgart 1967 (Reclam-Bibliothek Nr. 8515—22), S. 264.

[6] Siehe Anmerkung 5, im Original S. 18, dt. S. 266.

[7] Vgl. *Istorija russkoj literatury v trech tomach.* Tom 3, Moskva 1964, S. 645.

[8] V. G. Korolenko: *Sobranie sočinenij v desjati tomach.* Tom I, S. 103.

[9] Ebenda, Tom 2, S. 230.

[10] Vgl. den Artikel Kurzgeschichte (bzw. short story) in Gero v. Wilpert: *Sachwörterbuch der Literatur.* Stuttgart ^{4}1964, S. 364.

[11] Zitiert nach Reinhold Trautmann: *Turgenjew und Tschechow.* Leipzig 1948, S. 52.

Kapitel III

[1] A. P. Čechov: *Polnoe sobranie sočinenij.* Tom 1—12. Moskva-Leningrad 1930—1933. A. P. Čechov: *Pis'ma.* Tom 1—6. Moskva 1912—1916. A. P. Čechov: *Polnoe sobranie sočinenij i pisem.* Tom 1—20. Moskva 1944—1951. A. P. Čechov: *Sobranie sočinenij v 12 tomach.* Moskva 1954—1957. A. P. Čechov: *Gesammelte Werke in Einzelausgaben.* 9 Bände. Berlin 1949—1960. Anton Tschechow (Čechov): *Werke.* 3 Bände. Dt. von Johannes von Guenther. München 1963.

V. V. Ermilov: *A. P. Čechov.* Moskva 1959. — A. B. Derman: *O masterstve Čechova.* Moskva 1959. — S. Papernyj: *A. P. Čechov.* Moskva 1960. — G. P. Brednikov: *A. P. Čechov. Idejnye i tvorčeskie iskanija.* Moskva-Leningrad 1961. — V. V. Ermilov: *Dramaturgija Čechova.* Moskva 1954. — G. P. Berdnikov: *Čechov-Dramaturg.* Moskva-Leningrad 1957, [2]1972. — N. J. Gitovič: *Letopis' žizni i tvorčestva A. P. Čechova.* Moskva 1955. — B. Zajcev: *Čechov. Literaturnaja biografija.* New York 1954. — *Čechov v vospominanijach sovremennikov.* Moskva 1952.

Thomas Mann: Versuch über Tschechow. In: Derselbe: *Leiden und Größe der Meister.* Frankfurt [2]1959 (Fischer TB Nr. 167). — Reinhold Trautmann: *Turgenjew und Tschechow.* Leipzig 1948. — Helene Auzinger: *Anton Tschechow. Rußlands heiter-melancholischer Dichter.* Stuttgart 1960. — Alfred Rammelmeyer: Das Leben Anton P. Tschechows. In: *Badenweiler,* 51. Jg., Folge 29, 21. 9. 1963, S. 1—4. — Alfred Rammelmeyer: Arzt, Kranker und Krankheit in der russischen schönen Literatur. In: *Studien zur Medizingeschichte des 19. Jh.s. Band 1: Der Arzt und der Kranke in der Gesellschaft des 19. Jh.s.* Stuttgart 1967, S. 116—156. — S. Baluchatyj: Die Čechov-Forschung seit 1918. In: *ZfslPh.* 4 (1927), S. 443—462. — G. Dick: Die deutsche Čechov-Interpretation der Gegenwart. In: *ZfSl.* 4 (1959), S. 686—704. — Chechov. *A Collection of Critical Essays.* Ed. by R. L. Jackson. New York 1969. — W. H. Bruford: *Chekhov and his Russia.* London 1948. — M. A. Elizarova: *Tvorčestvo Čechova i voprosy realizma konca 19 veka.* Moskva 1958. — B. J. Aleksandrov: *A. P. Čechov. Seminarij. Posobie dlja studentov.* Moskva 1965. — I. P. Vidneckaja: Mesto Čechova v istorii russkogo realizma. In: *Izvestija AN SSSR, Serija literatury i jazyka.* Moskva 1966, 1, S. 31. — M. Semanova: *Čechov i sovetskaja literatura 1917—1935.* Moskva 1966. — Josip Matesić: Wiederholung als Stilmittel in der Erzählprosa Čechovs. In: *Die Welt der Slaven,* XV, 1970, S. 17 ff. Wilhelm Lettenbauer: Die Funktion idiomatischer Ausdrücke in der stilistischen Struktur von Werken A. P. Čechovs. In: *Slavistische Beiträge zum VI. Internationalen Slavistenkongreß in Prag 1968.* München 1968, S. 496 bis 510. (Alexander von Neuhoff von der Ley): *Anton P. Tschechow. Mensch und Dichter.* München 1960. — P. M. Bicilli: *A. P. Čechov. Das Werk und sein Stil.* München 1966 (Forum Slavicum, Bd. 7). Gabriele Selge: *Anton Tschechows Menschenbild.* München 1970. (Forum Slavicum, Bd. 15) S. D. Baluchatyi: *Problemy dramaturgičeskogo analiza. Čechov.* Leningrad 1927 (Nachdruck: München 1969, Slavische Propyläen, Bd. 68). — Sophie Lafitte: *Anton Tschechow in Selbstzeugnissen und Bilddokumenten.* Reinbek bei Hamburg 1960 (Rowohlt-Monographie Nr. 38). Elsa Triolet:

L'Histoire d'Anton Tschekhov. Sa vie — son œuvre. Paris 1954. — G. P. Berdnikov: *A. P. Čechov. Idejnye i tvorčeskie iskanija.* Leningrad 1970. — A. I. Revjakin: *Višnevyj sad A. P. Čechova. Posobie dlja učitelej.* Moskva 1960.

2 Brief vom 11. 10. 1899 an Grigorij Ivanovič Rossolimo (1860 bis 1928), Neuropathologe in Moskau, Studienkamerad Čechovs.

3 Vgl. hierzu *Istorija russkoj literatury v trech tomach.* Glavnyj redaktor D. D. Blagoj. Tom III, S. 656.

4 Vgl. dazu Adolf Stender-Petersen: *Geschichte der russischen Literatur.* Bd. 2, S. 461. — P. M. Bicilli: *A. P. Čechov. Das Werk und sein Stil.*

5 Zitiert nach Sophie Lafitte: *Anton Tschechow in Selbstzeugnissen* ... S. 74 f.

6 Zum Verhältnis der beiden Erzählungen vgl. *Ist. russkoj literatury v trech tomach* ... Tom III, S. 669.

7 A. P. Čechov: *Sobranie sočinenij.* Tom 7. Moskva 1950, S. 16. Zitiert wurde die Übersetzung Johannes von Guenthers in Anton Tschechow. *Werke.* Bd. 2, S. 85—86.

8 Thomas Mann: Versuch über Tschechow. In: Derselbe: *Leiden und Größe der Meister.* Fischer TB Nr. 167, S. 276 f.

9 Zitiert nach R. Trautmann: *Turgenew und Tschechow,* S. 64.

10 Siehe Anmerkung 8, S. 287.

11 P. M. Bicilli: *A. P. Čechov. Das Werk und sein Stil, S. 29.*

12 Zitiert nach *Geschichte der russischen Literatur.* Bd. 2: Von den dreißiger bis zu den neunziger Jahren des 19. Jh.s., S. 520.

13 A. P. Čechov: *Sobranie sočinenij.* Tom 10. Moskva 1950, S. 298 bis 300. Zitiert wurde die Übersetzung Johannes von Guenthers in Anton Tschechow. *Werke.* Band 3, S. 777—778.

Kapitel IV

1 Der Verlag »Znanie« war 1898 von Konstantin Petrovič Pjatnichij (1864—1938) gegründet worden, ab 1903 leitete er gemeinsam mit Gor'kij, der sich 1900 dem Verlagskreis angeschlossen hatte, das Unternehmen. Unter Gor'kijs geistiger Führung wurde der Verlag zum ideellen und künstlerischen Antipoden der Symbolisten, die diese Verlagsgemeinschaft der Traditionalisten in der Polemik häufig als »Podmaksimki« (Minimaxims oder Mini-Gor'kijs) abqualifizierten. Von 1903—1913 brachte der Verlag vierzig Sammelbände unter dem Verlagsnamen heraus *(Sborniki »Znanie«,* znanie dt: Wissen), in denen die wesentlichsten literarischen Arbeiten der Traditionalisten erstveröffentlicht wurden. Vgl. *Archiv A. M. Gor'kogo,* tom 4. Moskva 1954; tom 7. Moskva 1959.

[2] Die zweite, erweiterte Auflage erschien 1948, eine überarbeitete Fassung 1950, davon eine zweite Auflage 1958.

[3] Leonid Nikolaevič Andreev: *Sobranie sočinenij.* Tt. 1—17. S. Petersburg 1910—1916. L. Andreev: *Povesti i rasskazy.* Moskva 1957. L. Andreev: *P'esy.* Moskva 1959. L. Andreev: *Novellen.* Leipzig 1919. L. Andreev: *Die sieben Gehenkten. Lazarus. Ischariot.* Hamburg 1957 (Rowohlts Klassiker, Bd. 15). Eugen Zabel: Russische Kulturbilder. Erlebnisse und Erinnerungen. Berlin 1907, S. 191—211.V. Brusjanin: *Leonid Andreev. Žizn' i tvorčestvo.* Moskva 1912. S. A. Vengerov: Geroičeskij charakter russkoj Literatury. Petrograd 1919. A. Linin: *Novelly i povesti Andreeva.* Baku 1928. *Kniga o Leonide Andreeve. Vospominanija.* Berlin. Petersburg. Moskva 1922. V. L'vov-Rogačevskij: Leonid Andreev. Kritičeskij očerk. Moskva 1923. *Requiem. Sbornik Pamjati Andreeva.* Moskva 1930. V. Vorovskij: Leonid Andreev. In: Derselbe: Soč. Tom 2. Leningrad 1931. L. Afonin: *Leonid Andreev.* Orel 1959. Gor'kij: *Leonid Andreev. In: Derselbe: Literaturnye portrety.* Moskva 1959. N. Guzieva: Dramaturgija Leonida Andreeva 1910 godov. In: *Russkaja literatura.* 1965, Nr. 4, S. 64 ff. A. Kaun: *Leonid Andreev.* New York 1924. W. Jarosch: *Die Dramen Leonid Andreevs.* Diss. Prag 1926. A. Linin: Neuere Forschungen über Leonid Andreev. In: *ZfslPh.* 7, 1930; 8, 1931. O.Burghardt: Gemeinsame Motive bei Leonid Andrejev und Nietzsche. In: *ZfslPh.* 17, 1941, S. 353—372, und 18, 1942, S. 1—18. O. Burghardt: *Die Leitmotive bei Leonid Andreev.* Leipzig 1941. Svetlana Geier: Zum Verständnis der Werke: Andrejev, Leben und Persönlichkeit. In: L. N. Andrejev: *Die sieben Gehenkten. Lazarus. Judas Ischariot.* Hamburg 1957 (Rowohlts Klassiker Bd. 15). M. Bevernis: Zur Aufnahme Leonid Andreevs in Deutschland. In: *Zfsl* XI, 1966, S. 75 ff. Hans-Bernd Harder: Die tragische Farce. Zum Grotesken im Drama Bloks und Andreevs. In: *Theater unserer Zeit,* Bd. 3: Sinn oder Unsinn. Basel/Stuttgart 1962, S. 147—170. Literaturnoe nasledstvo. Tom 72. Gor'kij i Leonid Andreev. Neizdannoja perepiska. Moskva 1965. E. Mirova-Florin: Realismus und Modernismus der russischen Literatur des 20. Jhs. In: Zfsl, Bd. XIII, 1968, S. 487. Josephine M. Newcombe: Leonid Andreev. Letchworth, Hertfordshire, England 1972 (Russian Literary, Profiles Nr. 1).

[4] Vgl. M. Gor'kij: *Sobranie sočinenij.* Moskva 1954, tom 28, S. 22.

[5] Vgl. F. M. Levin: L. N. Andreev. Vstupitel'naja stat'ja. In: *Leonid Andreev. Povesti i rasskazy.* Moskva 1957, S. XI.

[6] Leonid Andreev. *Povesti i rasskazy.* Moskva 1957, S. 424. Übersetzung hier mit geringfügigen Änderungen zitiert von Ingrid Tinzmann. In: L. N. Andreev. *Die sieben Gehenkten. Lazarus. Judas Ischariot,* S. 51.

[7] Ebenda, im Original S. 444, in der Übersetzung S. 69.
[8] Leonid Andreev: Žizn' čeloveka. In: *Russkaja literatura XX veka* (Dorevoljucionnyj period). Chrestomatija. Sostavil N. A. Trifonov. Moskva 1962, S. 282.

Kapitel V

[1] I. A. Bunin: *Sobranie sočinenij v devjati tomach.* Moskva 1965—1967. I. A. Bunin: *Žizn' Arsen'eva. Junost'. Pervoe polnoe izdanie.* New York 1952. I. A. Bunin: *Dunkle Alleen.* Ausgewählte Meistererzählungen. In der Übertragung von Ilone Koenig. Mit einer Einführung von Johannes Holthusen. Stuttgart 1959. I. A. Bunin: *Ein letztes Wiedersehen.* Erzählungen. Berlin 1964. In Ju. Ajchenval'd: *Siluety russkich pisatelej.* Vypusk 3. Moskva
[3] 1917. S. Kastorskij: Gor'kij i Bunin. In: *Zvezda.* 1956, Nr. 3. A. Baboreko: Čechov i Bunin. In: *Literaturnoe nasledstvo.* Tom 68. Moskva 1960, S. 395—417. N. M. Muromceva-Bunina: *Žizn' Bunina.* Paris 1959. L. V. Nikulin: *Čechov. Bunin. Kuprin. Literaturnye portrety.* Moskva 1960. I. D. Sterlina: *Ivan Alekseevič Bunin.* Lipeck 1960. V. N. Afanas'ev: *I. A. Bunin. Očerk tvorčestva.* Moskva 1966. A. A. Volkov: *Proza Ivana Bunina.* Moskva 1969. L. Krutikova: »Suchodol«-povest'-poema I. Bunina. In: *Russkaja literatura* 1966, Nr. 2, S. 44 ff. A. Luther: Ivan Bunin, der Nobelpreisträger. In: *Osteuropa 9,* 1933/34, S. 233—238. Otto Peschl: *Die künstlerische Entwicklung von Ivan Bunins Prosastil.* Diss. Wien 1954. V. N. Afanas'ev: Bunin i russkoe dekadentstvo 90-ch godov. In: *Russkaja literatura* 1968, Nr. 3, S. 175. V. N. Afanas'ev: Povest' I. A. Bunina »Mitina ljubov'«. In: *Izvestija AN SSSR, serija literatury i jazyka.* Tom XXV, 1966, S. 208. V. N. Afanas'ev. I. A. Bunin v rabote nad rasskazom »Gospodin iz San Francisko«. In: *Izvestija AN SSSR, serija literatury i jazyka.* Tom XXIV. 1965, S. 7.
[2] I. A. Bunin. *Sobranie sočinenij v devjati tomach.* Tom 1. Moskva 1965, S. 237. Deutsche Übersetzung: Johannes von Guenther (Hrsg.): *Neue russische Lyrik.* Frankfurt/Main 1960 (Fischer TB Nr. 328), S. 135.
[3] I. A. Bunin: *Sobranie sočinenij v devjati tomach.* Tom 2, Moskva 1965, S. 179 f.
[4] Johannes Holthusen: *Russische Gegenwartsliteratur I.* Bern 1963 (Dalph TB Nr. 368 D), S. 70.
[5] I. A. Bunin: *Sobranie sočinenij v devjati tomach.* Tom 4. Moskva 1966, S. 277.
[6] Luise Bohnstengel: *Angelsächsisches und russisches Menschentum in der Darstellung Ivan Bunins.* Zulassungsarbeit für die Staatsprüfung für das Lehramt an höheren Schulen im Fach Russische

Philologie. Mainz, Institut für Osteuropakunde, Abteilung Slavistik, 1969.

7 I. A. Bunin: *Sobranie sočinenij v devjati tomach.* Tom 4. Moskva 1966, S. 321.

Kapitel VI

1 A. I. Kuprin: *Polnoe sobranie sočinenij.* Tt. I—IX. Petersburg 1912—1915. A. I. Kuprin: *Sobranie sočinenij.* Tt. I—VI. Moskva 1957—1958.

A. Kuprin: *Novellen und Skizzen.* Berlin o. J. A. I. Kuprin: *Der Moloch.* Berlin 1954. A. Kuprin: *Die fromme Lüge.* Leipzig 1965. A. Kuprin: *Jamskaja. Ein Sittenbild aus dem zaristischen Rußland.* O. O. 1965 (Verlag Herbig).

P. N. Berkov: *A. I. Kuprin. Kritiko — biografičeskij očerk.* Moskva-Leningrad 1965. A. A. Volkov: *A. I. Kuprin.* Moskva 1959. V. Afanas'ev: *A. I. Kuprin: Kritiko — biografičeskij očerk.* Moskva 1960. A. Volkov: *Tvročestvo A. I. Kuprina.* Moskva 1962. F. I. Kulešov: *Tvorčeskij put' A. I. Kuprina.* Minsk 1963. A. I. Kuprin: *Zabytye i nesobrannye proizvedenija.* Penza 1950 (Darin: E. Rotštejn: Materialy k biografii A. I. Kuprina).

Ch. Ledré: *Trois romanciers russes.* Paris 1935.

2 A. I. Kuprin: *Sobranie sočinenij.* Tom IV. S. 159 f.

3 Ebenda, S. 179 f.

4 Adolf Stender-Petersen: *Geschichte der russischen Literatur,* Bd. 2, S. 490.

5 Ebenda, S. 491.

6 V. V. Veresaev: *Polnoe sobranie sočinenij.* Tt. 1—16. Moskva 1929—1930. V. V. Veresaev: *Izbrannoe.* Tt. I—II. Moskva 1959. V. V. Veresaev: *Sobranie sočinenij.* Tt. I—V. Moskva 1961. W. Weressajew: *Die Kolosows.* O. O. 1903. W. Weressajew: *Bekenntnisse eines Arztes.* O. O. 1903. W. Weressajew: *In der Sackgasse.* Berlin 1924.

L. Morochovec: *»Zapiski vrača« V. Veresaeva v svete professional'noj kritiki.* Moskva 1903. (Zusammenfassung der Diskussion um Veresaevs »Aufzeichnungen eines Arztes«, an der sich u. a. auch deutsche Autoren, z. B. L. Külz, beteiligt haben.) S. Vržosek: *Žizn' i tvorčestvo V. Veresaeva.* Leningrad 1930. A. F. Silenko: *Tvorčestvo V. V. Veresaeva.* Moskva 1954. A. F. Silenko: *V. V. Veresaev.* Tula 1956. I. M. Gejzer: *V. V. Veresaev — pisatel' = vrač. Moskva 1957. G. A. Brovman: V. V. Veresaev. Žizn' i* tvorčestvo. Moskva 1959. Alfred Rammelmeyer: Arzt, Kranker und Krankheit in der russischen schönen Literatur. In: *Studien zur Medizingeschichte des 19. Jh.s.* Bd. 1. Stuttgart 1967, S. 116—156.

7 V. V. Veresaev. *Izbrannoe.* Tom II. Moskva 1959, S. 69.

[8] Ebenda, S. 110.

[9] Johannes Holthusen: *Russische Gegenwartsliteratur I.* S. 62.

Kapitel VII

[1] L. N. Tolstoj: *Polnoe sobranie sočinenij.* Tom 73. Moskva 1954, S. 184—197.

[2] L. N. Tolstoj: *Polnoe sobranie sočinenij.* Tom 55. Moskva 1937, S. 147—149.

[3] Die »Trudoviki«, denen Kerenskij angehörte, bildeten in der Duma eine sozialistische Linksfraktion der Sozialrevolutionären Partei (SR).

[4] Die wesentlichsten Maßnahmen der NEP waren: 1. Einführung einer Naturalabgabe, die mit wachsender Produktivität des Bauern sinkt, den Rest des Erwirtschafteten kann er privat verkaufen. 2. Wiederzulassung des freien Binnenhandels. 3. Genehmigung von Konzessionen für private und ausländische Unternehmen.

[5] Als Überblick über die historische Entwicklung dieses Zeitabschnitts vgl. Manfred Hellmann (Hrsg.): *Die russische Revolution 1917.* Von der Abdankung des Zaren bis zum Staatsstreich der Bolschewiki. München 1964 (DTV-TB Nr. 227/28). — Günther Stökl: *Russische Geschichte.* Stuttgart 1965. (Kröners Taschenausgabe, Band 244, S. 567—761, mit ausführlichen Literaturangaben.)

[6] A. S. Serafimovič: *Polnoe sobranie sočinenij.* Tt. I—XV. Moskva-Leningrad 1928—1930. A. S. Serafimovič: Tt. I—VII. Moskva 1959—1966. Alexander Serafimowitsch: *Ausgewählte Werke.* Bd. I/II. Berlin 1956. Alexander Serafimowitsch: *Der eiserne Strom.* Leipzig 1955 (Reclams U. B. Nr. 8103—05). *A. S. Serafimovič v vospominanijach sovremennikov.* Moskva 1961. N. N. Fatov: *A. S. Serafimovič. Očerk žizni i tvorčestva.* Leningrad 1927. *V. Kurilenkov. A. S. Serafimovič. Kritiko-biografičeskij očerk.* Moskva 1950. A. Volkov: *A. S. Serafimovič. Kritiko-biografičeskij očerk.* Moskva 1951 (deutsche Ausgabe: A. Wolkow: *Alexander Serafimowitsch. Kritisch-biografische Skizze.* Berlin 1953). L. A. Gladkovskaja: *Tvorčeskij put' A. S. Serafimoviča.* Leningrad 1956. G. N. Gaj: *Tvorčestvo A. S. Serafimoviča.* Char'kov 1958. A. Volkov: *Tvorčeskij put' A. S. Serafimoviča.* Moskva ²1963. L. A. Gladkovskaja. E. J. Naumov: *A. Serafimovič. D. Furmanov. Seminarij.* Leningrad 1957. L. A. Gladkovskaja: *Roždenie epopei. »Železnyj potok« A. S. Serafimoviča.* Moskva. Leningrad 1963. W. Beitz: Die Kurzgeschichten des jungen Serafimovič. In: *ZfSlaw.* 3 (1958). S. 579—589. W. Beitz: *Alexander Serafimowitsch. Sein Weg zum sozialistischen Realismus.* Halle (Saale) 1961. Jürgen Rühle: *Literatur und Revolution.* München. Zürich 1963 (Knaur TB Nr. 10), S. 43 f.

[7] A. Serafimovič: *Sobranie sočinenij v semi tomach.* Tom I. Moskva 1959, S. 175.
[8] V. G. Korolenko: *Sobranie sočinenij v desjati tomach.* Tom VIII. Moskva 1955, S. 313.
[9] Vgl. W. Beitz: *Alexander Serafimowitsch.* Halle (Saale) 1961, S. 52 und S. 80.
[10] Gero von Wilpert (Hrsg.): *Lexikon der Weltliteratur.* Band II: Hauptwerke der Weltliteratur ... Stuttgart 1968, S. 989.
[11] A. Serafimovič: *Sobranie sočinenij v semi tomach.* Tom VI. Moskva 1959, S. 461.
[12] Ebenda, S. 586.
[13] Ebenda, S. 501.
[14] Ebenda, S. 622.

Kapitel VIII

[1] M. Gor'kij: *Sobranie sočinenij.* Tt. I—IX. Sankt Petersburg 1900—1910. 10. (!) Auflage 1910—1912. M. Gor'kij: *Sobranie sočinenij.* Tt. I—XXII. Berlin 1923—1924. M. Gor'kij: *Sobranie sočinenij.* Tt. I—XXX. Moskva 1949—1955. M. Gor'kij: *Sobranie sočinenij v vosemnadcati tomach.* Tt. I—... Moskva 1960 ff. Maxim Gorki: *Gesammelte Werke* (in 18 Bänden). 1926—1931. Maxim Gorki: *Gesammelte Werke:* 28 Bände. Berlin 1952—1962. Die Gor'kij-Literatur in russischer wie auch in den westeuropäischen Sprachen ist nahezu unübersehbar. Deshalb muß hier von dem sonst angewandten Prinzip, in den bibliographischen Angaben einen repräsentativen Überblick über die neuere Sekundärliteratur zu geben, abgewichen werden. Es wird deshalb auf die angeführten Gor'kij-Bibliographien und -Nachschlagewerke verwiesen; im folgenden werden sonst nur diejenigen Titel angeführt, auf die in den Gor'kij-Kapiteln Bezug genommen wird.

Letopis' Žizni i tvorčestva A. M. Gor'kogo. Tt. I—IV. Moskva. AN SSSR 1958—1960. S. Baluchatyj: *Kritika o M. Gor'kom.* Leningrad 1934. S. Baluchatyj. K. Muratova: *M. Gor'kij. Spravočnik.* Leningrad 1938. *S. D. Baluchatyj. Gor'kovskij seminarij.* Leningrad 1946. L. Zalesskaja. B. Kasabova i dr.: *M. Gor'kij. Rekomendatel'nyj ukazatel' literatury pod obščej redakciej N. L. Brodskogo.* Moskva 1949. K. D. Muratova: *Seminarij po Gor'komu.* Leningrad 1956. *Proizvedenija A. M. Gor'kogo v perevodach na inostrannye jazyki.* Moskva 1958. L. P. Lukirskaja. A. S. Morščichina: *Literatura o M. Gor'kom. Bibliografija 1955—1960.* Moskva. Leningrad 1965. *Literatura o M. Gor'kom. Bibliografija 1961—1965.* Pod redakciej K. D. Muratovoj. Leningrad 1970.
Gor'kovskie čtenija. Moskva. Leningrad 1940 (unregelmäßig er-

scheinende Reihe, wird fortgesetzt). *M. Gor'kij. Materialy i issledovanija.* Tom I. Leningrad 1934 (unregelmäßig erscheinende Reihe, wird fortgesetzt). A. M. Volkov: *A. M. Gor'kij i literaturnoe dviženie konca XIX i načala XX veka.* Moskva 1954.

A. Ovčarenko: *O položitel'nom geroe v tvorčestve M. Gor'kogo 1892—1907.* Moskva 1956. *Tvorčestvo M. Gor'kogo i voprosy socialističeskogo realizma.* Moskva 1958. V. A. Desnickij: *A. M. Gor'kij. Očerki žizni i tvorčestva.* Moskva 1959. A. Ovčarenko: *Publicistika M. Gor'kogo.* Moskva 1961. L. M. Jur'eva: *M. Gor'kij i peredovye nemeckie pisateli XX veka.* Moskva 1961. Ju. Juzovskij: *Maksim Gor'kij i ego dramaturgija.* Moskva 1959. B. M. Bjalik: *Gor'kij-dramaturg.* Moskva 1962. B. Burov: *Roman M. Gor'kogo »Mat'« i voprosy socialističeskogo realizma.* Moskva [2]1955. B. Bursov: *Roman M. Gor'kogo »Mat'«.* Moskva. Leningrad 1962. O. I. Burmistrenko: *Jazyk i stil' romana Gor'kogo »Mat'«.* Kiev 1961. A. Ovčarenko: *Roman-Epopeja M. Gor'kogo, »Zizn' Klima Samgina«.* Moskva 1965. B. V. Michajlovskij: *Tvorčestvo M. Gor'kogo i mirovaja literatura 1892—1916.* Moskva 1965. E. B. Tager: *Tvorčestvo Gor'kogo sovetskoj epochi.* Moskva 1964. Ju. Juzovskij: *»Na dne« M. Gor'kogo.* Moksva 1968. *Maksim Gor'kij in Deutschland. Bibliografie 1899—1965.* Berlin 1968. R. Hare: *M. Gorky.* London 1962. N. Gourfinkel: *Maxim Gor'kij.* Reinbek bei Hamburg (Rowohlts Monografien Nr. 9) 1958. Gerhard Habermann: *Maxim Gorki.* Berlin 1968. A. Roskin: *Maxim Gorkij.* Berlin 1947. J. Rühle: *Literatur und Revolution.* Köln. Berlin 1960. J. Rühle: *Das gefesselte Theater.* Köln. Berlin 1957. B. Brecht: *Die Mutter. Leben der Revolutionärin Pelagea Wlassowa aus Twer.* (Nach dem Roman Maxim Gorkis.) Frankfurt/Main 1966 (Stücke. Band V). E. Koplenig: *Gor'kij und der sozialistische Realismus.* Diss. Wien 1952. M. Gorki: *Unveröffentlichtes Material und Abhandlungen zum »Klim Samgin«.* Weimar 1954. J. Weil: *Gorky. His Literary Development and Influence on Soviet Intellectual Life.* New York 1969. H. Vogt: Die zeitgenössische deutsche Literaturkritik zum Frühwerk Maxim Gorkis. In: *ZfSlaw.* 3 (1958), S. 590—619. J. Idzikowski: Einige Entwicklungslinien des sozialistischen Menschenbildes bei M. Gor'kij. In: *ZfSlaw.* Berlin 1968, S. 644 ff. B. Bjalik: Eine große Epopöe (Über den Roman, »Klim Samgin«). In: *Sowjetliteratur* 1968, Heft 3. H. Jünger: Maxim Gorkis »Klim Samgin« — ein aktuelles Meisterwerk der Weltliteratur. In: *Wissenschaftliche Zeitschrift der Friedrich-Schiller-Universität Jena.* Gesellschafts- und Sprachwissenschaftliche Reihe. Heft 1, Jg. 15, 1966, S. 143—150. Ralf Schröder: Gorkis Erneuerung der Fausttradition. Berlin 1971. A. N. Šiškina: O koncepcii charaktera M. Gor'kogo dooktjabr'skogo perioda. In:

Russkaja literatura. 1968, Nr. 1, S. 49 ff. Gorkis Schaffen. Sowjetliteratur 1968. Heft 3.

[2] V. J. Lenin: *Polnoe sobranie sočinenij.* Tom 51, S. 26.

[3] Vgl. hierzu jetzt die Mitteilungen nach Augenzeugenberichten bei A. Ovčarenko: Snova na Rejne. In: *Novyj mir.* 1971, Nr. 11, S. 230 ff.

[4] Resolution vom 18. 6. 1925 O politike partii v oblasti chudožestvennoj literatury.

[5] So wurde die Dichtung beim Erscheinen auch sogleich verstanden, die Zeitschrift *Žizn'* (Das Leben), die dieses Lied gedruckt hatte, wurde deshalb verboten.

[6] Wolfgang Kayser: *Kleine deutsche Versschule.* Berlin [7]1960 (Dalp TB Nr. 306).

[7] M. Gor'kij: *Sobraine sočinenij v tridcati tomach.* Tom 5. Moskva 1950, S. 327. Deutsche Übersetzung in: Maxim Gorki: *Ausgewählte Werke.* Band III. Berlin 1946, S. 366.

[8] Es ist völlig abwegig, Satin, der nur im letzten Akt stärker in den Vordergrund rückt, als Hauptgestalt des Stückes zu bezeichnen, wie es Jürgen Rühle: *Das gefesselte Theater.* Köln. Berlin 1957, S. 14, tut. Auch im vierten Akt entwickelt Satin seine Theorie eines aktiven Humanismus nicht nur in der Auseinandersetzung mit Lukas Idee, sondern steht so unter dessen Eindruck, daß er — wie Gor'kijs Bühnenanweisungen fordern — Luka in Sprachduktus und Gestik sogar nachahmt!

[9] M. Gor'kij: *Sobranie sočinenij v tridcati tomach.* Tom 6. Moskva 1950, S. 165 f.

[10] Ebenda, S. 169—170.

[11] Tagebucheintragung Tolstojs vom 23. 11. 1909: Aus Gor'kij folgerte Tolstoj, daß es Gott nur gäbe, wenn man an ihn glaube. So habe er, Tolstoj, auch immer gedacht.

[12] Vgl. B. Bjalik: *Gor'kij-dramaturg.* Moskva 1962, S. 97 ff.

Kapitel IX

[1] Der Roman erschien zuerst in englischer Übersetzung 1906 in Philadelphia und New York, dann 1907 nochmals englisch in New York, in Berlin im gleichen Jahre im russischen Original (bei Ladyžnikov) und in der deutschen Übersetzung von A. Heß, nur in von der Zensur verstümmelter Form konnte ihn der Znanie-Verlag 1908 in Rußland publizieren. Die erste ungekürzte Version erschien in Rußland erst im 15. Band der *Gesammelten Werke* Gor'kijs im Jahre 1917.

[2] Vgl. dazu B. V. Michajlovskij, Izobraženie proletariata v literature vtoroj poloviny XIX — načala XX vekov. In: *Gor'kovskie čtenija* 1959/60. Moskva 1962, S. 125—156.

[3] M. Gor'kij: *Sobranie sočinenij v tridcati tomach.* Tom 7. Moskva 1950, S. 487.
[4] Bertolt Brecht: *Stücke V.* Frankfurt/Main 1966, S. 154.
[5] M. Gorki: *Unveröffentlichtes Material und Abhandlungen zum »Klim Samgin«.* Weimar 1954, S. 40.
[6] An F. Gladkov hat Gor'kij zwar scherzhaft übertrieben, im Grunde aber nicht unrichtig geschrieben, in diesem Roman gäbe es 800 handelnde Figuren.
[7] Vgl. dieses Kompositionsschema auch in Delo Artamonovych und in Gor'kijs letzten, diesem Roman thematisch verwandten Dramen.
[8] Jürgen Rühle: Literatur und Revolution. Knaur TB Nr. 10, S. 25 ff.
[9] Harri Jünger: Maxim Gorkis »Klim Samgin« – ein aktuelles Meisterwerk der Weltliteratur. In: *Wiss. Zschft. der Fr.-Schiller-Univ. Jena.* 15. Jg. 1966, S. 142. Auch A. Ovčarenko: *Roman-Epopeja M. Gor'kogo »Žizn' Klima Samgina«,* Moskva 1965, betrachtet Klim als »negativen« Helden.
[10] Vgl. dazu genauer A. Ovčarenko: *Roman-Epopeja M. Gor'kogo. »Žizn' Klima Samgina«.* Moskva 1965, S. 6.
[11] Das muß auch auf Gor'kijs eigenes frühes Werk vor dem Jahre 1906, das mit dem Erscheinen von Vragi und Mat' den Wendepunkt seines Schaffens bezeichnet, bezogen werden.
[12] Gleb Struve: *Geschichte der Sowjetliteratur.* Goldmann TB Nr. 1395-97, S. 85.
[13] A. Ovčarenko, op. cit. S. 117 spricht vom »umgekehrten« Entwicklungsroman.
[14] A. Ovčarenko, op. cit. S. 46 ff. H. Jünger, op. cit. S. 150.
[15] Hierzu sehr anschaulich die Erinnerungen an Gor'kij eines der frühen Modernisten Jurij Annenkov: *Dnevnik moich vstreč. Cikl tragedij.* Tom I. München. New York 1966, S. 25–55.

Kapitel X

[1] Diese Formulierung soll bewußt Ausschließlichkeit der Aussage vermeiden; Autoren wie Boris Zajcev, Ivan Bunin, Ivan Šmelev, Aleksandr Kuprin, Leonid Andreev haben die marxistische Ideologie abgelehnt; die realistische Literatur der russischen Emigration entwickelte sich in anderer Richtung.
[2] G. V. Plechanov: *Sočinenija.* Tt. 1–24. Moskva. Leningrad 1923 bis 1927. *Literaturnoe nasledie G.V. Plechanova.* Sborniki 1–8. Moskva 1934–1940. G. V. Plechanov: *Literatura i estetika.* Tt. 1–2. Moskva 1958. G.V. Plechanov: *Izbrannye filosofskie proizvedenija v pjati tomach.* Moskva 1958. G. W. Plechanov: *Kunst und Literatur.* Berlin 1955. M. Rozental': *Voprosy estetiki G. V.*

Plechanova. Moskva 1939. E. N. Zaslonova: *Plechanov ob estitičeskom ideale.* Moskva 1965. G. Petrović: *Filozofski pogledi G. V. Plehanova.* Zagreb 1957. A. Fomina: *Filosofskie vzgljady G. V. Plechanova.* Moskva 1955. V. Ščerbina: Estetičeskie vzgljady G. V. Plechanova. In: G. V. Plechanov: *Izbrannye filosofskie proizvedenija.* Tom V. Moskva 1958, S. 5—38. Samuel H. Baron: *Plekhanov.* Stanford/California 1963. D. Čerkašin: Estetičeskie vzgljadi G. V. Plechanova. Char'kov 1959. M. F. Owsjannikow. S. V. Smirnowa: *Kurze Geschichte der Ästhetik.* Berlin 1966. Peter Demetz: *Marx, Engels und die Dichter.* Ein Kapitel deutscher Literaturgeschichte. Frankfurt/Main 1969 (Ullstein TB Nr. 4021/4022). Hans Norbert Fuegen: *Die Hauptrichtungen der Literatursoziologie und ihre Methoden.* Bonn 1964. Erwin Leibfried: *Kritische Wissenschaft vom Text.* Manipulation, Reflexion, transparente Poetologie. Stuttgart 1970. Bernhard Küppers: *Die Theorie vom Typischen in der Literatur. Ihre Ausprägung in der russischen Literaturkritik und in der sowjetischen Literaturwissenschaft.* München 1966 (Slavist. Beiträge, Bd. 23).

[3] Vgl. die beiden kürzlich erschienenen Arbeiten P. A. Nikolaev: *Vozniknovenie marksistskogo literaturovedenija v Rossii.* Moskva 1970, und P. A. Nikolaev: *Estetika i literaturnye teorii G. V. Plechanova.* Moskva 1968.

[4] Neben Plechanov hatte sich seinerzeit lediglich Franz Mehring mit den Problemen einer marxistischen Ästhetik befaßt und ist — unabhängig von dem russischen Philosophen — zu ähnlichen Resultaten gelangt. Vgl. dazu Peter Demetz. *Marx, Engels und die Dichter* (Ullstein TB Nr. 4021/22).

[5] Marx. Engels: *Über Kunst und Literatur.* 2 Bände. Frankfurt/Main. Wien 1968. *Marxismus und Literatur.* Eine Dokumentation in drei Bänden. Herausgegeben von Fritz J. Raddatz. Reinbek bei Hamburg (Rowohlt Paperback) 1969. Georg Lukacs: *Karl Marx und Friedrich Engels als Literaturhistoriker.* Berlin 1952. Georg Lukacs: *Beiträge zur Geschichte der Ästhetik.* Berlin 1956. Michail Lifšic: *Karl Marx und die Ästhetik.* Dresden 1960. G. Fridlender: *K. Marks i F. Engel's i voprosy literatury.* Moskva 1962. Siegfried Böhme: *Grundlagen und Methodik der Literaturbetrachtung bei Karl Marx und Friedrich Engels.* Diss. FU Berlin 1954. Hans Kohn: *Marxismus und Ästhetik.* Berlin 1962. *Grundlagen der marxistisch-leninistischen Ästhetik.* Berlin 1962. A. Mjasnikov: Die fortschrittliche Ästhetik des 20. Jh.s. In: *Sowjetliteratur* 12/1970, S. 3. A. L. Dymšic: Sozialismus und Literaturwissenschaft. In: *ZfSlaw.* Bd. 15, 1970, S. 471 ff. Florian Vaßen: Marxistische Literaturtheorie und Literatursoziologie. Düsseldorf 1972 (Grundstudium Literaturwissenschaft. Bd. 4).

[6] Zusammenfassend vgl. R.-D. Kluge: Grundzüge des philosophischen Werkes von Karl Marx. In: *Der Freie Bürger.* Mainz 1968, Nr. 4, S. 5 ff.

[7] M. F. Owsjannikow. S. V. Smirnowa: *Kurze Geschichte der Ästhetik.* Berlin 1966, S. 454 f.

[8] Brief von Engels an Margaret Harkness von Anfang April 1888. In: Marx/Engels: *Über Kunst und Literatur,* Bd. 1, S. 157.

[9] Brief von Engels an Hans Starkenburg vom 25. 1. 1894, zitiert nach Peter Demetz: *Marx, Engels und die Dichter* (Ullstein TB Nr. 4021/4022), S. 146 f.

[10] Literaturnoe nasledie G. V. Plechanova, Tom III, S. 227. Deutsch in G. W. Plechanow: *Kunst und Literatur,* S. 329.

[11] Von der Forschung (Fügen: *Hauptrichtungen der Literatursoziologie)* ist inzwischen nachgewiesen worden, daß sich diese literaturwissenschaftliche Methode grundsätzlich von der Literatursoziologie als Wissenschaft unterscheidet.

[12] G. V. Plechanov: *Sočinenija.* Tom XIV, S. 126. Deutsche Übersetzung in G. W. Plechanow: *Kunst und Literatur,* S. 237.

[13] G. V. Plechanov: *Sočinenija.* Tom XIV, S. 104 f. Deutsch op. cit. S. 181 f.

[14] Ebenda, S. 106; deutsch op. cit. S. 183.

[15] G. V. Plechanov: *Sočinenija.* Tom XXIV, S. 261 f. Deutsch in G. W. Plechanow: *Kunst und Literatur,* S. 842.

[16] Vgl. Anmerkung 2.

Kapitel XI

[1] V. I. Lenin: *Polnoe sobranie sočinenij.* Tt 1—45 und 3 Ergänzungsbände. Moskva 1941—⁴1969. W. I. Lenin: *Werke.* Bd. 1—40 (Deutsche Ausgabe vom ZK der SED besorgt), Berlin 1955—1966. *Lenin — Studienausgabe.* Herausgegeben von Iring Fetscher. Frankfurt/Main 1970 (Fischer TB Nr. 6012/13). *V. I. Lenin o literature i iskusstve.* Moskva ³1967. *Lenin o literature.* Moskva 1957. W. I. Lenin: *Über Kultur und Kunst.* Berlin 1960. W. I. Lenin: *Materialismus und Empiriokritizismus.* Berlin 1960 (Bücherei des Marxismus-Leninismus, Bd. 6). *Lenins Werk in deutscher Sprache. Bibliografie.* Berlin 1967. M. Gor'kij: V. I. Lenin. In: M. Gor'kij: *Sobranie sočinenij v 30-i tomach,* Tom 17, Moskva 1952. B. Rjurikov: *Marksizm-Leninizm o literature i iskusstve.* Moskva 1960. *Lenin i voprosy literaturovedenija.* Moskva. Leningrad 1961. V. R. Ščerbina: *Lenin i voprosy literatury.* Moskva 1961. B. Mejlach: *Lenin i problemy russkoj literatury XIX — načala XX vekov.* Leningrad ⁴1970. Gustav A. Wetter: *Dialektischer und historischer Materialismus* (Sowjetideologie heute I). Frankfurt/

Main 1962 (Fischer TB Nr. 460). G. v. Rauch: *Lenin. Die Grundlegung des Sowjetsystems.* Göttingen 1957. Vgl. auch die Literaturangaben in Anmerkung 8 zu Kapitel X. Kšestidesjatiletiju stat'ji V. I. Lenina »Partijnaja organizacija i partijnaja literatura«. In: Novyj mir. 1965, No 9, S. 3 ff.

2 Vgl. das diesen Fragen gewidmete Buch *Materialismus und Empiriokritizismus.*

3 B. S. Mejlach: W. I. Lenin über Kultur und Kunst. In: W. I. Lenin: *Über Kultur und Kunst*, S. 11.

4 *V. I. Lenin o literature i iskusstve.* Moskva 1967, S. 233. Deutsch in: W. I. Lenin: *Über Kultur und Kunst.* Berlin 1960, S. 139 f.

5 Zitiert nach der in Anmerkung 3 genannten Arbeit von Mejlach, S. 10.

6 *V. I. Lenin o literature i iskusstve*, S. 227; zitierte deutsche Ausgabe S. 131.

7 Op. cit. S. 525, deutsch S. 168.

8 Hieraus darf allerdings nicht der falsche Schluß gezogen werden, als ob die leninistische Ästhetik minderwertige Literatur bedinge. Fëdor Gladkovs Roman *Cement* (Zement, 1925), ebenfalls ein Musterbeispiel für die Erfüllung der leninistischen ästhetischen Forderungen, belehrt ebenso eines Besseren wie die bereits ausführlich besprochenen Werke Maksim Gor'kijs.

9 Der Terminus »sozialistischer Realismus« wurde zum erstenmal von Ivan Gronskij (einem Parteifunktionär) in einer Rede am 20. 5. 1932 verwendet, die am 23. 5. 1932 in der *Literaturnaja gazeta* abgedruckt wurde. Ferner findet er sich in einer stenographischen Notiz über eine Konferenz von Schriftstellern in Rostov am Don vom 2. 6. 1932, wo Vyprjažkin den Begriff gebrauchte. Schließlich soll ihn Stalin in einem Gespräch mit Gor'kij in dessen Wohnung am 26. 10. 1932 wiederholt erwähnt haben. Gor'kij verwendete dann den Terminus in seiner Rede auf dem 1. Schriftstellerkongreß 1934. Danach wurde der Begriff »sozialistischer Realismus« zur kanonisierten Formel. Vgl. dazu Herman Ermolaev: *Soviet Literary Theories 1917—1934.* Berkley and Los Angeles 1963, S. 5, 144 ff.

10 *V. I. Lenin o literature i iskusstve*, S. 225 f. Deutsch: W. I. Lenin: *Über Kultur und Kunst*, S. 127 f.

11 Op. cit. S. 222 bzw. (deutsch) S. 124.

12 Op. cit. S. 221 bzw. (deutsch) S. 123.

13 Vgl. Lenins Skepsis gegenüber Majakovskij trotz dessen politischen Engagements, seine Ablehnung von Futurismus, Modernismus und der literarischen Experimente des Proletkul't.

Schlußbetrachtung:

1 A. Bogdanov: *Elementy proletarskoj kul'tury v razvitii rabočego klassa.* Moskva 1920. A. Bogdanov: *Iskusstvo i rabočij klass.* Moskva 1918. G. Lelevič: *Tvorčeskij put' proletarskoj literatury.* Leningrad 1925. V. L. L'vov-Rogačevskij: *Očerki proletarskoj literatury.* Moskva. Leningrad 1927. Ettore lo Gatto (Hrsg.): *L'Estetica e la poetica in Russia.* Florenz 1947. V. Ivanov: *Iz istorii bor'by za vysokuju idejnost' sovetskoj literatury 1917—1932.* Moskva 1953. Edward J. Brown: *The Proletarian Episode in Russian Literature 1928—1932.* New York 1953. V. Ivanov: *Formirovanie idejnogo edinstva sovetskoj literatury 1917—1932.* Moskva 1960. Herman Ermolaev: *Soviet Literary Theories 1917 bis 1934.* Berkley and Los Angeles 1963. K. D. Seemann: Der Versuch einer proletarischen Kulturrevolution in Rußland 1917—1922. In: *Jahrbücher für Geschichte Osteuropas,* Jg. 1961, Nr. 9, S. 179 bis 222. D. Geyer: Arbeiterbewegung und Kulturrevolution in Rußland. In: *Vierteljahresheft für Zeitgeschichte,* Jg. 1962, Nr. 1, S. 43—55. Aleksandar Flaker (Hrsg.): *Sovketska književnost. Manifesti i programi — književna kritika — nauka o književnosti.* Zagreb 1967. Mark Slonim: *Soviet Russian Literature.* New York 1967. *Proletarische Kulturrevolution in Sowjetrußland (1917 bis 1921).* Dokumente des »Proletkult«, herausgegeben von Richard Lorenz. München 1969 (dtv-Sonderreihe TB Nr. 74). F. W. Neumann: Sowjetrussische Literaturtheorien seit 1917. In: *Europa-Archiv.* Jg. 7, Frankfurt/Main 1952, Sp. 5332—5337. — *Sovetskoe literaturovedenie za pjat'desjat let.* Sbornik statej pod. red. V. I. Kulešova. Moskva 1967. A. J. Ovčarenko: *Socialističeskij realizm i sovremennyj literaturnyj prozess.* Moskva 1968. *Literaturnye manifesty. Ot simvolizma k oktjabrju.* Tom 1. Moskva ²1929 (Nachdruck: *Slavische Propyläen,* Bd. 64). M. Drozda. M. Hrala: *Dvacátá léta sovětské literárni kritiky* (LEF, RAPP, Pereval). Praha 1968. Karl Eimermacher: Dokumente zur sowjetischen Literaturpolitik 1917—1932. Stuttgart 1972.

2 Zitiert nach *Marxismus und Literatur.* Eine Dokumentation in drei Bänden. Herausgegeben von Fritz J. Raddatz. Band 1. Reinbek bei Hamburg 1969 (Rowohlt Paperback), S. 352—353.

Literaturverzeichnis

Das Literaturverzeichnis enthält nur Nachschlagewerke, Bibliographien und Gesamtdarstellungen. Eine repräsentative Auswahlbibliographie von Sekundärliteratur über die behandelten Autoren findet sich in den Anmerkungen zu den einzelnen Kapiteln, und zwar jeweils unter der der ersten Namensnennung des Autors folgenden Verweisstelle.

I. Nachschlagewerke

Lexikon der Weltliteratur. Unter Mitarbeit zahlreicher Fachgelehrter herausgegeben von Gero von Wilpert. Band I: Stuttgart 1963, Band II 1968. — *Kindlers Literatur Lexikon.* Band I ff. Zürich 1965 ff. — *Literaturnaja enciklopedija.* Tt. I–IX, XI. Moskva 1929–1939. — *Pisateli sovremennoj epochi.* Bibliografičeskij slovar' russkich pisatelej XX veka. T. I. Red. B. P. Koz'mina. Moskva 1928. — I. S. Masenov: *Slovar' psevdonimov russkich pisatelej, učenych i obščestvennych dejatelej.* Tt. I–IV. Moskva 1956–1960. — *Sovetskie pisateli* (Autobiographien). Tt. I–II. Moskva 1959. — *Kratkaja literaturnaja enciklopedija.* Moskva 1962 (bisher 6 Bände: A–S erschienen). Georg Dox: *Die russische Sowjetliteratur. Namen. Daten. Werke.* Berlin 1961. — *Literaturen der Völker der Sowjetunion.* Herausgeber: Harri Jünger. Leipzig 1967 (Meyers Taschen Lexikon). — *Russische Literatur der Gegenwart. Sowjetliteratur.* Ein Auswahlverzeichnis, bearbeitet von Wolfgang Krenek. Stadtbücherei Dortmund 1967 (kommentiertes Verzeichnis der wichtigsten deutschen Übersetzungen von russischen und sowjetischen Autoren).

II. Bibliographien

S. A. Vengerov: *Istočniki slovarja russkich pisatelej.* Tt. 1–4. Petrograd 1900–1917. N. I. Macuev: *Chudožestvennaja literatura russkaja i perevodnaja.* 1917–1925. Moskva 1926. *Istorija russkoj literatury konca XIX – načala XX veka.* Bibliografičeskij ukazatel' pod redakciej K. D. Muratovoj. Moskva. Leningrad 1963. *Sovetskoe literaturovedenie i kritika: Russkaja sovetskaja literatura. Obščie raboty. Knigi i stat'i 1917–1962.* Moskva 1966. Dgl. *Knigi i stat'i 1963–1967.* Moskva 1970. Ettore Lo Gatto: *Storia della letteratura russa contemporanea.* Milano 1958 (bibliographischer Anhang). — W. Busch: Russische biografische und bibliografische Nachschlagewerke 1955–1968. In: *ZfslPh.* XXXIV, 1969, S. 356 ff. — *Russkie pisateli vtoroj poloviny XIX – načala XX vekov.* Čast' 1 + 2. Moskva 1958. Harvard University *Library. Widener Library Shelflist.* Number 3. Twentieth Century Russian Literature. The Harvard University Library. Cambridge, Massachusetts 1965.

III. Gesamtdarstellungen (Literaturgeschichten)

P. S. Kogan: *Očerki po istorii novejšej russkoj literatury.* Tom III, vyp. 1–3, Moskva 1908–1912. K. Čukovskij: *Ot Čechova do našich dnej. Literaturnye portety.* Sankt Petersburg 1908. *Iz istorii novejšej russkoj literatury.* Moskva 1910. *Istorija russkoj literatury*

XIX veka. Pod redakciej D. S. Ovsjaniko-Kulikovskogo. Tom V. Moskva 1910. *Russkaja literatura XX veka.* Tt. I—II. Pod red. S. A. Vengerova. Moskva 1914—1918. V. Ľvov-Rogačevskij: *Novejšaja russkaja literatura.* Moskva 1919. S. A. Vengerov: Geroičeskij charakter russkoj literatury. Petrograd 1919. B. V. Michajlovskij: *Russkaja literatura XX veka.* Moskva 1939. Alexander Eliasberg: *Russische Literaturgeschichte in Einzelporträts.* München 1922. Arthur Luther: *Geschichte der russischen Literatur:* Leipzig 1924. René Fülöp-Miller: Geist und Gesicht des Bolschewismus. Darstellung und Kritik des kulturellen Lebens in Sowjetrußland. Zürich. Leipzig. Wien 1926. Nicolas von Arseniew: *Die russische Literatur der Neuzeit und Gegenwart*...Mainz 1929. Johannes von Guenther: *Die Literatur Rußlands.* Stuttgart 1964. Johannes von Guenther: *Von Rußland will ich erzählen.* München 1968. Adolf Stender-Petersen: *Geschichte der russischen Literatur.* München 1957 (Bd. 2). Wilhelm Lettenbauer: *Russische Literaturgeschichte.* Wiesbaden ²1958. Ettore Lo Gatto: *Storia della letteratura russa contemporanea.* Milano 1958. Johannes Holthusen: *Russische Gegenwartsliteratur I.* 1890 bis 1940. Bern 1963 (Dalp TB Nr. 386 D). Johannes Holthusen: *Russische Gegenwartsliteratur II.* 1941—1967. Bern 1968 (Dalp TB Nr. 3691). Dmitrij S. Mirskij: *Geschichte der russischen Literatur.* München 1964. L. Voitolovskij: *Očerki istorii russkoj literatury XIX i XX vekov. Čast' vtoraja: Rešetnikov — Gor'kij.* Moskva. Leningrad 1928. *Istorija russkoj literatury.* Tom X. Literatura 1890—1917 godov. AN SSSR Moskva. Leningrad 1954. N. Burlakov. G. Pelisov. I. Uchanov: *Russkaja literatura XX veka. Dooktjabr'skij period.* Moskva 1961. A. A. Volkov: *Russkaja literatura XX veka. Dooktjabr'skij period.* Moskva ⁴1966. *Russkaja literatura XX veka. Dorevoljucionnyj period.* Chrestomatija. Sostavil N. A. Trifonov. Moskva ²1966. K. D. Muratova: Vozniknovenie socialističeskogo realizma v russkoj literature. Moskva. Leningrad. 1966. L. M. Faber: Sovetskaja literatura pervych let revoljucii (1917—1920) (»Vysšaja škola«) 1966. *Istorija russkoj literatury v trech tomach.* Glavnyj redaktor D. D. Blagoj. Tom III. Moskva 1964. *Russkaja literatura konca XIX — načala XX veka. Devianostye gody.* Redakcionnaja kollegija B. A. Bjalik, E. V. Tager, R. V. Sčerbina. Moskva 1968. dgl. 1901—1907. Moskva 1971. dgl. 1908—1917. Moskva 1972. *Geschichte der russischen Literatur.* Berlin 1952—1954. *Bd. 2: Von den dreißiger bis zu den neunziger Jahren des 19. Jahrhunderts.* Berlin 1954. *Bd. 3: Geschichte* der *Sowjetliteratur* Berlin 1953. *Istorija russkoj sovetskoj literatury v trech tomach.* AN SSSR. Moskva 1958—1961. 2., ergänzte und erweiterte Auflage in vier Bänden. Moskva 1967 bis 1971. *Istorija russkoj sovetskoj literatury.* Moskva Tom 1, 1958; tom 2, 1963. *Istorija russkoj sovetskoj literatury pod redakciej prof. P. S. Vychodceva.* Moskva 1970. Gleb Struve: *Geschichte der Sowjetliteratur.* München 1957 (Goldmann TB Nr. 1395—97). *Istorija russkogo sovetskogo romana.* Tt. I—II. Moskva. Leningrad 1965. Max Hayward. Leopold Labedz (ed.): *Literature and Revolution in Soviet Russia 1917—1962.* A Symposium. London 1963. Vyacheslav Zavalishin: *Early Soviet Writers.* New York 1958. Marc Slonim: *Soviet Russian Literature. Writers and Problems.* New York 1967. *Istorija russkoj kritiki.* Tom II. AN SSSR. Moskva. Leningrad 1958. Xenia Gasiorowska: *Women in Soviet Fiction 1917—1964.* Madison, Milwaukee, and London 1968. *Das Menschenbild in der Sowjetliteratur* (Hrsg. Harri Jünger). Jena 1969. Russische Sowjetliteratur im Überblick. Autoren: Harri Jünger u. a. Leipzig 1970. Marc Slonim: Die Sowjetliteratur. Stuttgart 1972 (Kröner TB Nr. 418). Sud'by russkojo realizma načala XX veka. Pod. redakciej K. D. Muratovoj. Leningrad 1972. Kritičeskij realizm XX veka i modernizm. Moskva 1967. Problemytipologii russkogo realizma. Moskva 1969.

IV. Einige wichtige Aufsätze

V. A. Kovalev: Puti izučenija istorii russkoj sovetskoj literatury. In: *Russkaja literatura.* 1968, Nr. 1, S. 73 ff. VI. Orlov: Na rubeže dvuch epoch. In: *Voprosy literatury.* 1966, Nr. 10, S. 111—144. A. L. Grušinina: Naučnaja konferencija »Sovremennye problemy realizma i modernizma«. In: *Izvestija AN SSSR,* serija lit. i jaz. Tom XXIV, 1965, S. 270 ff. V. Percov: Realizm i modernističeskie tečenija v russkoj literature načala XX veka. In: *Problemy realizma.* Moskva 1959, S. 148—172. Alfred Rammelmeyer: Probleme der sowjetrussischen Literatur. In: *Eckart.* Jg. 24, Witten/Ruhr 1955, S. 187—196. A. Luther: Die Hauptströmungen der Sowjetliteratur. In: *Osteuropa* 2 (1926/27), S. 567—588. A. Arozev: Die Entstehung der Sowjetliteratur. In: *Slavische Rundschau.* Nr. 4. Berlin. Leipzig. Prag 1932, S. 198—221. K. D. Seemann: Zur Frage der Sowjetliteratur im Russischunterricht. In: *Zeitschrift für den Russischunterricht.* Band VI, Heft 2. Hamburg 1971, S. 56—68. Aleksandar Flaker: Je li nam pojam »Avangarda« potreban? In: *Umjetnost riječi.* XV, 2. Zagreb 1971, S. 155—160. H. Jünger: Menschenbild und Entwicklungstendenzen in der Sowjetliteratur der 20er Jahre. In: ZfSlaw., Bd. XIII, 1968, S. 21 ff. G. Dudek. G. Warm: Zur typologischen Entwicklung des russischen Gesellschaftsromans 1880—1917. In: Zf Slaw. Bd XIII, S. 349—372.

Der Autor:

Rolf-Dieter Kluge, Dr. phil., ist Assistenzprofessor am Institut für Osteuropakunde der Universität Mainz. Wichtige Publikation: *Westeuropa und Rußland im Weltbild Aleksandr Bloks,* 1967. Zahlreiche Arbeiten in in- und ausländischen Fachzeitschriften, Vorträge u. a. in der Sowjetunion, und in der DDR.

LIST
LTW

Wissenschaft ist heute unmittelbar auf die Gesellschaft bezogen. Ihre Ergebnisse sind nicht nur Informationen oder Bausteine in der Welt von heute und morgen. Wissenschaft mit ihren neuen Perspektiven verändert vielmehr das Bewußtsein in einer sich wandelnden Gesellschaftsstruktur. Die *List Taschenbücher der Wissenschaft* sollen den Studierenden und allen, die sich mit den großen Themen unserer Gesellschaft auseinandersetzen, eine Basis soliden Wissens geben. *List Taschenbücher der Wissenschaft* sind Originalausgaben oder deutsche Erstausgaben.

List Taschenbücher der Wissenschaft werden sich wie folgt gliedern:

Die Gesellschaft und ihre Wissenschaften
Entwicklungsaspekte der Industriegesellschaft
Geschichte des politischen Denkens
Politik
Geschichte
Erziehungswissenschaft
Philosophie
Literaturwissenschaft
Linguistik
Literatur als Geschichte: Dokument u. Forschung
Betriebswirtschaft

ISBN 3 471 61447 8